_____께

가 드립니다.
_____

78대 22의 법칙

이현찬 지음

GRACE PUBLISHER

차례

1. 재미있는 이야기 11
2. 웃기는 이야기 29
3. 좋은 이야기 46
4. 무서운 이야기 54
5. 부끄러운 이야기 64
6. 생각해 볼 이야기 73
7. 말(言) 이야기 83
8. 술·담배·마약·도박 96
9. 성범죄 이야기 106
10. 돈 이야기 113
11. 사치와 검소 127
12. 가정과 교육 135
13. 교회와 신앙 146
14. 타락한 지도자들 157
15. 미신과 거짓종교 165
16. 화제의 인물들 194
17. 인간승리 이야기 205
18. 위인들의 일화모음 212
19. 성도들의 이야기 217
20. 건강과 장수 이야기 239

머리말

시중에 예화집이란 이름의 책들이 셀 수도 없을 정도로 나와 있고 그중엔 이름만 대면 누구라도 금방 알아볼 만큼 유명한 목사님의 이름들이 책 머리를 장식하고 있는 실정입니다. 하지만 불행스럽게도 너무도 많은 수의 예화집이 사실과 전혀 맞지를 않거나 확실치 않은 이야기, 억지로 기워맞춘 이야기들로 되어 있어 오히려 설교자와 성도들을 바보로 만들고 나중엔 목사님을 불신임하게 만드는 일까지 있음을 부인할 수 없습니다.

설교 말씀이 무엇보다도 하나님의 말씀에 틀림이 없어야 하는 것처럼 예화집 또한 진실에 근거해야 함이 가장 중요한 첫째되는 요소라 할 수가 있습니다.

필자는 오래 전부터 기독교보 편집장으로 '새벽종'을 써 왔고 후에는 월간 고신 편집장을 맡아 '세상을 보며 사람을 보며' 라는 란에다 글을 써왔으며 이것들 중 상당 수를 아세아방송의 '복음동네 좋은 사람' 시간에 방송으로 내 보내었습니다.

그러나 책이 늦게 나오자 어떤 목사님들은 본인의 글들을 토씨 하나 바꾸지 않은채 저자의 이름도 밝히지 않고 무단전제하여 예화집에다 수록, 본인의 저작권을 침해한 일까지 있어 마침내 이번에 은혜출판사를 통해 그동안 써 왔던 글들 중 일부를 재정리하여 책으로 펴내게 되었습니다. 이 책은 무엇보다도 사실에 가장 근접한 이야기들만 수록하였으며 참고로 날짜와 주소를 명기하였습니다. 모쪼록 이 책이 많은 성도들과 설교자님들에게 유익하고 반가운 생수가 되었으면 하는 마음 간절할 뿐입니다. 끝으로 이 책을 예쁘게 잘 만들어 주신 은혜출판사의 장사경 사장님과 그동안 돌보아 주시고 가르침을 주셨던 심군식 목사님께 감사를 드립니다.

'세상을 보며 사람을 보며' 의
이현찬 드림

재미있는 이야기
78 대 22의 법칙

1. 10년 동안 28번이나 성형수술을 한 여인

10년 동안에 무려 28차례나 성형수술을 한 여성이 있어 화제. 미국 오하이오주 출신의 신디 잭슨(42) 양. 못생겼다는 이유 하나로 수많은 남자들로부터 외면을 당해오던 끝에 남성들에게 복수를 해 주기 위해 이같은 일을 시작했다는 것이 그녀의 말인데……

1988년 그녀는 전재산을 팔아 영국 런던으로 건너갔다. 철저히 자신을 변신하기 위해서였다. 그곳에서 그녀는 돈을 물쓰듯하면서 얼굴을 고쳐나갔다. 코도 고치고 눈도 고치고 입술도 고치고, 그리고 허리와 가슴까지도 모조리 고쳐서 완전히 딴 여자가 되었다. 그러자 정말 남자들이 그녀를 찾기 시작했다. 마침내 그녀는 40대의 나이에도 불구하고 한 주일에 5백통이 넘는 팬 레타를 받을 정도로 바쁘게 살고 있으며 영국의 4백대 유명인 명단에 오를 만큼 명성도 쌓았다.

10년 동안에 28차례 수술, 날린 돈만도 무려 10만달러.

그러나 그녀는 지금도 계속 성형수술을 하고 있는데 최근엔 네 번째 얼굴주름제거 수술을 받고 나왔단다.

"고운 것도 거짓되고 아름다운 것도 헛되나 오직 여호와를 경외하는 여자는 칭찬을 받을 것이라"(잠 31:30).
　고치고 또 고쳐도 만족을 모르는 것이 세상의 욕망인 것을……

2. 비아그라 때문에

　비아그라가 남성들의 성촉진제로 널리 홍보가 되고 있는 가운데, 98년 5월 미국에서는 70대 할아버지가 비아그라를 먹고 정력을 되찾자 할머니를 버리고 도망을 쳐 버렸는가 하면, 놀란 할머니가 남편과 비아그라 제조회사를 상대로 위자료 청구소송을 제기해 눈길을 끌고 있다. 올해 70세의 프랜시스 버나도 노인으로, 얼마전 화제의 비아그라를 사 먹고는 4년만에 처음으로 성관계에 성공하자 "이제 우리 관계는 끝이다" 라는 쪽지 한 장을 달랑 남긴채 도망을 쳐 버린 것. 그러자 할머니 로베르타 버나도(61)씨는 "비아그라 때문에 남편을 잃게됐다"며 남편과 제약회사를 상대로 2백만 달러의 위자료를 청구하는 소송을 제기했다고 하는데…
　"너희가 음란과 정욕과 술취함과 방탕과 연락과 우상숭배를…"(벧전 4:3).
　돈벌자 딴 눈 파는 남편들도 의외로 많다.

3. 어떤 기부금

　미국의 괴짜 갑부 노인인 엘런 그린버그(70) '베어 스턴스 증권사' 회장. 몇해 전 예루살렘에 있는 이스라엘박물관의 화장실을 수리하는데 써 달라며 기부금을 내어놓아 화제가 되었는데, 1998년 6월 10일엔 돈이 없어 비아그라를 살 수 없는 노인들을 위해 써 달라며 뉴욕 맨하탄의 특별외과병원에다 1백만 달러의 거금을 내어놓아 또 한 번 화제를 불러 일으킨 것이다.
　"너희가 허탄한 자랑을 자랑하니 이러한 자랑은 다 악한 것이라"(약 4:16)

따라 해서 안 될 일이 세상엔 많은데…….

4. 흉내내다 죽은 사람

영화 '타이타닉'에서 여자 주인공이 배 난간에 서서 두 팔을 벌리고 있는 장면이 얼마나 멋있게 보였던지, 한 30대 노르웨이 여성이 배 난간에서 두 팔을 벌린채 흉내를 내다 20미터 아래 바다로 떨어져 목숨을 잃은 사건이 1998년 6월 11일 새벽, 오슬로와 코펜하겐 사이를 항해하는 여객선 '퀸 오브 스칸디나비아' 호에서 있었다고 한다.

"악은 모든 모양이라도 버리라"(살전 5:22).

흉내도 잘못 내면 사망에 이르는 법.

5. 한잔에 8천5백만원짜리 커피

커피 한 잔에 8천5백만원! 웬만한 집 한채 값이다. 우리나라 얘기가 아니고, 빌 클린턴 미국 대통령과 관련된 얘기다. 1996년 대선당시 클린턴 현 대통령 진영에서 선거자금 마련을 위한 방안으로 백악관에서 대통령 주최의 '커피 모임'을 갖기로 했는데 실시결과 총 60여 차례에 4백88명이 참석, 2천6백40만 달러(약 4백14억5천만원)의 거금이 들어오게 되었는데, 이것을 개인별로 환산해 보니 1인당 약 5만4천달러(약 8천5백만원)가 된다는 것이었다.

이를 두고 공화당에선 "백악관 뜰에서 대통령 얼굴 한번 보며 커피 한 잔 마시는데 5만4천달러라니, 역시 커피값은 장소와 마담에 따라 다른 법인가보지"라며 비아냥대었다는데.

"헛되고 헛되며 헛되고 헛되니…"(전 1:1)

6. 과장이 군(郡) 총사령탑에

현직 군수와 사사건건 마찰을 빚던 군청 과장이 사표를 내고 군수 선거에 도전, 현직 군수를 물리치고 당선이 되어 화제. 1998년 6월 4일에 있었던 지방자치단체장 선거에서 강원도 평창군수로 당선된 권혁승(46. 한나라당) 당선자. 불과 1개월 전만 하더라도 군청 환경보호과장으로 재직, 군수와 의견이 맞지않아 티격태격했는데, "소신을 펴기위해 군수가 되어야겠다"며 사표를 내고 선거 전에 뛰어들더니 소신대로 군수가 되고야 말았으니…

1973년, 21세로 평창군청에 첫발을 들여놓았던 그는 이후 새마을계장, 재무과장 등을 두루 거친 뒤 39세의 젊은 나이로 사무관 자리에 올랐으며 마침내 이번엔 군수까지 되었단다. 상사였던 국장급 이상 간부들이 옛 부하 앞에서 슬슬 기게 생겼다는데…

그래서 높은 자리 있을 때 겸손을 배우고 낮은 자리 있을 때 인내를 배워야 하는 법.

7. 천상병과 돈

천상병이라는 시인이 있었다. 마음이 어린애같은 사람이었다. 젊어 한때 모 기관에 끌려 가 모진 고문을 당한 뒤 한동안 사라져 죽은 줄로만 알고 장례식까지 치르고 유고집까지 나왔었는데 얼마 후 세상에 다시 모습을 나타낸 사람이다. 그 후 그는 반병신이 되어 아무 일도 못하고 아내 목순옥 씨가 찻집을 해서 벌어오는 돈으로 겨우겨우 생활을 해 나갔다. 좋아하는 사람만 보면 "문딩아 문딩아" 해서 따로 '문딩이' 라는 별명을 갖기도 했던 그는 실로 돈 하고는 인연이 멀었던 글자 그대로 가난한 시인이었다.

그런 그가 1993년 가을, 64세를 일기로 진짜 세상을 떠났는데 평소에 그를 아끼던 사람들이 찾아와 부조를 한 돈이 8백50만원이었다. 한데 이 돈마저 재가 되어 버린 동화같은 이야기가 장례를 치른 후 그의 유택에서 일어났다.

난생 처음으로 큰 돈을 만지게 되자 겁이난 미망인 목씨가 어머니께 드렸는데, 어머니 또한 적당한 보관장소를 찾지 못하다가 신문지에 싸서 부엌 아궁이 속에다 넣어둔 것이었다. 그동안 연료비 절약한다고 묵혀둔 방이어서 설마 하고 있었는데 하필이면 그날따라 독씨가 그방 부엌에 불을 넣은 것이다. 죽은 남편의 빈소를 차려놓고는 죽은 영혼이나마 춥지 않게 해야겠다는 갸륵한 마음에서 연탄에 불을 붙여 집어넣었는데 그만 그게 돈다발에 붙고 만 것이다.

다행히도 4백만원은 재라도 남아서 한국은행이 액수만큼 되돌려 주었지만, 나머지 4백50만원은 형체를 알아볼 수가 없게되어 영영 사라지고 말았단다.

"여호와께서 집을 세우지 아니하시면 세우는 자의 수고가 헛되며 여호와께서 성을 지키지 아니하시면 파수꾼의 경성함이 허사로다"(시 127:1).

8. 얼굴이 바뀌었어도

탈옥 후 화상으로 얼굴 모습이 바뀌어 버린 여죄수가 마침내 수사진들의 끈기와 기지에 6년만에 붙잡혀 화제. 임신 중어 특수절도를 하다 붙잡혀 징역 1년6월을 살게된 장모(43)여인. 그러나 6개월 후인 1991년 12월 출산으로 잠시 석방된 틈을 타, 도망을 쳐 버렸는데 숨어서 살던 중 어느 날 뜻밖의 화재사고로 화상을 입게 되자 얼굴 모습이 완전히 달라져 버렸는데, 오히려 이것이 장여인에게는 전화위복의 계기가 된 것. 엄마의 주민등록증을 훔쳐내어서는, 아예 엄마로 행세를 하면서 사업까지 벌였다는 것. 검찰 수사관들이 몇 차례 덮쳤지만 완전히 달라진 장여인의 얼굴모습에 혼동을 일으켜 허탕만 쳤던 것.

"딸은 1년 전 집을 나가 들어오지 않고 있다"며 어머니 행세를 하는 장여인 앞에서 속고만 것이다. 그러나 아무래도 수상하다고 생각한 수사관 한 명이 순간적으로 기지를 발휘, 갑자기 큰 소리로 이름을 부르자 장여인이 엉겁결에 "예"하고 대답을 해 버린 것. 마침내 1998년 1월, 붙잡혀 감옥으로 다시 돌아가게 되었단다.

"저희가 파고 음부로 들어갈 지라도 내 손이 거기서 취하여 낼 것이요 하늘로 올라갈 지라도 내가 거기서 취하여 내리울 것이며 갈멜산 꼭대기에 숨을 지라도 내가 거기서 찾아낼 것이요 내 눈을 피하여 바다 밑에 숨을 지라도 내가 거기서 뱀을 명하여 물게할 것이요…"(암 9:2-3).

9. 거지와 IMF한파

IMF사태로 얻어먹는 일조차 점점 어려워지자, 전남 광주에서는 사흘을 굶은 끝에 일부러 도둑질을 하고 경찰에 붙잡혀 들어온 거지가 화제. 성이 윤씨로만 밝혀진 이 거지는, 1998년 1월 9일, 아직 상점이 문을 열기도 전인 오전 7시 쯤, 시내 봉선동에 있는 모 제과점에 들어가 과자며 빵들을 실컷 집어 먹은 후 금고에서 현금 9만4천원을 꺼내 주머니에 넣고는 그대로 쓰러져 잠을 자 버렸다는 것. 광주 남부경찰서에서 털어놓은 이 거지 말인 즉 "IMF한파로 얻어먹기도 쉽지가 않은 터라 차라리 교도소에 가서 공밥 얻어 먹는 게 훨씬 나을 것 같아서…"

"게으른 자여 개미에게로 가서 그 하는 것을 보고 지혜를 얻으라"(잠 6:6).

10. 강도 뒤쫓다 마음 변해 절도범이 된 사람

심야에 강도를 뒤쫓던 한 용감한 시민이, 강도가 버리고 달아난 돈가방을 보자 마음이 변해 주머니에 챙겨넣고는 보름 동안을 마음껏 쓰고 다니다 구속이 되었다는 얘기.

서울 청량리의 박철호(32) 씨. 1997년 3월 5일 0시경, 중화1동 철길 부근에서 택시를 기다리는데, 우연히 한 40대 취객으로부터 지갑을 빼어 달아나는 20대 남자 두 명을 발견, 용기있게 뒤를 쫓기 시작했는데, 마침내 힘에 부친 강도들이 지갑을 버리고 도주를 해 버리자 지갑을 주워들게 되었는데, 놀랍게도 지갑 속엔 가계수표 32장에 약속어음 1억원의 거금이 들어 있었던 것. 그러자 마음이 변해버린 박씨, 자기 것인양 그 돈을 마음껏 쓰고 돌아 다녔는데 마침내 15일만인 3월 27일, 종암경찰서에 붙잡혀 구속이 되었단다. 그동안 쓴 돈은 겨우 5백30만원. 신고를 하고 보상으로 받아도 충분히 받았을 것을.

"무릇 지킬 만한 것보다 더욱 네 마음을 지키라."(잠 4:23).

11. 여관방 훔쳐보던 소년 담무너져 사망

담 위에 올라서서 여관집 방안을 몰래 훔쳐 보던 한 십대 소년이 담이 부실해 너머지는 바람에 목숨을 잃었는데, 유족들이 담을 부실하게 만들어놓은 여관 주인을 원망, 고소를 했다가 망신만 당한 사건이 강화에서 있었단다. 평소 남의 여관방 훔쳐 보는 것을 취미로 알던 신모(18)군.

1995년 8월, 시내 K여관의 방안을 몰래 훔쳐 보려고 1M 50Cm가량의 담 위에 올라섰다가 담장이 무너져 내리는 바람에 목숨을 잃었던 것. 그러자 부모들이 담장을 부실하게 해놓은 여관 주인을 상대로 4억여원의 손해배상을 청구하는 소송을 내었는데, 1997년 12월 30일, 대법원(주심 이용훈 대법관)은 "여관측이 담 위에 올라가 방안을 엿보는 경우까지 대비해 담을 튼튼히 지어야 할 의무는 없다."며 원고패소 판결을 내렸다는 것이다.

"악한 자여 의인의 집을 엿보지 말며 그 쉬는 처소를 헐지 말지니라" (잠 24:15).

12. 공중전화 부스에서 귀를 물어뜯은 사람

권투선수 타이슨이 주먹 대신 이빨로 상대 선수의 귀를 물어뜯었다가 실격패를 당했다는데…

비슷한 시기에 대한민국 서울에서는 공중전화 부스에서 앞 사람이 전화를 오래 쓴다고 달려 들어가 귀를 물어뜯은 사람이 경찰에 붙잡혀 들어와 화제.

서울시 강서구 가양동에 사는 심모 여인(38). 1997년 3월 30일 늦은 밤 귀가도중 강서구 신정1동 한미장여관 앞에서 전화를 걸려고 공중전화 부스로 달려갔는데, 5분을 기다리고 10분을 기다려도 도무지 앞 사람이 나오질 않는 것. 참다못한 심여인, 문을 박차고 들어가 아직도 깔깔거리며 전화를 걸고 있는 김모 여인(24)에게 달겨들어 김여인의 귀와 손을 사정없이 물어 전치 2주 상당의 상해를 입혀 버렸다는 것.

심여인은 폭행죄로 강서경찰서에 들어갔고…

공중전화 쓰기를 자기 주머니의 휴대폰 쓰듯한 김여인도 잘한 것은 없지만…

"노하기를 더디하는 자는 크게 명철하여도 마음이 조급한 자는 어리석음을 나타내느니라"(잠 14:29).

13. 이상한 스코어

92:0! 40초마다 한 골! 세상에 이런 경기가 참말로 있을까?

1998년 3월 21일 중국 하얼빈에서 열린 '98아시아·오세아니아 주니어 아이스하키 선수권대회'에서 우리나라와 태국이 이와 같은 스코어를 내어 화제가 되었다. 이것은 종전의 최다골 기록인 68:0 스코어를 24골이나 경신한 세계신기록으로 기네스 북에까지 오르는 영예를 차지하면서 1984년, 이 대회 창설 후 처음으로 우승을 차지했는데, 이날 시합 상대국인 태국은 1년을 통틀어 눈이라고는 구경도 못하는 나라라고 한다.

"운동장에서 달음질하는 자들이 다 달아날지라도 오직 상 얻는 자는 하나인 줄을 너희가…"(고전 9:24).

14. 학생 1명에 교사 1명 뿐인 학교

경기도 화성군 송산면에 있는 고정초등학교 우음분교는 1997년 5월 현재, 교사 1명에 학생이 1명뿐인 초미니 학교였다. 두 달 전인 3월까지만 해도 5학년의 홍경진 남매가 있어 이렇게까지는 안 되었는데 이들마저 안양으로 전학을 가 버리자, 이강수 선생님(45)과 박혜진 어린이(1학년), 두 사람만 남게된 것이다. 이유인즉 시화지구 매립으로 당초 섬이었던 이 마을이 육지가 되면서, 어부로 생계를 이어가던 이 마을 주민들이 잇따라 도시로 이사를 가 버려 그렇게 된 것이구. 오빠 언니 친구가 아무도 없어서 너무너무 외롭지만, 덕분에 선생님으로부터 피아노 교습과 그림공부 과외를 덤으로 받고 있어 좋은 점도 있다는데…

같은 경기도 안에서도 안산시에 있는 선부초등학교는 89개 학급에 학생이 무려 4천3백57명이나 되는데…….

15. 사례금 믿고 턱부터 냈다가 낭패본 사람

1백억원 짜리 어음이 든 지갑을 주웠는데, 신고허 주인을 찾아주면 억대의 사례금을 받게 된다는 직장 동료들의 말을 믿고 무턱대고 턱부터 내었다가 낭패를 당한 사람이 있다. 서울 사는 회사원 김모(33)씨. 어느 날 퇴근길에 이같은 일이 생기자 억대 사례금이 나온다는 동료들의 말만 믿고 모처럼 직장 동료들을 이끌고 강남의 한 고급 술집으로 가서 술과 안주를 무려 3백여만원어치나 마셔댔는데 다음 날 은행을 찾아가 습득물신고를 하고는 어안이 벙벙.

은행측이 내어놓은 사례비가 겨우 50만원 밖에 안 된 것이었다. 눈앞이 캄캄해진 김씨, 행여나 하고 법원에 솟장을 내보았지만 재판결과 역시,

"수표는 현금과 달라서 은행측이 분실에 대한 공시최고 등 절차를 밟으면 종이 쪽지에 불과하므로 분실을 해도 손해를 보지 않는다"며 그 정도 선에서 합의를 보라는 것.

떡 줄 사람은 생각도 않는데 김치국부터 마신다더니…….

16. 동전 한 개 때문에

10원짜리 동전 한 개 때문에 젊은 부부가 싸움을 벌이고 동반자살까지 한 말도 안 되는 사건이 1997년 5월, 인도 동부 서벵골주의 한 신혼 가정에서 있었다. 50파이세(우리돈 10원에 해당)짜리 동전 한 개 때문에 젊은 부부가 아침부터 시비를 하다가 싸움이 되었고 마침내 부부가 모두 극약을 마시고 목숨을 끊은 것이다. 그러니까 사건은 이렇게 시작이 되었다.

아침 일찍 일어나 부엌으로 가던 부인이 커피를 사려고 보니 돈이 다 떨어졌고 그래서 별 생각없이 남편의 주머니에 손을 넣어 50파이세 짜리 동전 한 개를 꺼내어 커피를 사다 놓았는데 나중에 남편이 알고는 화를 낸 것이다. 아무리 작은 것이지만 남의 주머니에 손을 넣는다는 것은 나쁜 짓이라는 것이 남편의 주장이었고 부부 사이에 그까짓 것쯤 가지고 그럴 수가 있느냐는 것이 아내의 생각이었다. 해서 서로 자기 주장만 하다 보니 싸움이 되었고 쉽사리 끝이 나질 않자 점점 크게 되었고 마침내 성질 급한 남편이 죽어 버리겠다며 극약을 마셔 버린것. 그러자 아내도 이에 질세라 남은 극약을 마저 마셔 버린 채 남편의 뒤를 따라 목숨을 끊어 버린것. 죄없는 다섯 살짜리 딸 아이는 어떻게 하라고???

"말다툼을 하지 말라고 하나님 앞에서 엄히 명하라 이는 유익이 하나도 없고 도리어 듣는 자들을 망하게 함이니라"(딤후2:14).

그러게 애당초 시작을 말았어야지.

17. 미소짓지 않으면 1달러 벌금

세계적인 대형 할인점인 미국의 '월 마트' 직원들. '스마일 1달러'라 부르는 1달러 짜리 지폐 한 장씩을 상의 주머니에 손님이 보이도록 꽂고 다닌다는데. 돈이 꽂혀 있는 포켓에는 "만약 미소를 짓지 않으면 1달러를 가져 가세요"라고 쓴 명찰까지 달려 있단다. 만약에 고객을 상대하면서 미소를 짓지 않으면 손님들이 그 직원의 주머니에서 1달러를 빼어가게 되어 있으며, 만약에 그 직원의 주머니에 1달러가 없을 때는 다른 점원의 주머니에서라도 손님은 그 돈을 빼어갈 수 있다는데 그런 경우 본인의 월급에서 그 액수만큼 공제를 한단다.

웃음은 누구에게나 즐거움을 주는것.

18. 시대의 변천

"나이론이 생활의 편리를 주기도 하지만 지나친 사치를 가져온다. 예배당에 앉은 여인들의 모습은 막달라 마리아나 마르다, 그외 우리가 흔히 서양 그림에서 보는 성스러운 여인들처럼 거룩해야 한다. 그러나 살이 막 드러나는 유행성 나이론을 감고도 부끄러운 줄 모르고 예배당에 앉아 있다. 옷을 입었는지 벗었는지 모를 판이다. 세상사람들이 입는 그러한 옷들은, 여름이니까 시원하게 입기 위해서라기보다는 어떻게하면 보다 더 남자의 시선을 끌어볼까 하는 야릇한 심뽀에서 나온 것이다. 예배당에 앉은 성도가 못된 유행을 따름은 통탄할 일이다…"

40년 전인 1955년 8월 20일일자 '기독교보'에 실려 있는 한 칼럼의 일부이다. '옷차림을 단정히 하자'는 제목의 이 글은, "누드는 가공할 세속적인 생활, 신앙은 순결 검소한 외모에서부터"란 부제까지 달아 놓았다. 해방후 10년, 무명베, 삼베, 모시옷 등 자연 섬유로 된 옷들만 입고 살던 시절에 처음으로 화학섬유인 나일론옷이 보급되기 시작하면서 값이 싸고 가벼워서 좋긴 했지만 하필이면 얇고 투명해서 속이 내비친 게 문제가 되었던 것. 물론, 속에 메리야스 등 다른 옷들을 바쳐입긴 했지만 팔이나 겨드랑이 부분이 밖으로 내비치자 나이 든 사람들이 일침을 가한 것이다. 지금 생각하면 아무 것도 아닌 일이지만, 여자들이 파마를 하거나 루즈만 발라도 교회 출입을 막을 정도의 시절이었으니까, 이 정도에 놀라고 통탄해 하는 것은 있을 수 있는 일.

한데 요즘 유행하는 옷들을 보면 정말 아찔하다. 보는 쪽이 오히려 고개를 돌려야 할 때가 한 두 번이 아니다. '핫 팬티' '배꼽티'는 한물간 얘기이고 최근에는 어깨서부터 젖가슴 바로 위까지 맨살이 완전 노출된 '탱크탑'이란 복장이 유행을 하고 있다. 며칠전 신문에는 이런 옷을 입고 새벽녘에 성신여대 앞 거리를 활보하던 모여고 1학년생이 과다노출로 경범죄에 걸려 즉심에 회부됐다가 무죄로 풀려났다는 기사가 있어 눈길을 끌었다. 재미있는 것은, 이 여학생을 과다노출로 붙잡아 즉심에 넘긴 사람은 50대 경찰이었고, "그래도 가릴 곳은 가리지 않았느냐"며 무죄로 풀어준 사람은 30대 판사였다는 점이다. "그 정도를 과다노출로 처벌하면 서울 시내에서 하루에도 수백명은 벌해야 할 것"이라는 30대 판사와 "팬티까지 훤히 보이는 옷을 입고 시내를 활보하는 여자들이 한심스럽다"는 50대 경찰관 사이의 엄청난 세대차.

앞으로 40년 후면 지금 이 글을 보는 사람도 웃을지 모를 일.

19. 이 름

수도권 어느 교회에 '김동개'라는 이름의 집사님이 한분 있는데 발음을 조금만 세게하면 '똥개'라고 불리워져 고민이라고 한다. 예로부터 우리나라에서는 아이 이름을 '똥개' '개똥이' '쇠똥이'라고 지어주어야 수명이 길다고 하여 자식이 귀한 집일수록 일부러 아이 이름을 그렇게 짓는 일이 있었던 게 사실이다. 황희 정승도 어릴적에는 '도야지'란 이름으로 불리워졌고, 고종황제 또한 어릴 적에는 '개똥이'라 했단다.

얼마 전 미국 캘리포니아대학의 과학자들이 사망자 3천5백명의 이름을 조사분석한 결과를 발표했는데, 내용인즉 Joy, Win, Ace, Sun같은 좋은 뜻의 이름을 가진 사람이 Pig, Bad, Bum, Ass같은 나쁜 뜻의 이름을 가진 사람에 비해 평균 7년을 더 살았다는 것이다.

성경에도 이름이 나쁜 야곱을 이스라엘로, 아트람을 아브라함으로, 사래를 사라로, 하나님께서 직접 바꾸어 주셨다. 기왕이면 다홍치마라고 뜻이 좋고 부르기가 좋은 이름이 그렇지 못한 것보다야 훨씬 나은 것.

20. 이상한 아버지

"내 아들 이름은 악마라구요."

사랑하는 아들의 이름을 '악마' 라고 지어놓고는, 호적에도 그렇게 올리겠다며 고집을 부리다 호적계 직원이 이를 강력히 만류하자 소송까지 낸 유별난 아버지가 있었다. 1995년 일본에서 있었던 일로, 술집을 경영하는 사토씨가 화제의 주인공. 많은 사람들이 쉽게, 그리고 오래토록 기억해주도록 하기 위해서 그렇게 지었다는데, 유령 형제를 곤경에서 구출해 내는 일본 만화를 즐겨 보다 그 만화의 주인공 이름을 따서 그렇게 한 것이란다.

그런데 뜻밖에 시청 호적계 직원의 반대에 부딪히자 소송까지 벌였단다.

"이 이름은 사회규범에도 맞지 않을 뿐더러 아이가 크면 조롱과 차별 대우의 대상이 될 수 있다." 는 것이 시 관계자의 판대 이유였고 "내 아이 이름 내가 짓겠다는데 왠 간섭이냐" 는게 사토씨의 주장.

그러자 1심법원은 "나쁘긴 하지만 아들의 이름을 지을 권리는 아버지에게 있다"며 아빠의 편을 들어주고 말았는데 시 당국도 팔짱만 끼고 있지 않아서 상급법원에다 항고장을 내었다. 뜻밖에 일이 확대일로를 걷게 되자 마침내 사토 씨가 두 손을 들고 말았다. 남의 일인데도 그처럼 열심히 발을 벗고 나서는 시 직원의 성의에 손을 들고만 것. 하마터면 온 동네 아이들로부터 '악마야 악마야' 소리를 들으며 자랄 뻔한 아이. 세상엔 별 희안한 아버지도.

21. 심장을 바꿔 달고부터

병원에서 심장이식수술을 받고부터 행동이 완전히 달라져 버린 청년이 있어 화제. 호주 시드니에 살고 있는 26세의 잭 히스 청년. 직업이 바텐더인 그는 1995년 6월, 심장병으로 사지를 헤매다가 심장이식수술을 받았는데 그때부터 이상하게도 도둑질을 하지 않고는 배기지를 못하는, 전과는 너무 다른 청년이 되고 말았다는 것. 자신이 일하는 바에서 사람들이 빤히 쳐다보고 있는데도 태연히 금고를 털어 돈을 훔쳐내는가 하면 예사로 손님들의 주머니를 뒤지기 시작한 것. 착하기만 하던 그가 그런 짓을 하는 것을 보고 처음엔 그저 장난이겠거니 하면서 장난이 너무 심하다며 꾸짖곤 했는데 장난이 아니라는 것을 그 자신이 고백을 해 온 것이다. 그것이 전혀 자기 뜻과는 다르다고 하면서. 그런데 놀라운 것은 그에게 이식된 심장이 강도질을 한 후 경찰에 쫓겨 도망을 치다가 총을 맞고 숨이 진 은행강도의 것이었단다.

아무리 머리가 "그러면 안 돼!" 하고 지시를 내려도 심장에서 그 지시를 들어주지 않는다는 잭 히스 청년, 차라리 죽어도 좋으니 심장을 도로 바꿔달라며 울부짖고 있다는데…

"너희 안에 이 마음을 품으라 곧 그리스도 예수의 마음이니" (빌 2:5).
예수의 심장을 달아야 할 것이다.

22. 엘리뇨가 효자노릇?

세계도처에서 가뭄, 홍수 등 엄청난 기상이변을 불러오고 있는 엘리뇨. 그 엘리뇨가 IMF시대를 맞고 있는 우리에게는 오히려 효자노릇을 톡톡히 해내고 있다고 1998년 1월, 기상청이 말했다. 내용인즉,

첫째 벼농사에서, 엘리뇨 현상으로 대기순환이 정체되면서 9월 한달 우리나라 평균 일조량이 평년의 1백73.6시간보다 21%나 많은 2백9.6시간으로, 덕분에 쌀 수확량이 당초 예상보다 66만톤이 더 증산, 9천9백여

억원의 이익을 내었다는 것. 둘째로는 엘리뇨의 직접적인 영향인 이상난동현상으로, 우리나라는 겨울을 겨울답지 않게 보내고 있다는 것. 97년 12월 현재 우리나라 대도시 기온이 평년보다 5℃나 높아 난방용 등유 3천5백여억원에 전력 4백80여억원, 피복비 8백80여억원을 합쳐 5천여억원 정도의 난방비 절약 효과를 보았다는 것이다. 셋째는 벼 수확 이후 두 달간 평년보다 많은 비가 내려 수자원 확보에서 3천억원의 이익을 내었다는 것이며, 그외 겨울철 호흡기 질환 감소와 채소작황 호조, 유통경비 절감 등을 합치면 엘리뇨 기상이변으로 97년 한해 우리는 약 2조원의 이익을 본 것으로 추산이 되었다는 것.

　미움만 받는 자식이 효자노릇 할 때도…….

23. 75초만에

　엄청난 행운이 오히려 엄청난 불행을 안고오는 경우도 있다. 샤론 크리스타 메콜리프 여사. 37세의 고등학교 여교사. 1985년은 그녀에게 있어 엄청난 행운을 가져다 준 해였다. 1만1천4백16명의 경쟁 상대를 물리치고 인류역사상 최초의 민간인 우주 여행사가 되게 된 것이다. 美항공우주국이 사상 최초로 민간인 1명을 태우고 우주여행 실험을 하기로 했는데 거기 뽑힌 것이다. 변호사인 남편 스티븐은 물론 스코트(9)와 캐럴라인(6) 두 자녀, 그리고 그가 몸담고 있던 콩코드고등학교 학생들에게 있어서는 세상에서 가장 자랑스런 어머니요 아내요 선생님이었다. 1985년 9월 미항공우주국으로부터 신분증을 받던 날 그녀의 감격은 이루 말로 할 수 없었다. 정말로 자신이 우주선을 타게 되느냐며 감격해했었다.

　그런데 그게 그만 엄청난 불행의 씨앗이 되었을 줄이야. 마침내 1986년 1월 28일 오전 11시 38분(한국시간 29일 오전 1시 38분), 우주왕복선 첼린저호는 위세도 당당히 우주를 향해 발사대를 떠났는데. 불과 75초만에 공중에서 폭발을 하고 만 것이다. 우주왕복선 첼린저호는 산산조각이

나고 말았고 민간인 여교사 크리스타 메콜리프 여사는 물론 6명의 승무원 전원이 16.7km 상공에서 사라져 버린 것이다.

'세상만사 새옹지마' 라고, 행운이 왔다고 좋아할 것도 불행이 찾아왔다고 실망만 할 일도 아니다. 오히려 우주여행사 시험에 떨어진, 나머지 1만1천4백15명이 더 행운아였는지는 하나님 외에는 아무도 모르는 일이었다.

24. 아이들 장난이

다섯, 여섯 살짜리 아이들의 장난에 사람이 죽었다. 1998년 3월 17일 수원시 권선구 호매실동 삼익아파트에서 일어난 일로, 이날 오후 1시, 최모(5), 김모(6) 등 두 명의 아이들이 20층짜리 이 아파트 옥상에서 놀던 중, 공사하다 남은 벽돌을 가지고 아래로 떨어뜨리는 장난을 했는데 때마침 이곳을 지나던 이웃 주민 이옥순(45)씨가 맞아 목숨을 잃은 것이다.

이보다 앞서 지난 3월 9일 오후에도 비슷한 사건이 있었는데 이번엔 중학생들이 철로에 콘크리트 블록을 놓아두는 장난을 하다가 하마터면 열차가 전복될 뻔한 엄청난 사고로 이어질 뻔 했었다. 서울 노원구 월계동에 사는 김모(13)군 등 중학생 4명. 이날 오후 5시, 학교를 파하고 집으로 돌아오던 중 학교 부근 경춘선 철도에서 가로 50cm 세로 12cm 두께 5cm의 콘크리트 블록 7개와 자갈 10개를 올려 놓았었는데. 그 바람에 잠시후 이곳을 통과하던 춘천발 청량리행 열차가 탈선을 한 것이다. 다행히 탈선만 한채 다른 사고로 이어지지 않았지만 아이들의 장난이 엄청난 사고를 일으킬 수도 있다는데서 부모들의 역할이 새삼 거론된다.

웃기는 이야기
78 대 22의 법칙

1. 채식과 물만 먹어도

아프리카의 한 식인종 마을에 복음을 전하러 간 어느 선교사, 며칠째 계속 다니엘서 1장의 "채식과 물만 먹어도 얼굴이 더욱 윤택하여 왕의 진미를 먹는 소년보다 더욱 좋았더라"는 말씀만 전하고 다녔다. 마침내 어느날 추장이 선교사를 보고 말했다.

"나 이제 당신 잡아먹지 않을 테니 다른 말씀도 좀 전해 주시오."

"???"

2. 하나 더 낳을 때까지

젊은 부부가 목사님을 찾아왔다.

"목사님 우리 부부는 갈라서야겠어요. 이혼을 해야겠어요."

"그런 일로 그래 목사를 찾아왔어요?"

"그런데 문제가 하나 있어서요."

"문제가 무엇인데요?"

"목사님이 아시다시피 우리 부부에게는 아이가 하나 밖에 없지 않아요. 그런데 서로 자기가 키우겠다고 우기지 뭡니까?"

그러자 목사님,
"아이가 몇 살이지요?"
"올해 열살이에요."
"그럼 간단하네요. 아이를 하나 더 낳아서 그 아이가 열살이 될 때까지 같이 살면 되잖아요."

3. 천 국

어느 목사님이 시골 교회에서 부흥회를 하는데,
"천국은 아름답고 걱정 근심도 없는 정말 좋은 곳이지요!" 하고 열변을 토했다. 그러자 한 사람이 벌떡 일어나면서,
"목사님은 그런 천국에 가 보셨어요? 어떻게 천국이 있다고 증명할 수 있어요?"
그러자 목사님 빙그레 웃으며,
"지금까지 천국에 간 사람치고 살기 싫다고 돌아온 사람이 한 사람도 없으니까요."

4. 천국에 못올 사람

나이많은 목사님이 중한 병에 걸려 중환자실에 들어갔는데 신자는 물론 가족들까지도 면회가 되지 않았다. 그런데 마침 어릴 때 친구인 불신자 노인이 와서 마지막이 될지 모르니 꼭 좀 면회를 하게 해 달라고 사정을 하고 있었다. 그러자 목사님이 간호원을 불러 말했다.
"딴 사람들이야 천국에서도 만날 수가 있지만 그 친구는 예수를 믿지 않아 천국에도 못올 것이니 땅위에서나마 만나게 해 주시오."

5. 이 곡이 무슨 곡이에요?

평생 일밖에 모르는 목사님과 사모님이 모처럼 시간을 내어서 외식을

하게 되었다. 그날따라 난생 처음으로 고급식당을 찾아 갔는데 식사 중에 마침 은은하고 아름다운 선율의 음악이 흘러나와 사모님은 기분이 몹시 좋았다.
"목사님 지금 이 곡이 무슨 곡이에요?"
고기만 뜯고 있는 목사님께 사모님이 물었다.
"암소 등심이겠지."
목사님이 고개도 들지 않은채 사모님께 말했다. 분위기 없는 목사님 '곡이'라는 소리를 '고기'로 착각을 했던 것.

6. 여 유

목사님 한 분이 안식년을 맞아 모처럼 여행을 하던 중, 시골 여인숙에서 하루 밤을 묵게 되었다.
"방값이 다소 비싸더라도 깨끗한 방을 주세요. 제가 워낙 잠자리만큼은 까다로운 편이거든요."
그러자 주인이 허리를 굽실거리며 방을 하나 보여 주는데 때마침 방 한 구석에서 빈대가 발견되었다.
"저게 뭐요? 빈대가 아니오?"
깜짝 놀란 목사님이 주인에게 말했다.
그러자 주인이 능청스레 말했다.
"염려 마세요. 그 빈대는 죽은 것이랍니다."
기분이 좋지 않았지만 달리 어디 마땅히 갈 곳도 없고해서 그 여인숙에서 일박을 하게 되었다. 이튿날 아침, 목사님이 여인숙을 떠나는데 여인숙 주인이 나서서 능청을 떨었다.
"어때요? 그 빈대 죽은 것이 확실하지요?"
그러자 목사님, 차마 화는 못내고,
"그 죽은 빈대가 아마 대단한 놈이었던가 봐요. 문상객이 어찌나 많은

지 꼬박 뜬눈으로 밤을 새고 간다오."

7. 낮술에 취한 사람

대낮부터 술을 퍼 마시던 한 남자가 한참 동안이나 우두커니 하늘을 쳐다 보더니 이렇게 중얼거렸다.

"아무리 생각해 봐도 알 수가 없는 일이야. 도대체 태양은 왜 있는지 말야. 밤에 어두울 때는 비치지도 않으면서 이렇게 훤한 대낮에만 떠 있으니 말야."

8. 두부

형편이 너무 어려운 한 시골 목사님 댁에 어느날 갑자기 서울 사는 친구 목사님이 찾아왔는데 대접이라고 된장찌게에 두부 한 모가 고작이었다. 기가막혀 물끄러미 바라만 보고 있는 서울 목사님에게 시골 목사님 멋쩍어 하는 말,

"왜 그러나 친구. 이 세상에 두부처럼 맛있고 영양가 있는 반찬이 또 어디 있는가. 두부는 내게 있어서 생명이나 마찬가지네."

올라가던 길로 서울 목사님이 시골 친구 목사님을 서울 자기 교회에 일일 강사로 모셨다. 예배가 끝난 후 집으로 모셔다가 두부반찬에 고기반찬을 곁들여 대접을 했는데 두부가 생명이라던 그 시골 목사님, 두부에는 젓가락 한 번 대지 않은채 고기만 집어 먹는다. 서울 목사님이 시골 목사님을 그윽히 바라보면서,

"아니 목사님, 언제는 두부가 생명이라시더니 어찌하여 오늘은 고기만 드시는가?"

그러자 시골 목사님,

"모처럼 고기반찬을 보니 생명이고 뭐고 보이질 않네 그려."

9. 거짓말을 한 번도 안 해본 남자

어느 회사에 예수를 잘 믿는 과장이 한 분 있었다. 신앙생활, 가정생활, 회사생활 모두가 워낙에 잘해서 바람을 피운다거나 거짓말을 한다는 것은 상상도 할 수 없는 사람이었다. 그래서 동료들이 목사라고까지 불렀다. 물론 부부싸움은 한 번도 없었다.

어느날 새로 온 부장이 이 얘기를 전해 듣고는,

"이번에도 부부싸움을 하지 않으면 내가 크게 한턱 내겠네." 하면서 내기를 걸었다.

그리고는 직원들과 짜고 회식 자리에서 술을 탄 음료수를 이 과장에게 마셔 취하게 하고는 몰래 음료수 잔에다 수면제까지 타서 먹이고는 잠이 들자 여관으로 끌고가 옆에다 아가씨까지 집어넣고 갔다. 새벽이 다 되어서야 눈을 뜬 이과장, 자기 옆에 여자가 있는 것을 보고는 기겁을 해서 여관을 뛰쳐 나와 집으로 달려갔다. 그리고는 부인을 향해 두 손을 싹싹 빌면서,

"여보 정말 잘 못 했소. 한 번만 용서해 주오. 멩세코 다시는 어떤 여자와도 잠을 자지 않겠소." 라고 사정을 했다.

그러자 아내가,

"살다보니 당신도 농담을 할 때가 다 있군요. 어서 장난 그만 하고 식사나 하세요."

자기 남편이 다른 여자와 잠을 잤다는 말을 믿지 않는 것이었다. 오히려 생전 안 하던 농담을 다 한다면서 웃기까지 했다. 새로온 부장이 한턱 크게 낸 것은 물론이었다.

콩으로 메주를 쑨다고 해도 믿어주질 않는 사람이 있는가 하면 콩을 팥이라 해도 믿어 버리는 사람이 있다. 빛의 자녀들이 나가야 할 길이다.

10. 집사준다 해놓고

마산문창교회의 이윤삼 목사님, 특별히 전도를 강조하는 목사님이다. 그래서 그 교회는 지난 몇 년동안 전도를 많이 했고 교회가 새신자들로 날마다 그 수가 더해 갔다. 그런데 한 1년을 다니던 사람이 얼마 전부터 보이질 않아서 목사님이 그 집에 심방을 했다.

"요즘 교회에서 성도님의 모습이 보이질 않던데 무슨 말못할 일이라도 있었습니까?"

그러자 그 사람 목사님을 빤히 쳐다 보면서,

"교회에서도 거짓말을 하데요."

뜻밖의 말에 깜짝 놀란 목사님,

"거짓말을 하다니요?"

"1년만 잘 믿으면 집사준다 하더니 1년이 지나도 집은 커녕 셋방도 하나 안 얻어 줍디다. 그러니 그게 다 거짓말이지 뭡니까?"

"······"

알고보니 어떤 성도가 전도하면서,

"우리 교회는 잘만 믿으면 1년만 지나도 집사(직분 執事)를 준다고 한 것을 집(家)을 사 준다는 말로 오해를 한 것이다.

11. 선교사와 처녀

아직 한국에 나온지 얼마되지 않아 한국말을 잘 못하는 선교사가 있었다. 교인 중에 부모가 일찍 세상을 떠나 어린 동생을 키우며 어렵게 살아가는 소녀가장이 있었는데 나이 겨우 열여섯 살 밖에 안 된 순진한 처녀였었다.

어느날 이 처녀가 헐레벌떡 달려가다가 선교사를 보고는,

"저어 선교사님 우리 동생 영식이 못 보셨어요?" 했다.

그러자 선교사 웅겹결에 "노우"하고는 바쁜 일이 있어서 함께 도와주

지 못하고 길을 가 버렸다.

주일 새벽이었다. 몹시 궁금하던 차에 새벽기도에 나온 처녀를 보고는 반가워 물었다.

"아기는 가졌어요?" 라면서,

때마침 장로님 한 분과 권사님 한 분이 선교사님 옆에 서 있을 때였다. 깜짝 놀란 소녀가장은 얼굴이 홍당무가 되어 달아나 버렸다. 그리고 예배시간이 되어도 교회엘 오지 않았다.

한국 말에 익숙지 못한 선교사님이 "아기 찾았어요?"라고 물었어야 할 것을 "아기 가졌어요?" 라 물었는데 이 말은 우리나라에서는 "임신했어요?"라고 묻는 것이나 다름이 없는 말이다. 시집도 안 간 처녀를 보고 그렇게 물었으니 어떻게 되었겠는가?

나중에서 사연을 안 선교사가 장로님, 권사님과 함께 처녀를 찾아가 용서를 빌고서야 해결이 되었다.

12. 목사님 말씀은 정말 질립니다

설교를 무척 길게하는 목사가 있었다. 그래서 어떤 사람은 설교가 시작되자마자 아예 눈을 감고 잠부터 청하는 사람이 있을 정도였다. 어느 주일이었다. 그날도 길게 설교를 한 그 목사님, 설교가 끝날 무렵 큰 소리로 이렇게 외쳤다.

"하나님 말씀은 정말 진립니다. 믿습니까 여러분!"

그러자 깜짝 놀라 잠이 깬 그 신자,

"맞습니다. 목사님 말씀은 정말 질립니다. 질리고 말구요."

13. 천국과 지옥

어느 날 유치원에 다니는 딸 아이가 엄마에게 물었다.

"엄마 엄마 천국이 어떤 곳이야?"

그러자 엄마가 이렇게 대답했다.
"으응 천국, 우리 집 같은 곳이지."
어느 날 초등학교에 다니는 아들 녀석이 아버지께 물었다.
"아빠 아빠 지옥이 어떤 곳이야?"
그러자 아빠가 이때다 하고 이렇게 말했다.
"지옥이라고? 으응 그것은 우리 집구석 같은 곳이야."
하필이면 엄마가 아빠에게 바가지를 심하게 긁은 날이었다.

14. 바람 때문에

남서울교회 오창원 장로님이 수년 전 회사 일로 얼마동안을 전북 군산에서 보냈을 때의 일이다. 밤예배를 드리는 교회를 찾아 교회를 나가기 시작했는데 마침 장로님 회사의 청소원 한 분이 그곳 교회에 집사님으로 출석을 하고 있었다. 그래서 한동안 친하게 지내었다.

그러던 어느 주일 저녁예배에 그 청소부 집사님이 대표기도를 하게 되었다.

"사랑이 많으신 하나님이시여…"

기도 내용이 조금은 어색했지만 그런대로 처음 얼마 동안은 별 탈 없이 지나갔다. 그런데 중간 쯤에서 기도가 뚝 끊기고 말았다. 때로는 기도가 막히는 수도 있어서 사람들이 이해를 하고 오히려 "아멘 아멘" 하면서 힘을 돋워주었는데 그래도 한참 동안을 기도가 이어지질 않더니 갑자기 "어머나!" 하는 젊은 자매님의 자지러진 목소리가 침묵을 깨었다. 잠시 후 기도가 이어지기 시작했는데, 음성이 아까전과는 같지가 않았다. 덜덜덜 떨리고 당황한 목소리였다.

다음날 집사님이 장로님께 털어놓은 말인즉 그 기도는 집사님의 기도가 아니었던 것이다. 기도를 맡게 된 청소부 집사님이, 고민 끝에 대학교에 다니는 딸 아이한테 부탁해서 적어 와 읽어내려 간 것인데 하필이면 그게 바람에 날아가 미니스커트를 입고 있던 어느 젊은 자매님의 다리 사이에 떨어진 것이었다. 한참동안을 망설이고 있었지만 도무지 기도는 될 것 같지가 않았고 그래서 할 수 없이 그 여집사님의 다리 사이로 손을 넣어 기도를 적은 종이를 집어 들었는데 영문을 모르는 자매님이 깜짝 놀라 소리를 지른 것이다.

기도는 하나님을 향해 드리는 것이지 사람들에게 잘 보이게 하기 위해서 하는 것이 아니다. 미사여구를 써서 하는 것보다는 짧고 다듬어지지 않는 언어를 구사할 지라도 진실하게 정성을 보여 드리는 것이 훨씬 더 좋은 것이다.

15. 장교의 딸

어느 파티장에서 해병대 하사 한 사람이 처음 본 아가씨와 얘기를 하고 있는데 조금 떨어진 곳에서 같은 부대의 장교 한 사람이 춤을 추고 있었다.

해병대 하사가 아가씨에게 말했다.

"저기서 춤을 추고 있는 저 장교 말입니다. 저런 악질은 세상에 없을 겁니다."

그러자 아가씨가 하사를 빤히 쳐다보며,

"내가 누군지 알고나 있어요?" 했다.

"아가씨가 누구신데요?" 하사가 물었다.

"제가 바로 저 장교의 딸이란 말예요."

깜짝 놀란 하사 얼굴이 새빨개지며,

"아가씨는 제가 누군지 아세요?"

"오늘 처음 만났는데 어떻게 댁을 알겠어요?"

그러자 하사 줄행랑을 치면서,

"아이구 정말 큰일 날 뻔 했네!"

낮말은 새가 듣고 밤말은 쥐가 듣는다고 했다.

16. 강도 만들어 드리지요.

국회의원 선거에 후보로 나선 어떤 사람이 농촌마을을 찾아가 유세를 했다.

"저는 여러분과 같은 농촌 출신입니다. 저는 밭도 갈줄 알고 소도 부릴줄 알고 도리깨로 타작도 할 줄 압니다. 저는 여러분을 위해 무엇이든 다 해 드릴 자신이 있습니다. 제가 국회의원이 되면 이 마을에 다리를 놓아 드리겠습니다."

농부 한 사람이 후보에게 말했다.

"우리 마을엔 강이 없는데요."

"그러면 제가 강도 만들어 드리지요."

17. 왕복 기차표

한 시골 할머니가 역에서 차표를 주문했다.

"왕복차표 한 장 주시오."

그러자 역무원이 할머니께 물었다.

"할머니 어디까지 끊어 드릴까요?"

그러자 할머니 이상하다는 듯,

"왕복 차표니까 이 역까지지! 젊은이가 그래 그것도 몰라?"

18. 부전자전

학교에서 벌을 받고 돌아온 아들에게 아버지가 물었다.

"너 또 학교에서 벌을 받고 온 게로구나?"

"글쎄요 선생님이 파리가 어디 있냐고 묻기에 우리 집 마루에 많이 있다고 했더니…"

그러자 아버지,

"얘 너 선생님은 시골 촌놈인가보다. 아직도 수세식 화장실을 쓰지 않나 보구나. 다음에 또 묻거든 시골 집 화장실에 많다고 하거라."

19. 거지 주제에

거지 주제에 다른 거지가 게으름을 핀다고 폭행을 행사하다가 붙잡혀 들어간 사건이 1997년 가을 서울에서 있었다. 서울 동대문구 답십리동 청량리역광장을 무대로 구걸을 하던 이천식(37)거지. 몸이 불편해 구걸을 못하고 누워있는 동료 거지 노모(56)씨에게 목발을 빼앗아 온몸을 마구 때려 전치 2주의 상해를 입혔는데, 거지 이씨가 경찰에서 한 말인즉 "불황인데 일은 안 하고 잠을 너무 많이 자서…"랬다나.

20. 죽은 닭고기

오래토록 남의 땅을 빌려 농사를 짓고 사는 한 가난한 농부가 있었는데 어느 날 서울에서 땅 주인이 왔다. 오랜만에 땅 주인이 왔으므로 농부는 집에서 기르던 닭을 잡아 식사대접을 했다. 일곱 살짜리 농부의 아들이 그 닭고기가 너무도 먹고싶어 주인의 밥상 앞에 턱을 고이고 앉아서 쳐다만 보고 있는데 아무리 기다려도 고기 한 점 주지 않는다. 아이가 포기한 듯 혼자 이렇게 중얼거렸다.

"서울 사는 사람은 죽은 닭도 잘 먹네."

그러자 땅 주인 깜짝 놀라며,

"고얀 사람 같으니 죽은 닭을 잡아 주다니…" 하며 숟가락을 놓고 말았다.

그러자 아이가 얼른 숟가락을 들고 남은 닭고기를 게걸스레 먹어 치웠다. 그러자 땅 주인이 아이에게 물었다.

"얘 너는 죽은 닭이 더럽지도 않니?"

그러자 아이가 땅 주인을 쳐다보며,
"서울에서는 그럼 닭을 죽이지도 않고 잡아 먹나요?" 했다.
아이는 어른의 거울이라 했다.

21. 이상스런 계산

어떤 사람이 시골 음식점엘 들러 곰탕을 한 그릇 시켰다. 그리고는 주인이 곰탕을 내오자 한참동안 바라만 보더니 설렁탕으로 바꿔달라고 했다. 주인이 손님의 요구에 따라 곰탕을 가져가고 그대신 설렁탕을 내어다 주었다. 그러자 그 사람 설렁탕을 맛있게 먹고는 음식점을 나섰다. 주인이 깜짝 놀라 뒤따라 나서며,
"여보, 손님 음식을 먹었으면 돈을 주고 가야지요." 라며 밥값을 달라고 하자,
"음식값이라니오?"
"방금 잡수신 설렁탕값 말씀입죠."
"그거라면 내가 곰탕을 주고 바꿔 먹은 거잖아요."
"그렇습죠. 하지만 곰탕값도 주시지 않으셨는데요."
그러자 나그네,
"아 그거야 입에 대 보지도 않고 되돌려 주었으니 당연한 일 아니오."
그러자 시골 음식점 주인 한참을 생각하더니,
"손님 말이 맞군요. 그럼 안녕히 가시고 다음에 또 오세요." 하며 정중히 보내 드렸다 한다.

22. 미국과 카나다

어느날 세종대왕께 신하가 찾아왔다.
"바다 건너에 새로 생긴 나라가 있사온대 나라 이름을 어떻게 부를까요?"

"가나라고 하지 뭐."
"그 이름은 벌써 오래 전에 지어 주었사옵는데요."
"그러면 한 글자 더 보태서 가나다로 하려무나."
그래서 그 나라는 카나다가 됐다.
얼마 후 다시 신하가 세종대왕을 찾아왔다.
"가나다 밑에 또 한 나라가 생겼다고 하옵니다. 이번엔 나라 이름을 뭐라고 할까요? 한 글자 더 보태서 '가나다라'로 할까요? 좀 길지 않을까요?"
그러자 세종대왕,
"아따 그놈 참 말도 많구나. 아무렇게나 하려무나."
그러자 그 신하 말을 제대로 알아듣지 못했는지 중얼중얼하다가 결국 아메리카나로 했는데 너무 길어서 훗날 아메리카로 했단다.

23. 언제나 잘 맞는 구두

수제화를 만드는 어느 구두방. 손님이 구두를 찾으러 와서는 이렇게 말했다.
"구두가 꽉 조이는 것 같군요."
그러자 주인은 빙그레 웃으며,
"처음엔 그렇게 꽉 조이는 듯 해야 잘 맞는 거예요. 조금 신으면 늘어나는 게 가죽이니까요."
잠시 후 또 다른 손님이 구두를 찾으러 왔다. 이번에 온 손님은 이렇게 말을 했다.
"구두가 너무 헐렁한 것 같군요."
그러자 주인이 이렇게 말했다.
"예, 손님 그게 아주 잘 맞는 거예요. 조금만 신으면 곧 줄어드는 것이 가죽이니까요."

한참 후 또 다른 손님이 구두를 찾으러 왔다.

"어쩜 구두가 이렇게 잘 맞지? 아주 정확하게 딱 맞네요."

그러자 주인이 대단히 기뻐하면서,

"제가 누굽니까. 이래뵈도 이 계통에선 박사 중의 박사입니다. 척 보면 손님의 발 크기를 딱 알아 맞치지요. 이렇게 딱 맞는 구두가 제일 좋은 구두죠."

24. 아무데나 개잡은 데서 내려 주시오

"가까운데"라는 말을 경상도에서는 "개잡은데"라고도 한다.

어느날 한 경상도 할아버지가 서울 사는 아들네 집에 가려고 서울역에서 내려 택시를 잡아탔다.

"할아버지 어디로 모실깝쇼?" 하고 기사가 물었다.

그러자 할아버지,

"남대문 시장 근처 아무데나 개잡은데서 내려 주시오." 라고 했다. 아들 집이 남대문시장 근처에 있다는 것을 알고 있기 때문이었다. 하지만 기사는 그 뜻을 몰랐다. '개잡은데, 개잡은데' 만 뇌이며 택시를 몰았다. 그리고 마침내 어디서 '보신탕집'을 발견하고는 얼른 할아버지를 그곳에 내려 드렸다.

그러자 할아버지 화를 벌컥 내면서,

"이놈아 날 촌놈이라고 바가지를 씌워? 내 아들놈 집은 여기가 아니야!"

그러자 기사가 이렇게 말했다.

"서울역 근처에서 개 냄새가 나는 곳은 그래도 이곳 뿐이라구요."

25. 기여

'맞어' 라는 말을 전라도 사람들은 '기여' 라고도 한다.

경상도에서 전라도로 시집간 새댁이 아침 일찍 시장에 나가 고기를 사

는데,

"할머니 이 고기가 도다리 맞나요?" 하고 물었다.

그러자 그 고기장사 할머니,

"기여" 라고 했다.

그러자 색시, '기여? 기여?' 하면서 고개를 저어 보다가,

"할머니 이 고기 도다리 아니예요?" 하고 다시 확인을 했다.

그러자 할머니 큰 소리로,

"아 기랑께!"

새색시는 도다리를 뻔히 두고도 못 사고 말았다. 그러면서 이렇게 혼자서 중얼댔다.

"기라는 고기는 어쩜 그렇게 도다리와 꼭 같이 샅겼지?"

26. 이번엔 재상께서

자행이란 사람이 송나라 재상에게 공자를 소개하였다.

어느날 자행이 송나라 재상에게 넌짓이 공자에 대해 물어보았다.

그러자 재상은 기다렸다는 듯,

"정말 훌륭한 사람이었어. 그분을 만나보니 자네같은 사람은 빈대나 벼룩 정도로 밖에 보이지 않던 걸. 내 그래서 그분을 임금님께 알현시킬까 하네."

그러자 자행이 빙그레 웃으며,

"아예 마십시오. 그랬다가 이번엔 재상께서 빈대나 벼룩으로 보이게 될 터이니까요."

27. 이성계와 무학대사

어느날 이성계가 무학대사에게 농을 걸어 말하기를,

"대사의 얼굴을 보니 치성 지낼 때 제단에 놓인 돼지 머리가 생각납니다."

그러자 무학대사 껄껄 웃으며,
"돼지의 마음을 가진 눈에는 돼지만 보이고 사람의 마음을 가진 눈에는 사람이 보이는 게 자연의 이치이지요."

28. 단테의 기지

어느 귀족 한 분이 식성이 좋은 단테를 놀려줄 요량으로 여러 사람을 초대해놓고 저녁식사를 대접했는데 그 집 주인이 자기가 뜯은 고기 뼈다귀를 모조리 단테 앞에다 내려다 놓았다. 그리고 식사가 끝난 후 손님들에게 말했다.
"단테를 보십시오. 정말 대식가예요. 다른 분들의 두 배나 되는 양의 고기를 먹어 치웠습니다 그려."
그러자 단테가 빙그레 웃으며,
"그러나 여러분 이 댁 주인을 좀 보세요. 이댁 주인어른에 비하면 저는 먹는 것도 아닙니다. 보십시오. 뼈 하나 남기지 않고 다 먹어 치웠지 뭐예요."
남 골탕 먹이려면 자기가 당하는 법.

29. 절망

런던의 유명한 정신과 의사인 아바네시에게 어느날 중증의 우울증 환자가 치료를 받으러 왔다. 여러 가지 문진을 한 후 의사가 말했다.
"당신은 정말 중증이시군요. 도무지 웃는 일하고는 거리가 멀군요. 코미디언 그리말디씨의 코미디를 한 번 보세요. 그리말디씨의 연기를 보고도 웃지않을 사람은 아무도 없을 테니까요."
그러자 환자가 먹구름같은 얼굴로 이렇게 말했다.
"그러면 정말 절망적이군요. 제가 바로 코미디언 그리말디니까요."

30. 식전에 먹나요? 식후에 먹나요?

살이 너무 쪄 걱정을 하던 배모 여사가 어느날 의사를 찾아갔다.
"선생님 저는 살을 빼고 싶어 왔습니다."
그러자 의사는 이렇게 말했다.
"선생님한테는 그저 식이요법이 최곱니다. 현미밥 한 그릇에 멀건 야채국, 그리고 과일 한 개씩만 먹도록 하십시오."
그 말을 듣자 배모 여사 고개를 끄덕이면서,
"그런데 선생님 그걸 식전에 먹습니까 식후에 먹습니까?"

31. 써 붙여야지

하루에 한 갑 이상 담배를 피우는 남편이 있었다.
어느날 아침 그 골초의 아내가 신문을 읽다말고 남편에게 말했다.
"여보 여보, 신문에 크게 났어요."
"뭐가?"
"담배가 몸에 얼마나 해로운가 하는 기사 말예요."
"그럼 종이에다 크게 써 붙여야겠구먼."
그러자 아내 너무도 반가워서,
"여기 종이 있어요. 어서 크게 쓰세요."
그런데 그때 남편이 쓴 글자는 내일부터 '신문사절' 이라는 글자였다.

좋은 이야기

1. 9년 전 치료비

1985년 4월 10일, 고려대 구로병원에서 응급치료를 받았으나 돈이 없어 치료비를 내지 못했던 사람이 9년만에 당시 치료비 3천원에 8년8개월의 이자 3만1천2백원을 포함한 3만5천원을 병원으로 보내와 화제.

전북 이리시 신흥동에 사는 정기현 씨. 당시 28세의 나이로 무작정 상경, 신문배달과 야학을 하면서 살아 갔는데 어느날 그만 과로로 쓰러져 병원으로 실려 갔는데 치료비 3천원을 갚지 못한채 그냥 시골로 내려갔던 것이다. 밤 늦은 시간에 코피가 터졌으나 멎지를 않아 병원을 찾아가 응급치료를 받게 되었는데 그렇게 된 것이다. 고향에 내려갔지만 정씨는 이 일을 평생 잊을 수가 없었고 마침내 지난 1994년 1월, 한 통의 편지와 함께 치료비 3천원에 이자를 포함한 3만5천원을 병원으로 보내온 것이다. 정씨는 편지에서 "어려운 시절 받은 도움을 잊는다는 것은 사람의 도리가 아니라 용기를 내었습니다."라며 "이자는 한 달에 3백원으로 계산했습니다만 부족하면 다시 더 보내드리겠습니다"라고 썼다.

큰 돈은 아니지만 은혜를 잊지 않은 것. 참으로 오랜만에 들어본 신선한 뉴스.

2. 스승의 은혜를 잊지않은 마라톤 선수

바르셀로나 올림픽 마라톤 금메달리스트인 황영조 선수. 중학교 때 은사가 어렵게 살고 있는 것을 알고 아파트를 마련해준 사실이 뒤늦게 밝혀져 화제가 되었다. 황 선수는 근덕중학교 1학년 때 당시 체육선생인 김장하 선생님의 권유로 운동을 시작했고 그것이 마침내 올림픽대회 금메달리스트까지 되게한 계기가 되었는데 얼마 전 그 김장하 선생님이 교통사고를 당한 뒤 후유증으로 교사직에서 물러나 어렵게 살고 있다는 얘기를 전해 듣자 선생님을 찾아가 위로하고 6천만원을 들여 아파트 한 채를 사드렸다는 것이다.

많은 사람들이 누군가의 은혜와 도움으로 성공을 하게 되지만 그 후엔 까마득히 옛날 은혜진 사람을 잊기가 쉬운데 그런대로라도 은혜를 갚았으니 정말로 스타다.

3. 정직을 생명으로

일본에 '가네보'라는 재벌이 있는데 공장을 짓기 위해서 수십만 평의 땅을 사들인 적이 있었다. 한데 사정이 계속 여의치 않아 몇 년이 지나도록 공장을 짓지 못했다. 어느날 한 간부사원이 회장에게 말했다.

"그래도 우리는 큰 돈을 벌었습니다. 그동안 땅값이 수십배로 올랐거든요."

그러자 회장은 화를 벌컥 내면서 이렇게 말했.

"우리는 공장을 짓겠다고 이 땅을 사 들였다. 우리가 공장을 짓지 못하게 된 건 약속을 어긴 것이다. 약속을 어긴 쪽에서 그 땅으로 이익을 보겠다니 말도 되지 않는다. 우리는 그 땅을 원 소유자들에게 매입당시 가격으로 돌려주어야 한다. 기업을 하는 사람은 정직을 생명으로 여겨야 한다."

일본의 기업가들이 세계적인 기업가가 되는 데는 다 그만한 이유가 있는 법.

4. 약속을 지킨 시장

1995년 6월 27일 실시된 지방선거에서 청주시장으로 당선된 김현수 시장.

자기가 만약 시장에 당선되면 1년간 받는 봉급 전액을 불우이웃돕기에 내어놓겠다고 공약을 했는데 당선 후 첫 번째 봉급부터 한 푼 남김없이 이를 실천해 화제가 되었다. 그가 받은 첫 번째 봉급은 1백71만1천5백원으로 세금을 뺀 1백65만4천3백원이 비서실을 통해서 복지시설에 기탁이 됐는데 비서실에서는 1년 동안 2천여만원을 모아 기금을 조성, 청주시내 20여군데 사회복지시설에 지원이 되었고 김시장은 보험회사에 다니는 부인의 수입으로 살아갔다는 것이다.

정치인들의 약속은 처음부터 지켜지지 않는 것으로 익히 알려져 있다. 더군다나 선거운동 당시에 한 약속은 당선되기가 무섭게 언제 그런 약속을 했느냐는 듯 잊혀지기 일쑤다. 그래서 정치인들의 공약(公約)을 공약(空約)이라고들 하는데 그렇지 않은 사람도 있으니 화제가 될밖에.

5. 10만불의 약속

6.25 때 일이다. 미 공군기 한 대가 북한 상공에서 북한 공군기에 의해 격추를 당해 그만 북한 땅으로 떨어지고 말았다. 이젠 꼼짝없이 죽었구나 하고 두 눈을 꼭 감고 있던 그 미군 조종사가 눈을 뜬 곳은 천당도 지옥도 아닌 이 세상이었다. 산중 깊은 곳에서 살던 한 노인이 죽기를 무릅쓰고 이 미군 조종사를 구해준 것이다. 그 노인은 사람들의 눈을 피해 조종사를 집으로 데려와 정성껏 치료를 해서 도망을 시켜 주었다.

이 얘기는 그후 미군 상부에 보고가 되었고 10만불의 현상금을 걸고 가족을 찾았는데 오랜 세월이 지난 후 마침내 노인은 죽고 그 아들인 유송단 씨가 나타나 10만불의 사례금을 전달받은 것이다.

부모님의 기도가 자식에게 거름이 된다는 얘기가 있다. 아버지의 목숨을 건 선행이 아들에게 큰 거름이 되어 돌아온 것이다.
 "또 누구든지 제자의 이름으로 이 소자 중 하나에게 냉수 한 그릇이라도 주는 자는 내가 진실로 너희에게 이르노니 그 사람이 결단코 상을 잃지 아니하리라 하시니라"(마 10:42).

6. 사랑의 힘

오직 한 남자 청년의 사랑의 호소가 스칸디나비아 반도를 가로질러 천리길을 뚫게된 기적같은 이야기가 있어 화제. 북부 노르웨이의 보되에 살고 있는 페르 노르만 청년. 5년 전 스웨덴의 룰레오에 여행을 갔다가 한 예쁜 아가씨를 만나 사랑에 빠졌는데, 노르만은 주말만 되면 애인을 찾아가 사랑의 불을 활활 태웠는데 시간이 갈수록 문제가 생겼다. 애인이 살고 있는 룰레오까지는 천리 길인데다 교통편이 너무 나쁜 것이었다. 보되에서 나르비크까지 비행기를 타고가서 거기서 다시 열차로 갈아타고 다시 또 버스로 한참을 달려야하는 등 여행이 너무 힘들고 시간이 너무 많이 낭비되었으며 직장 근무마저 지장이 생길 정도가 된 것이다. 하지만 노르만은 포기할 수 없었다. 급기야 그는 정치가들과 지방당국, 버스회사들을 찾아다니며 직행버스 노선을 만들어 주도록 호소를 했는데, 마침내 스웨덴의 스켈퍼트 버스회사가 이 청년의 사랑에 감동, 1997년 4월, 380km의 긴 직행버스 노선을 만들기로 한 것이다.

7. 돌아온 진돗개

멀리 대전으로 팔려갔던 진돗개 한 마리가 일곱달만에 7백리 머나먼 길을 달려 전남 진도의 옛 주인 집으로 돌아와 사람들을 감동케 했다. 전남 진도군 의신면 돈지리의 이병수 씨(39. 농업) 개. 이씨는 일곱달 전인 1993년 3월, 이웃에 사는 조모씨의 소개로 집에서 기르던 5년생 백색 암진돗개 '백구'를 대전에 사는 모 애견가에게 팔았는데, 일곱달 만인 10

월 중순, 7백리 먼길을 달려 피골이 상접한 채 돌아온 것이다.

"하도 졸라대는 바람에 팔기는 했지만 그동안 꿈에 나타나는 등 마음에 걸렸는데 결국 돌아오게 되었다."는 이씨 가족은 다시는 팔려가는 일이 없을 거라며 눈시울을 적셨다.

"소는 그 임자를 알고 나귀는 주인의 구유를 알건만은 이스라엘은 알지 못하고 나의 백성은 깨닫지 못하는도다"(사 1:30).

하찮은 미물도 이같이 하거늘…….

8. 고릴라가 사람을

동물원에서 구경을 하던 세 살바기 아기가 실수로 우리 안에 떨어지자 고릴라 한 마리가 날쌔게 달려와 아기를 구해내어 화제가 되었다. 1997년 8월 20일, 미국 시카고의 한 동물원에서 일어난 일로, 아빠 엄마와 함께 동물 구경을 하며 즐기던 세 살바기 아기가 1미터 높이의 철책을 기어 오르려다 발을 헛딛어 우리 안으로 떨어진 것을 빈티라는 이름의 고릴라가 재빨리 달려가 품에 안고 사육사에게 건네줌으로 다른 무서운 동물들로부터 목숨을 건져 준 것.

그런데 이 빈티라는 이름의 고릴라는 원래 캐나다의 고릴라학자인 골디스커스 박사가 30년전 인도네시아의 한 오지에서 동물의 생태를 연구하던 중 길렀던 것으로, 당시 고아가 된 어린 고릴라 한 마리를 자기 막사로 데려다가 자기 딸 빈티와 함께 가족처럼 길러 왔었는데, 연구를 마치고 돌아오면서 더 이상 키울 형편이 못돼 이 동물원에 기증을 한 것이다. 고릴라 이름이 빈티가 된 것도 박사의 딸 이름 빈티에서 딴 것인데, 말못하는 이 고릴라가 사람과 함께 살면서 사람을 사랑하게 되었던 것이다.

9. 24년만의 보은

"어려운 형편에 있는 심장병 환자를 위해 써 주세요."

1997년 7월 18일, 서울 신촌 세브란스병원 원무과에 한 중년의 남자가 찾아와서는 4백만원을 불쑥 내밀며 이렇게 말했다. 도대체 누구이며, 무슨 사연으로 이같은 일을 했는지 얘기나 해 달라는 원무과장의 주문에 털어놓은 그 사람의 사연인 즉 다음과 같았다.

성애성구사 대표 임선재 장로(53)로. 24년 전만 해도 임장로의 성구 사업은 너무도 초라했다. 재산이라곤 공장겸 살림집으로 쓰고 있는 지하창고의 전세금 40만원이 전부이던 시절, 어느날 쓰러져 병원으로 실려갔다. 지병인 심장병이 재발한 것이다. 승모판협착증이라며 빨리 수술을 하지 않으면 목숨이 위태롭다는 의사의 말을 듣고도 임장로는 수술대에 오르지를 못했다. 그들 부부에게 40만원은 재산의 전부였던 것이다. 전적 하나님께 맡긴채 누워 있는데 얘기를 들은 친구와 친척들이 돈을 모아주어 수술을 받게 되었다. 그때 임장로 부부는 손을 꼭 잡은채 "나중에 돈을 벌면 반드시 이 고마움을 갚자"고 약속하며 하나님께 감격의 기도를 드렸는데, 그동안 사업관계로 잊고 있었다가 24년이 지난 지금 생각이 나서 이렇게 40만원의 10배인 4백만원을 가지고 병원을 찾았다는 것.

10. 강연료 수입 내 것 아니다

'신바람 건강법'으로 한때 돌풍을 일으켰던 연세대 의대의 황수관 박사. 1997년 한해동안 기업체와 교회, 사회단체, 방송국, 신문사 등에서 강연을 해주고 받은 강연료 2억원을 고스란히 자신이 일하고 있는 세브란스병원에 건축기금으로 내놓아 화제가 되었다.

신나게 웃고 살면 무병장수할 수 있다는 논리의 이 신바람 건강 강의는 내용도 좋지만 강의를 너무 재미있게 잘해서 방송사와 언론사 사회단체 교회 등에서 수개월 전부터 예약을 하지 않으면 안 될 정도로 인기가 높았는데 황박사는 강연료 전액을 한 푼 안 쓰고 세브란스병원에 기증을 했으며 앞으로 들어오는 강연료도 전액 세브란스병원의 건축기금으로 내놓을 것이라면서 이렇게 말했다.

"출연료와 강연료를 받게될 때마다 이것이 내 개인의 것이 아니라 내가 몸담고 있는 연세대의 것이란 생각이 들어 기부를 결심했다."

11. 성경을 훔친 사람

1985년 어느 겨울 저녁 안양교도소. 두 사람의 죄수가 서서 이야기를 주고받고 있었다.

"자네 이제 이틀만 있으면 바깥 세상으로 간다지? 부디 착하게 잘 살아야 한다. 나처럼 꼭 예수 믿고 살아야 해."

나이많은 죄수와 젊은 죄수가 서로 헤어지는 것을 아쉬워하며 나누는 대화였다.

대화를 나누면서도 나이많은 죄수는 연신 성경을 읽고 있었다. 벌써 백번도 더 읽어 닳고닳은 책이었다. 젊은 죄수는 그걸 보면서 결심을 하나 했다. 자기가 나가면 꼭 돈을 벌어 형님께 새 성경책 한 권 넣어줘야겠다고. 그렇잖아도 늙은 죄수는 새로나온 '톰슨 성경'이 꼭 갖고싶다고 여러 번 말을 해왔었다.

이윽고 젊은 죄수는 만기출소를 해서 바깥세상으로 나갔다. 그러나 아무도 반겨줄 사람이 세상에 없었다. 일자리도 마땅히 생기질 않았다. 나온지 보름이 지났건만 아직도 돈 한 푼 쥐어보지 못했다. 어느덧 크리스마스가 다가오고 있는데, 전과 3범의 그 젊은이는 문득 교도소 안의 그 형님이라 부르던 죄수가 생각났다. 나가자마자 톰슨성경을 사서 넣어주기로한 약속도 생각이 났다. 젊은이는 서둘러 책방으로 들어갔다. 톰슨성경이 있냐고 물었다. 있기는 한데 2만원이라고 했다. 주머니에 돈은 단돈 3천원. 자신도 모르는 사이에 젊은 전과자는 옛솜씨가 나와 버렸다. 슬쩍 성경책을 품에다 넣었다. 그러나 너무 컸다. 나오는데 그만 땅바닥에 떨어지고 말았다. 젊은 전과자는 그 자리에서 붙잡혀 경찰서로 넘겨졌고 다시 또 그 지긋지긋한 안양교도소로 갔다.

"이런 바보같은 놈 누가 너보고 성경을 넣어달라고 했더냐? 그래 설령 그렇기로 그래 성경을 훔치다니…"

교도소 안에서 다시 만난 두 사람 얼싸안고 엉엉 울음을 터뜨렸다.

"도적질하는 자는 다시 도적질하지 말고 돌이켜 빈궁한 자에게 구제할 것이 있기 위하여 제 손으로 수고하여 선한 일을 하라"(엡 4:28).

12. 1등이 있으면 꼴찌도 있는 법

"어떤 일에서든지 1등이 있으면 꼴찌도 있지요. 모두가 열심히 했다면 꼴찌를 했어도 따뜻한 박수를 보내주어야 한다고 생각해요…"

모 일간지에 소개된 한 초등학생 어린이의 '차범근 아저씨에게' 보내는 편지의 일부이다. 경기도 의정부시의 한근영이라는 이 어린이는 "아저씨가 초라하게 입국하시는 모습을 보고 전 너무 슬펐어요."라면서 "16강에 진출하지 못해서 아저씨도 실망하셨죠. 하지만 아저씨는 국가대표 감독으로 지금까지 최선을 다해 오셨잖아요. 지난 번에는 선수들이 너무 긴장해서 지고 말았지만 성공은 다시 우리 품으로 돌아올 거예요."라고 썼다.

잘한다 싶으면 대통령이 되라고까지 하다가 조금 못하면 바다 밑창까지 끌어내리는 우리 사회 어른들을 보면서, 그래도 믿을 건 역시 어린이들 뿐이 아닌가 싶다.

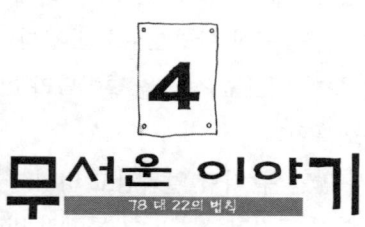

4 무서운 이야기
78 대 22의 법칙

1. 편애가 빚은 살인

　1996년 충남 온양에서 있었던 일이다. 온양중학교 1학년생인 김모 학생이 어느 날 행방불명이 되었는데 며칠만에 하수도 수채에서 31군데나 칼에 찔린 시체로 발견되었다. 그런데 나중에 중학교 3학년생인 친형에 의해서 저질러진 일로 밝혀져 세상을 놀라게 했다.

　온양중학교에서 목공 일을 하며 어렵게 살아가고 있는 아버지가 늘 자신의 신세를 한탄하면서 자신은 돈이 없어 공부를 하지못해 이렇게 되었다며 밤낮없이 자식들에게 공부만 강조했는데 공부에 재주가 없던 형은 구박만 당했다. 동생은 반에서 1, 2등을 다툴 정도로 공부를 잘하는데 형은 도무지 따라가질 못하자 아버지가 동생만 이뻐하면서 형에게는 온갖 궂은 일을 다 시키며 구박을 했던 것이다.

　"동생 보기 부끄럽지도 않냐? 너 이담에 동생 신발 벗어놓은 데나 갈 수 있겠니?"

　아버지로부터 이런 말을 들을 때마다 형은 동생이 죽이고 싶도록 미워졌다.

　"동생만 없어지면 저런 말은 듣지 않겠지."

마침내 형이 아버지의 명으로 하수도 청소를 하는 날, 동생을 꾀어서 하수도로 데리고 들어가서는 잔인하게 찔러 살해해 버린 것이다. 살인자 가인이 아벨에게 했던 것처럼.

"동생을 죽인 것은 잘못한 일이나 차라리 속이 다 후련하다."

경찰에서 형은 이렇게 말했단다.

2. 수박 한 개 때문에

부모없이 혼자 어렵게 살아가고 있던 한 초등학생 소녀가장이 수박 한 통으로 인해 목숨을 끊게 된 기막힌 사건이 1992년 7월, 전남 무안의 한 농촌 마을에서 일어나 충격을 주었다. 평소 학업 성적이나 생활 태도가 결코 나쁜 편이 아니었다는 이 소녀는, 그날도 여느날처럼 학교가 파하여 집으로 돌아오던 중 길가 수박밭 옆을 지나게 되었는데 잠시 수박밭 옆에서 서성거린 것이 그만 수박밭 주인으로부터 도둑으로 몰려 말로 다할 수 없을 정도로 수모를 당한 것이다. 고약한 수박밭 주인이 다짜고짜 이 어린 소녀를 도둑으로 몰아서는 머리채를 끌고 동네로 들어가 사람들 앞에서 공개적으로 망신을 준 것이다. 부모는 물론 친척도 없이 살고 있던 이 가엾은 소녀는 아무도 말려주지도 변호를 해 주지도 않는 가운데 변명할 기회조차 갖지못한채 일방적으로 실컷 당하기만 한 것이 너무도 서러워 견딜 수가 없었다. 부모 없이 사는 것만 해도 서럽기가 한이 없는데 툭하면 도둑으로 몰려 모멸을 당하다니, 소녀는 이 세상에 더 머물고 싶지가 않았다.

텅빈 방안에 앉아 한없이 울기만 하던 소녀는 마침내 노트를 찢어 "나는 도둑이 아니다"라고 유서 한 장을 써 놓고는 농약을 마시고 스스로 한많은 세상을 떠나고 만 것이다.

부모없는 아이라고 함부로 대하고 의심하고 무시한 사람들의 무관심이 한 어린 소녀를 마침내 죽음으로 몰아간 것이다.

3. 아버지를 거리로

부자로 사는 딸이 80노인 아버지와 병든 남동생에게 집을 빌려주고는 집세를 받아오다가 생활이 어려워 월세를 내놓지 못하게 되자 집을 비워달라며 법원에 명도 및 퇴거 청구 소송까지 낸 사건이 있었다. 서울 강동구 암사동의 김모 여인(46). 1991년, 호주로 이민을 가면서 그동안 살았던 20평짜리 연립주택을 늙은 아버지와 동생들에게 무상으로 빌려 주었는데 1994년, 돌연히 귀국을 해서는 월 25만원의 월세를 달라며 임대차계약을 맺고는 달세를 받기 시작했다. 고혈압, 당뇨병 등 지병을 앓고 있는 80고령의 김모 노인은 역시 간암으로 고생하는 셋째 아들과 함께 이 집에서 살아왔는데, 가난하지만 착한 며느리가 벌어오는 돈으로 근근이 살아가던 이들에게 방세 25만원은 너무 큰 돈이었다. 그래서 제대로 달세를 내지못하자 1년 만인 1995년, 집을 비워달라며 법원에 명도소송을 내었고 지방법원을 거쳐 대법원까지 올라 갔는데 법원은 지난 6월 12일, "딸도 아버지를 모실 의무가 있다"며 원심을 깨고 딸에게 패소판결을 내렸다 한다.

하늘보다 높고 바다보다 깊은 부모님의 은혜를…

4. 정신없는 엄마

놀기에만 급급한 무책임한 엄마가, 뜨거운 여름 오후에 두 살짜리 아이들을 차 안에 놓아둔채 10시간을 놀다가 아기들이 질식사한 사건이 미국에서 있었다.

테네시주의 맥마인빌에 살고 있는 제니 베인 여인(20세). 1995년 7월, 친구들과 모텔에서 파티를 즐기기 위해, 올해 각각 한 살과 두 살의 데빈과 더스틴 형제를 승용차에 태운채 모텔로 가서는 아이들을 차안에 둔채 10시간이 넘게 놀다가 아이들을 죽게 한 것. 기온이 40도를 오르내리는 한여름 한낮에, 아기들을 차에 태워놓은 채 차문을 굳게 잠그고 아이들에게 안전벨트까지 채워놓았다가 차는 뙤약볕 아래다 주차를 해놓았으니… 마침내 법원은 이 정신나간 어머니에게 1급살인죄를 적용, 교도소로 보냈단다.

본분을 망각한 정신나간 엄마, 자식 잃고 죄인되고 교도소로 보내지고…

5. 부모가 자식에게 윤락행위를

딸들이 중학교 1학년만 되면 자퇴를 시켜 티켓다방에다 팔아넘기고, 마침내 이제는 그 딸들과 함께 직접 티켓다방을 차려 차배달은 물론 윤락행위를 시켜온 부모들이 있다. 경기도 부천시의 정모씨 부부. 정씨 부부가 이 일을 시작한 것은 큰 딸이 중학교 1학년이던 지난 1993년부터다. 어느날 갑자기 학교를 찾아간 아버지가 딸 아이를 자퇴를 시켜서는 안산 수원 등지의 티켓다방에다 돈을 받고 팔아넘기기 시작했다. 돈벌이에 재미가 붙은 이 짐승같은 아버지는 이후 네 딸을 모두 그런 식으로 해서 중학교 1학년에서 중퇴를 시키고는 빼내어 티켓다탕에 팔아넘겨서 돈을 벌어들였는데 어머니까지 합세, 마침내는 자신들이 직접 티켓다방을 차려 영업을 시작, 딸들에게 차배달은 물론 윤락행위까지 시켜온 것이다.

이들은 특히 자식들에게 그 짓을 시키면서 세뇌공작은 물론이려니와 말을 듣지 않으면 몽둥이로 사정없이 두들겨패기까지 했는데, 그 결과 심지어 어떤 아이는 어린 나이에 너무 많은 성관계로 각종 성병과 몹쓸 병에 걸려 처참한 모습을 하고 있었다. 참다못한 한 딸의 애인을 통한 신고로 덜미가 잡혔는데. 경찰에 잡혀온 아버지와 어머니는 "민주주의 국가에서 내 딸 내 맘대로 하는데…"라며 소리를 쳤단다.

6. 세상에 이런 부모가?

아내가 가출을 하자 기다렸다는 듯 다른 여자와 동거를 하고, 동거녀와 함께 전실 자식들에게 상상도 못할 정도의 학대를 자행하다가 아이가 죽자 자기 집 뜰에다 암매장까지 한 아버지와 계모가 경찰에 붙잡혔다.

경기도 의왕시 이동에 사는 서승원 씨(36. 택시기사). 정신지체자인 아내가 어느날 집을 나가자 곧이어 전부터 알고 지내던 최모(33) 여인과 동거를 시작했는데, 동거녀 최씨가 전처의 자식들을 구박하자 합세하여 아직 여섯 살과 여덟 살밖에 안 된 어린아이들에게 먹을 것을 전혀 주지 않는 등 구박을 일삼은 것. 그래서 배가 고픈 아이들이 참다못해 밥이라도 훔쳐먹는 날이면 버릇을 고친다는 구실로 매질을 했는데 얼마나 심하게 맞고 살았는지 병원에서 주사 바늘을 찔러도 감각을 못 느낄 정도.

때려도 전혀 아픈 것을 느끼지 못하자 담배불과 심지어 전기다리미로 지져대었고, 견디다 못한 딸아이가 1997년 12월 27일, 장작개비같은 몰골로 숨이 지자 자기집 안마당에다 태연히 암매장을 했던 것. 그렇잖아도 아이를 구박하는 것을 알고 있던 동네 사람들이 아이가 보이지 않은 것을 수상히 여겨 신고, 마침내 1998년 4월 14일 군포경찰서에 붙잡혀 구속이 되었는데…

살아있는 남자아이마저도 기아로, 아프리카 어린이 모습을 한채 죽기 일보직전의 상태에 직면해 있었다.

참으로 끔찍한 일이 아닐 수 없다.

7. 은혜를 악으로

부모없는 고아를 데려다 호적에 입적시키고 30여년 동안을 정성을 다해 키워 결혼시켜 가정까지 갖게 해 주었더니 돈 때문에 양아버지를 살해한 짐승같은 인간이 있다.

경기도 양주군 백석면의 이봉빈(74. 농업)씨, 6.25 때 인민군으로 남한에 넘어왔다가 포로가 되었는데 리승만 대통령의 반공포로 석방 덕에 남한에서 새삶을 얻게되자 고아원을 찾아가 부모없는 아이 하나를 데려와 호적에도 올리고 친자식처럼 키워 성혼까지 시켜 경기도 안양에 살림까지 차려주었다. 하나 아들은 아버지를 전혀 돌봐주지 않았고 그래서 아버지 이씨가 돈이 궁해, 가지고 있던 2억원 가량의 토지를 팔려고 하자, 양아들 이씨가 공범 송모(23) 씨와 함께 복면을 한채 1997년 7월 28일 새벽, 양아버지 집으로 몰래 들어가 빨래줄로 목을 졸라 목숨을 끊었단다.

짐승을 구해주면 은혜를 갚고 사람을 구해주면 악으로 갚는다더니…

8. 무서운 이웃

멀건 대낮에 일가족 네 명이 참변을 당한 끔찍한 사건이 1994년 1월 19일 오후 1시 50분, 서울 강동구 길1동에서 있었다. 강동구 천호동에서 자동차 중개업을 하며 부자로 살아가던 신모씨(40) 일가. 범인은 이 집에 세들어 살고 있던 홀아비 조모(36 목수)씨로 정신병원에서 나온지 얼마 안 된, 전신병 환자였었다. 범행을 저지른 후 이웃 슈퍼마켓으로 들어가 또 한 번 난리를 치다 이웃 하모(60)씨의 신고로 경찰에 붙잡혔는데 경찰에서 조씨는 주인 신씨가 자기를 너무 무시해서 범행을 저질렀다고 했다.

툭하면 자신에게,

"너같은 녀석이 무슨 애인을 사귀나!"

"어서 방 빼!"라는 말을 던지곤 했다는데 이것이 그를 죽이고 싶도록 자극을 주었다는 것이다.

9. 돈 때문에 일가족이

수백억원대의 돈을 굴리며 떵떵거리며 살아가던 서울의 한 부자집 영감님이 어느날 한 순간에 부인과 아들, 며느리, 손녀 등 다섯 식구가 한꺼번에 죽어 자기집 마당에 암매장까지 되었다가 발견된 무시무시한 사건이 있었다. 서울시 성동구 장위동의 김모 노인. 금방(金房)을 하면서 꽤 많은 돈을 벌었고 빌딩도 몇 개씩이나 갖고 있는 큰 부자가 되었는데, 재혼을 했는데 전처아들한테는 인색하기 짝이 없었다.

　1993년 8월 어느 저녁, 마침내 전처 아들은 중대한 결심을 하고 아버지를 찾아갔다. 자기 몫의 재산을 달라는 것이었다. 그러나 아버지는 한 푼도 줄 수 없다며 아들을 내몰았다.

　그러자 아들은 옆에 있던 망치로 아버지를 내려쳤고 아버지는 그 자리에서 즉사를 하고 말았다. 피를 본 아들은 순간 광란을 하기 시작, 닥치는 대로 사람들을 망치로 쳐서 죽였는데 그것이 새어머니의 전 가족이었다. 그리고 그는 가족들을 아버지 집 앞 마당에다 땅을 파고 묻어 버린 것이다.

　그놈의 돈이 도대체 무엇이길래.

10. 괴물만화 보던 어린이 집단 히스테리

　수많은 괴물들이 등장하는 일본 만화영화 '포케몬'을 시청하던 일본의 어린이 1백여 명이 전국에서 동시에 신체에 이상증세를 느껴 병원으로 후송되는 사태가 벌어졌다. 1997년 12월 16일 NHK의 보도에 의하면 이날 하오 7시 직전, 한 민간방송이 방영한 어린이용 만화 '포케몬'을 시청하던 중, 도쿄에서 15명, 아이치현에서 35명, 오사카에서 45명 등 1백여 명 어린이가 갑자기 히스테리 증세를 일으켜 병원으로 실려갔다는 것.

　이유는 만화에 등장하는 괴물들의 충격적인 동작과 일시에 다량으로 발사되는 가시광선 때문이라는데…

　'할렐루야'를 악마로, '사단'을 정의의 천사로 표현하는 등, 사단의 하수인격으로 전락하고 있는 일본의 만화영화가 정말 걱정이다.

11. 영화의 주인공처럼

　올해 24세의 임상국 청년.

하는 일이라곤 하루 온 종일 비디오방에 틀어박혀 비디오만 보는 것이 었는데 자기도 모르는 사이에 그만 비디오와 현실을 혼동해 사건을 저지르고 다니다 구속이 되었다. 사건 내용인즉, 이른 아침, 아직 비디오방이 문을 열기 직전, 다방이나 비디오방을 태연하게 들어가서는 여주인이나 종업원에게 흉기를 들이대고는 태연하게 금품을 갈취하고 성폭행까지 저질러 왔던 것. 그런데 특이한 것은 사건을 저지를 때마다 꼬박꼬박 일기를 적어 나갔는데 그것이 마치 무슨 영화 각본같았다는 것. 1996년 4월 21일부터 5월 13일까지 계속된 그의 범행일지에는 '주연 감독 임상국(자기 이름)' 이라는 글자가 맨 앞 부분에 나와 있고, 자신이 마치 영화의 주인공처럼 행동한 것으로 되어 있는데, 근로자의 날인 5월 1일에는 이렇게 적어 놓았다.

"오늘은 근로자의 날, 나도 근로자니까 오늘 하루는 좀 쉬어야겠다."
만화나 비디오 역시 마약과 같은 것.

12. 엄청난 차이

11세 소년을 칼로 죽이고 시체를 토막내어 시체의 일부를 초등학교 정문에다 갖다놓고는 "이것은 시작에 불과할 뿐이다" "살인이 재미있다. 나를 흥분시킨다" 는 등의 쪽지를 남겨놓는 등으로 한때나마 일본 열도를 경악케 한 사건이 1997년 봄 일본에서 있었는데, 뜻밖에도 범인은 올해 겨우 14세의 중학생인 것으로 밝혀져 또 한번 사람들을 놀라게 하였다. 길 가던 소녀를 쇠파이프로 때려 숨지게 한 이른바 '연속 길거리 마귀사건'까지 저질렀다는 이 10대 소년은 죽인 소년과는 이웃에 사는 형으로 아무런 감정이나 원한이 없었다는데…

하지만 이 소년은 평소 살인사건을 소재로 한 만화나 소설, 비디오 등을 즐겨 보아 왔으며, 이 때문에 학교에서도 엉뚱한 짓을 잘 벌여 선생님으로부터 "너같은 위험한 놈은 학교에 오지 마라"는 등의 말을 자주 들어왔다고 했다. 그러니까 살인과 음란 위주의 일본의 저질 문화가 이같은 사건을 불러온 것이라 할 수 있다.

한편 이와는 정 반대의 사건이 같은 해 4월, 영국에서 있었다. 교통사고로 숨진 11세 소년 매튜 하워드로 뜻밖에도 소년이 직접 서명날인한 '장기제공자 카드'가 죽은 소년의 주머니에서 나온 것. 영국 에식스주의 사우스 오켄든의 집 근처에서 자전거를 타고 놀다가 갑자기 달려오는 자동차에 치여 목숨을 잃었는데 뜻밖에도 '장기제공자 카드'가 피묻은 소년의 주머니에서 나와 어른들을 놀라게 한 것. 그 결과 신장은 두 명의 소녀에게, 간은 세 명의 자녀를 둔 한 어머니에게, 심장과 뼈, 혈관 등은 40명의 사람들에게 각각 이식돼 새 삶을 얻게 했는데 이와 관련, 소년의 아버지는 "어릴 때부터 믿음이 좋았던 매튜는, 육체는 영혼을 담는 그릇에 불과하다며 만약에 자기가 죽으면 자신의 장기가 다른 사람을 위해 쓰여지기를 소원한다는 말을 자주 해 왔다."고 했다.

비슷한 나이의 너무 다른 두 아이, 문제는 이들 속에 무엇이 들어가 있었느냐는 것이다. 세상의 폭력과 음란성 비디오 등 사단의 무기가 들어가 있는 아이와 하나님의 말씀이 들어가 있는 아이의 차이가 이렇게 엄청난 결과를 가져오게 되는 것이다.

13. 공산주의 이름으로 1억 명 처형

1917년, 레닌이 러시아를 장악한 후 오늘까지 지구상에서 공산주의 때문에 희생된 사람은 1억명 정도라는 보고가 나왔다. 볼세비키혁명 80주년을 맞아 프랑스 파리에서 '공산주의 흑서'라는 책이 발간됐는데 프랑스의 역사학자 11명이 공동으로 집필한 이 책은 "레닌에서 김정일"까지 이어지고 있는 공산주의 국가들의 각종 범죄, 공포, 압제 등을 기술해놓고 있는데 거기 이렇게 적혀 있는 것이다.

"스탈린은 물론 동독의 국가평의회 의장이었던 발터 울브리히트, 쿠바의 피달 카스트로, 중국의 모택동, 베트남의 호치민. 캄보디아의 폴 포트 북조선의 김일성 등은 대표적인 공산주의 지도자들로서, 그들은 한결같이 '지상낙원'을 약속했고 그리고 '지상지옥'으로 만들어 놓았다. 이들은 하나같이 반대파를 숙정하는데 무기로 '기아(飢餓)'를 이용했으며 레닌이 처음이었고 스탈린이 본받았으며 나중에 에디오피아, 모잠비크 등이 이를 원용했는데, 체계적이고 고의적이었다."

부끄러운 이야기
78 대 22의 법칙

1. 상 좋아하다 망신당한 사람들

"히히히 이번에는 그 방법을 한 번 써 봐야지. 상이라면 양잿물도 마실 사람들이 우리나라 사람이거든."

1995년 말, 중졸학력의 전과 15범인 홍성오(49)씨. 15번째로 교도소문을 나서면서 싱글벙글 혼자서 미소를 짓고 있었다. 그가 생각해 낸 기발한 아이디어란 상 좋아하는 사람들에게 상을 주는 것이었다. 출소와 동시에 홍씨는 얼른 명함부터 찍었다. 이름하여 '대한민국 자랑스런 한국인상 표창위원회'와 '대한민국 모범청소년 표창위원회' 위원장은 물론 홍성오였고.

홍씨는 그 길로 모 대학 총장을 찾아가 명함을 내 보이고는 박사님을 우리 단체의 총재님으로 모시고 싶다며 허락을 받아내었다. 심심하면 한 번씩 나가서 용돈도 타다 쓰고 이름도 낸다는데 마다할 사람이 없었던 것이었다. 이때부터 홍씨는 대학 총장, 국회의원, 학교 교장, 목사, 예비역 장성 등 유명 인사들을 찾아다니며 당신에게 자랑스런 한국인상을 주겠다며 사기를 치기 시작했다.

모 대학 총장님이 총재로 있다는데 별로 의심할 사람도 없었다. 상을 주는 조건으로 수십만원에서 수천만원에 이르는 돈을 헌금으로 받아 챙겼다. 마침내 1997년 4월, 경찰청장에게까지 사기를 치려고 찾아 갔는데 이를 수상히 여긴 경찰총장의 지시로 덜미를 잡히고 말았는데, 붙잡혀 쇠고랑을 차는 날까지 1년반 동안 홍씨가 걷워들인 돈은 무려 2억1천여 만원이었다나……

"목사님과 교수들이 제일 많이 찾더라."는 사기꾼 홍성오씨의 말이 뇌리를 스친다.

2. 부끄러운 1위국

우리나라가 경제협력개발기구(OECD) 주요 회원국 중에서 결핵, 간암, 교통사고 등으로 인한 사망율이 단연 1위라 한다. 1997년 6월 23일 보건사회연구원이 펴낸 '96년 한국의 보건복지지표'에 따르면, 1994년, 인구 10만 명당 결핵으로 인한 사망율은 일본이 2.7명, 미국이 5.9명, 프랑스 1.4명, 독일 0.9명, 캐나다가 0.4명인데 우리나라는 9.6명이며, 간암으로 인한 사망율 또한 일본이 16.1명, 미국이 1.6명, 프랑스 5.9명, 독일 3.3명, 캐나다 0.4명인데 우리나라는 23.4명이다. 교통사고로 인한 사망율 역시 일본이 12.4명, 미국이 18.6명, 프랑스 16.2명, 독일 12.9명, 캐나다 13.3명인데 비해 우리나라는 35.8명이다.

결핵은 못 먹어서 생기는 병이고 간암은 술을 많이 마시거나 담배를 많이 피워서 생기는 병이며 교통사고는 교통환경이 나쁘거나 운전자들의 난폭운전이 주된 원인이다. 그렇다면 우리는 먹어야 할 것은 제대로 먹질 않고 먹어서는 안 될 것들은 너무 많이 먹어 탈이며 지켜야 할 것은 잘 지키지 않는 나라라는 결론이 나온다. 실지로 이 보고서는, 1995년 우리나라 15세 이상 남성 흡연율이 73%로 OECD회원국 중 단연 1위로 되어 있다. 술도 마찬가지다. 세계 제일의 음주국가에 양주 수입증가율 세계 1위국이다. 난폭운전 실태를 나타내는 '자동차 주행거리 1억㎞당 사고발생 건수와 부상자 수'에 있어서도 일본이 1백6건에 1백29명, 미국 62건에 96명인데 비해 한국은 1백62건에 2백10명으로 두 배 이상 차이의 1등이다.
참으로 부끄러운 이야기가 아닐 수 없다.

3. 정직해서만은 잘 살 수가 없다?

우리나라 사람 중 73%가 "정직해서만은 잘 살기 어렵다"는 생각을 하고 있다는 통계가 나왔다. 이런 생각은 대학을 나온 사람이나 고등학교를 나온 사람이나 차이가 없었고 재학생 중에도 대학생이 고등학생보다 오히려 많았다.

"정직해서만은 잘 살기 어렵다"는 말은 바꾸어 말하면 적당히 사람을 속이기도 하고 거짓말을 하며 이용도 하면서 살아야 한다는 말이 되는데, 잘 산다는 말의 개념부터가 잘못돼 있는 것으로 돈만 많고 그래서 별 불편없이 살면 잘 사는 것으로 착각을 하고 있는 것이다.

실지로 우리 사회에 양심가진 사람을 찾아보기 어렵다. 각종 보도를 보면 우리가 정말 이래도 되는 것인가 하고 눈앞이 캄캄해진다. 월급의 수백배나 되는 돈을 뇌물로 받아먹고 온갖 비리와 불법을 눈감아 주는 공무원이 있는가 하면 국민을 속이고 우롱하는 정치인들이 우글대고 있다. 국회의원이 일은 전혀 안 하고 세비만 꼬박꼬박 챙기려 드는가 하면 검찰과 판사 등 법조인들이 여러 이유로 법의 집행을 엉터리로 하고 있다. 그래서는 안 되는 사람들이 더 많이 국민들을 속이고 이권만 찾는다. 어떻게 해서든 돈만 벌면 되고, 정권만 잡으면 되고, 소기의 목적만 달성하면 된다고 생각하는 것이 최근의 우리나라 형편이다.

정말로 이래서는 나라가 망하는데…

4. 경고가 있었는데

"외채 안심 못한다" "제2의 멕시코 우려" 1997년 3월, 성균관대 이재웅

교수가 조선일보에서 한 말이다.

"한국 경제성적 세계18위로 급락" 1997년 3월 국제금융전문지인 유러머니가 세계 1백24개국의 97-98 예상 경제 성적표를 통해 발표한 내용이었다.

"실직사태 공포로 다가온다" 1997년 3월, 한국일보에 실린 1997년 2월 산업활동 동향 분석에 나온 말이다.

"총외채 GNP대비 25-30%육박, 연말 1천4백억불 넘을 듯. 1994년의 멕시코 규모 능가" 1997년 4월 1일 현대경제연구소가 내놓은 경고문이다.

"실업자 72만4천명 고실업 시대 신호탄" 1997년 4월 30일자 경제지에 난 기사제목이다.

I.M.F. 시대가 도래하기 9개월 전인 1997년 2, 3월부터 이렇게 각종 뉴스를 통해 경제대란이 예고가 되었다. 하지만 정부는 걱정할 게 없다며 방만한 경제운용을 계속하였고, 국민들은 사치와 낭비로 나라경제를 좀먹고 있었으니, 비슷한 시기의 또 다른 기사들을 보면,

"비틀스 기타 국내재벌 2세에 낙찰, 도쿄 경매에서 1억8천만원에" "얼마전 한 사이비 교주의 침실에서 7천만원짜리 오디오세트가 나왔는데, 교주는 오히려 겨우 그 정도 가지고 웬 호들갑이냐고 해 주위를 놀라게 했다" "호화판 어린이 생일파티 기승, 출장뷔페에 뒤풀이까지, 어린이 생일잔치 비용 1백만원에 선물 한 개 보통 10만원짜리" "어린이 장난감 한 개 1백만원대, 서민 한달 생활비 값" "욕실 꾸미기 1억, 웬만한 집값" "외제차 석달새 1천89억원 팔려" "의원 부인들 비싼 외제 쇼핑 눈총, 6백80달러짜리 핸드백에다 1천5백달러 짜리 물건 마구 사들여 와" "하루 밤 도박 46억원 정모 종로학원장을 비롯 부유층 인사들" "초 중고 학생 외제선호 중증, 호출기와 현금카드 50% 소지, 90%가 외제 책가방, 외제 운동화" "3억5천만원짜리 롤스로이스차 경주 모 사업가가 구입" "작년

로열티 1천3백억원" "외제라면 쓰레기도 없어서 못팔아, 미국에서 입다 버린 미제 쓰레기 청바지가 우리나라 시장에서 20만원에 팔려" 등 이루 헤아릴 수가 없을 지경이다.
경고를 해도 정신을 차리지 못하는 사람이 제일 불쌍한 사람이다.

5. 우리나라 6대 강(江)

고등학생 자녀를 보고 3강오륜이 무엇이냐고 물었더니 한 아이는 얼른 "압록강 두만강 한강이지요."라고 했고 다른 한 학생은 "낙동강 두만강 대동강"이라고 했다던가? 1991년, 대선 당시에 정치현안을 위해 3당의 대권후보들이 한자리에 모였는데, 그 자리에서 우연히 '두만강'에 대한 얘기가 나오게 되었다 한다. 유식한 체하다가 무식만 탄로난 이날의 대화인즉,
"두만강은 우리나라 6대강 중 하나다."
먼저 한 후보가 이렇게 말을 하자 다른 후보가 얼른 가로막고 나서며, "두만강은 그렇게 큰 강이 아니다." 라고 했다.
그러자 또 다른 후보가,
"두만강이 무슨 6대강에 들어간다고?" 라며 잘난 체를 했다.
그러자 처음에 6대강 중 하나라고 한 후보가,
"그것도 몰라서 어떻게 대통령이 되려고 하느냐."면서 6대강의 이름을 하나씩 읽어 내려 갔는데,
"첫 번째가 압록강이요 두 번째가 대동강이며 세 번째는 한강이고 네 번째는 금강이며 그 다음이 낙동강, 두만강 순이다." 라는 것이다.
하지만 이들은 모두가 틀렸다. 두만강은 압록강과 함께 대륙의 경계를 이루는 강으로 남북한과 중국, 일본, 러시아 등 인접국가간에 상호 협력을 통한 유역개발문제가 제기되고 있는 강으로 우리나라에서는 세 번째로 긴 강이다. 참고로 강길이에 따른 6대강을 보면, 첫째는 압록강으로 790km이고 다음은 낙동강으로 525km이며, 두만강은 세 번째로 521km요, 네

번째는 한강으로 482km요, 다음이 대동강으로 439km이며 여섯 번째는 금강으로 401km이다.

차라리 가만히 있다가 꼴찌나 면할 것을…

6. 알루미늄 다리 난간을 통째로 뜯어가

IMF사태로 어려움이 가중되자 경기도 광주군 한 시골마을에서는 길이 40미터, 넓이 6미터의 교각에 부착되어 있는 알루미늄 난간을 통째로 뜯어간 사건이 발생했다. 1998년 5월 18일 새벽, 경기도 광주군 중부면 상번천리에서 있었던 일로써, 이곳은 지난 1984년 설치한 철재난간이 부식돼 1996년 군에서 2천만원을 들여 알루미늄 난간으로 교체를 했는데 이번에 이같은 일이 발생한 것이다.

내 물건이 아니니 훔쳐도 된다는 건가?

7. 세계 제1의 골초 공화국

지난 해에 이어 금년에도 한국이 세계 제1의 골초공화국으로 확인됐다는 부끄러운 얘기다. 유럽의 통계조사기구인 유러모니터가 1997년 10월, 국가별로 국민 1인당 연간 담배 소비량을 조사한 결과 한국인이 4천1백53개비를 피워 1위를 차지하였고 그 뒤를 일본, 헝가리, 그리스 등이 쫓아오고 있으나 이들의 흡연양은 우리의 절반 수준인 2천6백개비선이며 담배의 최대생산국인 미국은 겨우 1천8백36개비다.

더욱 염려스러운 것은 최근들어 청소년 흡연인구가 엄청나게 늘고 있는데, 여고 1년생의 경우 10년에 8배나 늘어났으며 초등학생 중 상당수가 상습적인 흡연을 하고 있는 것으로 보고가 되고 있는 것이다.

8. 여성범죄자 증가율 남성의 2배

30대~40대 주부들의 범죄가 급속도로 늘고 있어 심각한 사회문제로 대

두되고 있다. 한국교정학회가 1998년 6월 18일 내놓은 '한국여성범죄와 교정대책'에 따르면 최근 10년간 연평균 여성범죄자 증가율이 13.9%로 남성의 5.5%에 비해 두 배 이상이나 높게 나타나고 있다. 1996년 현재 여성범죄자 수는 28만8천2백명으로 남성 1백63만4천3백명의 20%에 이르고 있으나 증가추세로 볼 때 남성범죄를 앞지를 수도 있지않을까 염려된다.

게다가 이들 여성 범죄자들의 60%가 30대-40대의 어머니들로써 기혼여성과 미혼여성의 비율이 62.4%:16.6%인데다 죄형 또한 남성과 별 차이가 없다. 죄형별로 본 여성범죄현황은 재산범죄가 75%로 가장 많고 간통과 윤락이 9.7%, 살인 강도 등 강력범도 6.5%나 된다. 가정교육과 자녀양육 등을 생각할 때 심각한 문제가 아닐 수 없다.

9. 쓰레기 미제 청바지가

미국에서는 폐기처분된 쓰레기 청바지가 우리나라 시장에서 하나에 무려 10만원에서 20만원까지 팔려 나가고 있다는 한심스런 이야기. 1997년 2월부터 김호룡(39)씨 등 일당이 재미교포 의류상을 통해 수입한 것으로, 이들은 수입이 금지된 이 미제 쓰레기 옷가지 11만5백벌을, 1억4천여만원에 구입, 백화점의 재고품인 양 면장을 조작, 불법수입해다가 국내 시장에서 1백배(수입가는 한 벌에 1천원 정도)가 넘는 돈을 받고 팔아 치웠는데, 그래도 없어서 못팔 정도였다니 할 말이 없다.

마침내 이들은 지난 10월 19일, 대외무역법 및 관세법위반혐의로 구속이 되었는데, 경찰에서 털어놓은 이들의 말인즉 "떼돈을 버는데 어찌 마다하겠느냐. '리' '리바이스' 등 외제 유명상표라면 사족을 못쓰는 한국의 청소년들이 있는 한 이 장사는 계속 사라지지 않을 것이다."

참고로 1996년 한 해동안 우리나라의 외제 의류수입은 1조원이 넘고, 외국 유명 의류 브랜드만도 라이선스 2백28개, 직수입 3백59개로 587개나 되는 실정이다.

10. 부패지수 43위

　독일 베를린에 본부를 둔 '국제투명성기구(TI)'가 발표한 부패지수에서 한국은 10점 만점에 4.2를 받아 세계 43위의 불명예를 차지하게 됐다는데, 그나마 1996년 26위였던 것이 1997년엔 34위로 그리고 1998년 43위로 떨어져 갈수록 점점 더 나빠지고 있는 것이다. 세계에서 가장 부패가 없는 나라는 10점 만점의 덴마크이며 핀란드가 2위, 스웨덴이 3위, 뉴질랜드가 4위이며, 말레이시아와 타이완 같은 나라도 공동 29위인데 그래도 우리보다는 낫다는 것이다.

　여기에다 영국의 유력경제지 '유로머니'가 발표한 국가위험도 또한 지난해 22위에서 34위로 1년반 사이에 무려 12단계나 밀려난 것으로 되어 있다. 국가위험도 평가는 정치분야 25점, 경제실적 25점, 외채비중 10점, 외채상환실적 10점, 신용등급 10점, 은행대출가용성 5점, 단기자금가용성 5점, 외화차입능력 5점, 가산금리 5점 등 9개분야를 평가해 100점만점으로 하고 있는데 한국은 지난해 78.29점에서 64.47점으로 떨어져 34위가 되었고 특히 정치분야에서 2.5점, 경제실적면에서 3점, 국가신용등급에서 3.7점이나 떨어졌다는 것..

　게다가 프랑스 르몽드 부설 '남북수출'에서도 한국의 신뢰등급을 지난해 7등급에서 6등급으로 낮추었단다. 새정부 들어서 오히려 이렇게 모든 신용등급이 내려만 가고 있으니 참으로 답답한 노릇이 아닐 수 없다.

11. 여의도동 1번지

　서울 영등포구 여의도동 1번지, 우리나라 국회의사당이 자리하고 있는 곳이다. 청와대가 서울 종로구 세종로 1번지이더니 국회는 여의도동 1번지이다. 면적은 전체 여의도 면적의 1/8인 10만평이나 된다. 건물은 지하 2층 지상 6층의 본청이 길이 1백22미터에 폭 81미터로 단일 의사당 건물로는 동양에서 제일 크다. 외곽의 팔각기둥이 24개나 되며, 꼭대기에는

"토론과 설득을 통해 하나의 결론을 도출한다"는 국회 본래의 뜻을 상징하고 있는 돔이 있는데, 1층은 각당 총재실과 원내총무실 등 사무실로 사용되고 있고 2층에서 5층까지는 상임위 소속 회의실, 6층은 국회 사무처 각 부서가 배치돼 있다. 정문에서 왼쪽으로 ㄷ자 모양의 의원회관에는 344개의 방이 있는데 의원들의 개인 사무실로써 보좌관실, 화장실 등을 뺀 실 평수가 11.6평이다. 또한 옆으로 지하 1층 지상 5층의 석조건물로 된 도서관이 있어 1백만권의 장서가 소장되어 있다. 일반인의 출입은 엄격히 제한되며 혹여 들어간다 해도 이 집의 주인격인 국민은 뒷문으로 겨우 들어갈 수 있으며 국회의원만 정문으로 들어가게 되어 있어 위엄이 대단하다. 국회의원수는 1998년 현재 현재 299명이나, 국회가 열리는 날은 연중 절반도 되지않고 있으며, 그나마 회기중에도 참석자가 거의 없어 심지어 어던 때는 50명도 채 안되는 의원들이 모여 회의를 진행하는데 이마저 태반이 졸면서 앉아 있다.

새정부가 출범을 한 1998년 상반기에는 5개월 동안 한 번도 국회를 소집하지 않다가 5월 14일이 되서야 임시국회를 열었는데 한 일은 딱 한 가지, 자기네들 월급(세비)을 30.6%나 인상을 한 것이다. 게다가 4급 상당의 보좌관도 1명씩 증원을 했다. IMF시재를 맞아 국민들은 월급이 오히려 깎이고 그나마 구조조정과 정리해고로 죽느냐 사느냐 하는 마당에 마냥 놀기만 하는 자신들은 오히려 봉급을 무려 30%씩이나 인상을 한 것이다.

"여의도동 1번지, 거기도 우리나라 사람들이 사는 곳 맞아요?"

꼭 한번 붙잡고 물어보고 싶은 말이다.

6. 생각해 볼 이야기
78 대 22의 법칙

1. 바보들만 사는 집

어떤 시골에 형제가 살고 있었다. 동생 집은 가난한데 식구는 일곱이나 되었지만 늘 웃음꽃이 떠나질 않는데 형네 집은 부자로 세 식구 밖에 살지 않으면서도 싸우는 소리가 끊일 날이 없었다. 어느날 형이 동생을 찾아가 그 비결을 물어 보았다. 그러자 동생이 형님께 하는 말,

"형님네 집에는 똑똑한 사람만 있고 우리 집은 모두 바보들만 살기 때문이지요."라고 했다.

무슨 뜻인지 몰라 어리둥절해 하고 있는 형에게,

"우리 집에선 무슨 일이 생기면 모두가 자기 잘못이라는 바람에 싸울 일이 없지만, 형님 집에선 일이 생기면 서로가 서로를 향해 네 잘못이야 네 잘못이야 하고 책임을 떠넘기니까 싸움을 할밖에 도리가 없는 게죠. 그게 다 똑똑해서 생긴 일이 아니겠어요?"

형은 크게 깨닫고 집으로 돌아갔다.

2. 78:22의 법칙

하나님이 창조하신 이 우주에는 78:22라는 신기한 법칙이 있다. 정4각

형을 그려놓고 그 속에다 네변에 닿도록 원을 하나 그려 넣으면 원의 넓이는 78이 되고 4각형과 원 사이에 남은 넓이는 22가 되는데, 공기중 질소와 산소의 비율도 78:22이며 인체의 수분 함량도 78:22이다.

그래서 유대인들은 돈에 있어서도 이런 비율이 적용된다고 보고 있는데 세상의 부(富)는 22의 사람이 78을 가지고 있으며 돈을 꾸려는 사람과 빌리려는 사람의 비율도 78:22가 된다고 보고 있는 것이다. 어쨋던 참 신기한 조화임에는 틀림이 없다.

3. 사람의 값

어떤 과학자가 1백50파운드 되는 성인 남자의 신체를 분석해 본 결과, 새장 한 개 씻을 수 있을 정도의 석회와, 장난감 대포 한 방 쏠 정도의 풋다늄, 약봉지 한 모금 먹을 양의 마그네시아, 못 한 개 만들 정도의 철, 한 컵의 물을 달게 할 정도의 설탕, 세수비누 다섯장 만들 정도의 지방이 전부라 한다. 이것을 값으로 환산해서 시당에 내다 팔면 닭 한 마리 값도 안 된다는 것이다.

사람의 신체와 관련 97년 9월, 독일의 시사 주간지 슈피겔지가 의료사고 때 법원이 지급판정한 보상금을 토대로 인체 각 부위의 값을 매긴 적이 있는데, 뇌손상이 15억원으로 가장 많고, 시력 상실이 2억5천만원, 코 기능상실이 2억여원, 폐 기능저하가 1억2천만원이었다.

소설이지만 '심청전'에 나오는 심청의 몸값은 공양미 3백석으로 지금 돈으로 환산하면 약 6천만원에 해당된다. 독일 사람들에 비하면 엄청 낮은 금액이다.

하지만 사람에게는 값으로 따질 수 없는 그 무엇이 있다. 영혼이 있고 만물을 다스리는 권세를 가졌으며 창조주 하나님을 아버지라 부르는 특별한 존재이다.

4. 훔친 돈가방 두달동안 메고다니다 구속

법무사 사무실에 근무하는 외사촌 동생으로부터, 고객에게서 받은 등기이전 비용 1억7천만원(수표)을 현금으로 바꿔달라는 부탁을 받고는 은행에서 현금으로 바꾼 뒤 마음이 변해 등산용 배낭에 넣은채 돌려주지 않고 메고 다니다 붙잡힌 어리석은 사람이 있다. 인천시 연수동의 이승문 씨(32). 두달 전인 지난 5월, 외사촌 동생한테서 이같은 부탁을 받고는 현찰로 바꾼 뒤 애인 홍모(25)씨와 함께 여관 등지를 전전하며 고생만 하다가, 애인 홍씨가 마약복용혐의로 붙잡히자 여죄가 탄로나 함께 붙잡혀 간 것. 이씨에 의하면 그동안 도둑질한 돈가방을 도둑맞지 않으려고 그 무거운 돈가방을 그 무더운 여름 날씨에 메고 다니느라 고생만 하다가 1998년 7월 5일, 인천시 부평의 한 고등학교 운동장에서 붙잡혔는데 붙잡히던 순간까지도 그것을 보물처럼 꼭 쥐고 있었다나…

"수고하고 무거운 짐진 자들아 다 내게로 오라 내가 너희를 쉬게 하리라"(마 11:28).

5. 도둑은 있는데 잃은 사람 없어

성북2동 일대 부유층을 상대로 강도짓을 하다가 경찰에 붙잡힌 사람이 있는데, 공범을 통해 훔친 물건들을 주인들에게 되돌려 주려 했으나, 한 달이 지나도록 피해자가 나타나지 않아 고심(?). 1997년 10월 15일 상습 절도 혐의로 서울 성북경찰서에 붙잡힌 정모(53) 씨가 털어놓은 절도한 물건들인즉, 5냥짜리 금괴를 비롯, 귀금속, 보석 등 15점. 경찰이 피해자들에게 수차례 전화를 걸어 도난품을 찾아 가라고 했으나 정작 해당자들은 도둑맞은 일이 없다며 극구 부인, 한 달이 넘도록 주인이 나타나지 않아 고심. 도둑놈의 물건들을 도둑질한 물건인 모양이지…

6. 텍사스와 하와이와 터키탕

미국 텍사스주에 살고 있는 한인 목사들이 휴스턴 총영사관에다 항의 서한을 보냈는데 내용인즉, "한국에서 윤락가를 지칭할 때 왜 하필이면 '미아리 텍사스' '신길동 텍사스' '천호동 텍사스' 등 텍사스란 말을 쓰느냐? 사실상 텍사스는 미국에서 두 번째로 큰 주인데다 우리 교포가 7만 명이나 살고 있는데 서울의 홍등가와 같은 윤락가는 존재하지도 않는다. '터키탕'이란 이름을 '증기탕'으로 바꾸었듯이 우리 교민들의 명예를 위해서 정부가 나서서 텍사스란 용어도 시정해 달라"는 것이었다. 그러면서 또한 이것은 자칫 한미간 외교분쟁으로도 비화될 수도 있는 일이라며 시정되지 않으면 미 의회와 교포단체의 대중매체 등을 통해 여론화 작업도 벌이겠다며 으름짱을 놓았다.

정말 이상하게도 우리가 쓰는 용어 중에 '텍사스' '하와이' '터키탕' 등 남의 나라 지명 이름을 좋지않은 뜻으로 쓰고 있는 일들이 무척이나 많다. 정말 하루속히 고쳐져야 하겠고 다시는 이런 일이 없도록 주의해야 하겠다.

7. 입장바꿔 생각하면

1998년 2월 25일자로 출범한 김대중 정부가 새로 야당이된 '한나라당'의 인준거부 소동으로 정식으로 내각도 구성하지 못한채 출범한 사상초유의 기형아정부가 된 적이 있었다. 얼마 전까지만해도 여당인 구 '신한국당'이 무슨 법안만 내어 놓으면, 당시 야당인 '국민회의'와 '자민련'이 사사건건 반대와 저지투쟁을 벌이더니 이번엔 그게 거꾸로 된 것이다.

우리 속담에 "음지가 양지될 날 있다"고 했다. 지금 여당이라고 만년 여당만 하는 것도 아니고 지금 야당이라고 만년 야당만 하는 것이 아니다. 잘만 하면 5년 뒤엔 다시 '한나라당'이 여당이 될 수도 있다. 무조건 반대만 일삼는 야당이 되거나, 힘 있다고 야당을 탄압하는 여당이 되어서 국민의 외면을 당하지말고 국민과 나라의 장래를 위해 서로 협조하여 국민의 지지도 받고, 다시 상황이 바뀌어졌을 때 또 이런 일들을 당하지 않도록 하는 것이 현명한 일일 것이다.

입장 바꿔 생각해보면 아무 것도 아닌 것을…

8. 성형수술 여대생 자살

예쁜 얼굴을 더 예쁘게 보이려고 성형수술을 했다가 예뻐지기는커녕 오히려 얼굴에 붉은 반점이 생기는 등 부작용만 일자 고민 끝에 스스로 목숨을 끊어버린 여대생이 있다. 부산시 연제구 연산동에 살던 이모(22)양. D대 1학년인 1996년 12월, 부산 모성형외과를 찾아가 수술을 받았는데 수술이후 얼굴에 반점이 생기는 등 부작용만 일어나 휴학까지 하고서 치료를 계속했는데, 낫기는커녕 날이 갈수록 더해만 가자 수술 6개월만에 스스로 자신의 방에서 목을 매고 말았다는 것.

"얼굴보다는 심상"이라고 했다. 마음만 잘 쓰면 누구나 미인이 될 수 있는 법인걸.

9. 욕심으로 망한 우리나라 대통령들

1998년 현재 우리나라 역대 대통령들을 보면 한결같이 욕심 때문에 불행한 최후를 맞았다.

초대 리승만 대통령은 무리하게 3선개헌을 하여 종신토록 대통령을 하려하다가 학생들에 의해 쫓겨나 멀리 하와이에서 병마와 싸우다 외롭게 세상을 떠났고,

두 번째 박정희 대통령은 쿠데타로 집권한데다 3선개헌에 10월유신까지 해서 평생토록 대통령을 하려다 부하인 김재규의 총탄에 숨지는 비극을 맞이했으며,

세 번째 전두환 대통령과 네 번째 노태우 대통령은, 정권은 한 번으로 끝내었지만 돈 욕심이 너무 많아 수천억대의 돈을 재벌총수들로부터 받아내어 치부를 한 데다 쿠데타로 집권, 너무 많은 사람들의 목숨을 앗은 죄로 퇴임후 한동안 감옥살이를 했었다.

다섯 번째 김영삼 대통령은 자신은 욕심 안 내고 잘 한다고 하였지만 적을 너무 많이 만든데다 아들과 측근들이 너무 욕심을 부려 재임중 아들과 측근 여러 명이 감옥에 들어가는 등 수치를 당했었다.

"욕심이 잉태한 즉 죄를 낳고 죄가 장성한 즉 사망을 낳느니라."
하나님의 말씀이다.

10. 대통령의 아들들

초대 리승만 박사의 양자 이강석은 부모들의 권력욕심에 일가족 자살로 멸문을 당했으며,

두 번째 박정희 대통령의 외아들 지만 씨는 청와대에 있는 동안 어머니 아버지가 모두 총을 맞아 죽는 것을 목격, 마음의 안정을 찾지 못하다가 마약중독자로 전락, 여러 차례 감옥을 왔다갔다 했으며,

김영삼 대통령의 둘째 아들 현철 씨는 각종 이권에 개입, 사람들로부터 수십억원대의 돈을 긁어 모으며 세상 향락에 흠뻑 취해 살아가다, 마침내 가깝게 지내던 비뇨기과 의사 박경식 씨의 고발로 교도소 신세까지 졌었다.

권력의 자리가 자식들에겐 결코 좋은 자리가 되지 못한다는 것을 일깨워준 일이다.

11. IMF 이후 반년 우리 생활

서울 광진구에서 1998년 상반기 구민 생활실태 발표를 한 적이 있었는데, 1997년 같은 기간에 비해 부동산 거래 등 상거래는 현저하게 줄고 이

혼과 가정파탄 등 좋지 않은 일들은 엄청나게 늘어난 것으로 나타나 IMF 이후 우리 형편이 엄청나게 나빠지고 있음이 피부로 나타났다.

자료에 의하면, 부동산 거래는 1997년 상반기에 7506건이던 것이 1998년엔 1560건으로 80%가 줄었고 건축허가도 지난 해 283건에서 1998년엔 63건으로 78%가 줄었으며 자동차 신규등록은 1997년 5465건에서 2773건으로 50%나 줄었다. 쓰레기 배출양 또한 1997년 상반기 4만5천285톤에서 3만8천439톤으로 15%가 줄어들었다.

이와 반대로 늘어난 것도 있는데 1997년 상반기 544건이던 이혼신고가 1998년 상반기에는 799건으로 47%가 늘었고 결손가정 또한 176곳에서 242곳으로 37%가 늘었으며 저소득층 전세융자금은 8억5백만원에서 16억7천1백만원으로 갑절로 늘어났다. 병이 났을 때 일반 병의원을 찾는 사람은 1997년 같은 기간 2만3천177명에서 1만1천857명으로 49%가 줄어든 반면 진료비가 싼 보건소를 찾는 주민은 1만739명에서 1만9천321명으로 80%나 늘어났다.

12. 초중고 학생 10만명이 점심을 굶어

가정형편이 어려워 점심을 굶는 초·중·고 학생이 1998년 7월말 현재 10만명에 이르는 것으로 나타나고 있다. 한국교원단체총연합회(회장 김민하)가 전국 16개 시도 교육청을 통해 결식아동현황을 조사한 결과 "7월말 현재 9만8천8백여 명이 경제사정으로 점심을 굶거나 급식비를 내지 못하는 것으로 나타났다면서 이들 학생들의 급식을 위해서 2학기 동안만도 최소 63억원의 지원이 있어야 할 것"이라고 했다.

북한과 이디오피아 등지는 고사하고 우리나라에서까지도 상황이 이러한데 음식을 함부로 낭비하거나 포식을 하는 사람, 입맛타령을 하는 사람이 있다면 이는 정말 하나님 앞에서 죄를 짓는 행위가 될 것이다.

13. 한해에 1천8백만 명이 기아로 숨져

해마다 제3세계 주민 1천8백만 명이 기아로 숨져가고 있다고 1997년 10월 16일 유엔 식량농업기구(FAO)가 밝혔다. '세계영양의 날'을 맞아 FAO는 로마에서 개최한 식량문제 세미나에서 이같이 말하고 현재 전 세계 식량 생산양은 세계인구 2배를 먹일 수 있을 만큼 되지만 배급체제의 왜곡으로 기아가 계속되고 있다고 했다. 자크 디우프 FAO사무총장은 이같은 식량 문제 해결을 위해서는 농업에 대한 투자를 확대돼야 한다면서 제3세계 농업분야에 연간 1천6백60억 달러를 투자해야한다고 주장했다.

14. 나라를 망하게 하는 네 가지

2세기경 중국의 석학 순열은 나라가 망하지 않게 하려면 네 가지 우환을 제거해야 한다고 했는데,
"그 첫째가 거짓이오,
둘째가 사사로움이오,
셋째가 되는대로 이고,
넷째는 사치이다." 라고 했다.

15. 가난한 집의 열 가지 도둑

어느날 무왕이 태공에게 묻기를,
"어찌하여 같은 세상을 살면서 부자로 떵떵거리며 사는 사람이 있는가 하면 가난해서 끼니도 에우기 힘든 사람들이 있는고?"
그러자 태공이 무왕에게 말하길,
"부자는 벌고 쓰는 것이 절도가 있지만 가난한 집에는 열 가지 도둑이 있어 그렇습니다."
"그럼 그 열 가지 도둑이란게 대관절 무언가?"

그러자 태공 왈,
"첫째는 거둘 때가 되었는데도 거두지 아니함이요,
둘째는 거두어 들여 놓고도 간수를 하지 않음이요,
셋째는 할 일도 없는데 불켜놓고 잠자는 것이요,
넷째는 밭갈 때가 되었는데도 밭을 갈지 않음이요,
다섯째는 땀과 힘을 기울여야 함에도 안 함이요,
여섯째는 이 핑계 저 핑계 해로운 일만 하고 다님이요,
일곱째는 딸을 너무 많이 기름이요,
여덟째는 대낮에 잠자고 아침 일찍 일어나질 않는 것이요,
아홉째는 술과 환락을 즐겨함이요,
열번째는 남을 질투함입니다."

16. 그 때는 내 몸이 수레에

열자가 정나라에서 가난하게 살아가고 있는 모습을 누군가가 임금님께 고했다. 그러자 임금님은 수레에 가득히 곡식을 실어 열자가 사는 곳으로 보냈다. 열자의 아내는 너무나 기뻐서 뛰어나가 곡식을 안으로 들이려 했다. 그러자 열자가 화를 벌컥 내면서 아내를 막았다. 도대체 왜 그러느냐며 영문을 몰라하는 아내를 보며 열자가 달랬다.

"지금 임금님이 내게 곡식을 보내준 것은 누군가가 내 형편을 임금님께 고했기 때문이지 내 형편을 직접 보신 것은 아니오. 이렇게 남의 말을 곧바로 믿으시는 분이라면 이담에 누가 나를 걸어 모함이라도 한다면, 그때는 내 몸이 이 수레에 묶여 끌려가지 않겠소."

17. 잘못된 예화집

"우국의 걸왕은 왕비 매희가 망하게 했고 상국의 주왕은 왕비 달니가 망하게 했고 당국의 명왕은 명기(明技) 양귀비가 당하게 했다 하는데…"

서울 모 교회의 이모 목사가 저자로 되어 있는 '상식칼럼'이란 책 속의 한 부분이다.

이 책은 한 페이지당 한 편씩, 짧은 글들을 예화식으로 나열해 놓았는데 칼럼집은 아니고 그렇다고 딱이 예화집이라고 하기에도 어중간한 책이었다. 한데 문제는 이 책 속의 내용들 중에 너무도 잘못된 부분이 많아서 만약 이 책을 읽은 다른 목사님들이 설교 시간에 예화로 썼다가는 커다란 망신을 당하게 되어 있었다.

참고로 이 글을 제대로 써보면,
"하나라 걸왕은 계집 말희가 망하게 했고 은나라 주왕은 계집 달기가 망하게 했으며 당나라 현종은 왕비 양귀비로 인해 망하게 됐다 하는데…"이다.

나라 이름과 왕 이름은 물론, 계집을 왕비로, 왕비를 기생으로 써 놓았으니 틀려도 이만저만 틀린 글이 아니다. 설교시간에 예화를 많이 쓰는 목사님들 중에 사실과는 너무도 다른 엉터리 예화를 써서 망신을 당하는 일들이 종종 있는데 이것이 이런 엉터리 책 때문에 생기는 것이다. 책을 많이 읽는 것도 좋은 일이지만 요즘처럼 악서가 많을 때는 가려서 읽는 지혜가 무엇보다 중요하다.

말(言) 이야기
78 대 22의 법칙

1. 말 그것은

"말, 그것은 죽은 이를 무덤에서 불러내고 산 자를 땅에 묻을 수도 있다. 말, 그것은 소인배를 거인으로 만들고 거인을 깨부숴 없앨 수도 있다."

독일의 낭만파 시인 하이네가 한 말이다.

"검에는 두 개의 날이, 사람의 입에는 백개의 날이 달려 있다."

베트남 속담이다.

2. 말과 마음과 입술

"칼로써 사람을 죽이는 것은 유한하여 몇 사람에 불과하지만 말로써는 능히 전 세계 사람을 죽일 수가 있다. 세상에 불평과 충돌, 가정의 불화, 사회나 국가간 분요, 교회 안의 잡다한 분규 사건이 다 말에서 기인한다."

"나는 내 집에서 개 한 마리를 길렀다. 이 개는 매우 영리하고 유순하며 잘 뛰어노는 고로 내가 퍽 사랑하고, 개도 나를 만날 때마다 뛰어와서 반기곤 하였다. 그러던 중 하루는 이 개가 어떤 길가에서 대변을 먹고 있다가 멀리서 나를 보고 달려 와서는 능금능금 뛰면서 가까이하려 했는데

나는 결코 용납치 않고 발로 차 버렸다. 왜냐하면 그 입이 더러워진 까닭이다.

우리가 하나님을 사랑하는 것은 사실이라 할 지라도 우리의 마음과 입술이 더러우면 배척을 면치 못할 것이다. 우리가 하나님의 자녀이니만큼 거룩한 생활로 하나님을 영화롭게하여야 한다."

(우리나라 최초의 목사이자 새벽기도의 창시자이며 '기미독립선언문' 발기 33인 중 한 분이었던 영계(靈溪) 길선주(1869-1935) 목사의 설교 '성도의 5대강령' 중에서)

3. 박서방과 상길이

양반과 상놈의 구별이 사라져가는 개화기 때의 일이었다. 저자거리에서 쇠고기를 파는 박상길의 푸주간(정육점)에 어느날 두 사람이 고기를 사러 왔다.

"얘 이놈 상길아, 어서 나에게 고기 한 근 베어 올려라."

아직도 양반 행세를 하고 있는 한 사람이 반말투로 주문을 했다.

"여보 박서방 나도 고기 한 근 주오."

그런데 한 사람은 이렇게 존대말로 고기를 주문했다.

이윽고 상길이가 주문대로 쇠고기 한 근씩을 잘라 두 사람 앞에 내어놓는데 한 사람 것은 고기가 많고 한 사람 것은 고기가 눈에 띄게 적었다. 물론 적은 것은 반말을 한 사람 것이고 많은 것은 존대말을 한 사람의 것이었다.

"이놈아 같은 한 근인데 왜 내 것은 반밖에 안 되느냐?"

반말을 했던 사람이 화를 내어 말했다.

"손님 것은 상길이가 자른 것이고 이분 것은 박서방이 자른 것입지요."

상길이가 빙그레 웃으면서 말했다.

가는 말이 고와야 오는 말이 고운 법

4. 혓바닥 요리

이솝이 어느 식당에서 요리사로 있을 때의 일이었다.

"오늘은 아주 귀한 손님이 우리 식당에 식사를 하러 온다네. 특별한 메뉴를 준비해 주게나."

어느날 식당 주인이 이솝에게 말했다. 주인의 부탁대로 그날 저녁엔 아주 특별한 요리를 손님 앞에 내왔다. 그런데 그 특별한 요리란 다름아닌 돼지 혀, 소 혀, 연소 혀 등 혀만 가지고 만든 혓바닥 요리였다.

손님이 돌아간 후 주인이 이솝에게 화를 벌컥 내었다.

"이 사람아 먹는 음식을 가지고 장난을 치는 겐가? 그게 뭐야 온통 혓바닥이라니."

그러자 이솝이 주인에게 말했다.

"장난이라니오 주인님. 혀로써 말을 하고 사랑도 나누며 음식의 맛도 압니다. 세상에 혀만큼 좋은 것이 어디에 또 있습니까?"

이솝이 말했다.

"오늘 저녁엔 내가 아주 싫어하는 녀석이 우리 집에 올 걸세. 제일 나쁜 것으로 요리를 해 주게."

어느날 주인이 또 부탁을 했다. 그래서 그날도 특별한 요리를 했다. 그런데 그날 요리도 온통 혓바닥으로 만들어진 혀요리 일색이었다.

"이 사람아 혓바닥은 세상에서 제일 좋은 것이라 하지 않았나. 그런데 그런 놈한테 그런 최고급 요리를 내 오다니?"

손님이 돌아간 후 주인이 말했다.

"세상에서 제일 나쁜 것이 혀란 놈이죠. 혀로써 남에게 비난을 가하고 원수도 맺게 하며 화를 내어 분위기를 망치기도 하지요. 오늘 저녁 요리는 세상에서 제일 나쁜 것으로 만들어진 것입니다."

이솝이 또 주인에게 말했다.

5. 자기 말에 자기가 걸려들어

"공직자들에게 거짓말을 하고 수사를 방해한 것은 탄핵 사유가 되고도 남는다… 거짓말쟁이를 백악관에 앉혀놓을 수 없다. 탄핵되기 전에 스스로 물러나는 것이 도리다."

르윈스키 양과의 불륜관계가 밝혀지고 있는데다 위증문제까지 겹쳐 사임압력까지 받고 있는 빌 클린턴 미국 대통령이 24년 전인 1974년 8월 8일, 28세의 법학교수로 연방하원의원 선거에 출마했을 당시, 워트 게이트 사건으로 궁지에 몰려 있는 닉슨 대통령을 향해 외쳤던 말이다. 그런데 지금 그 자신이 그 꼴이 됐으니…, 그래서 사람은 항상 말을 조심해야…….

6. 삼가야 할 말

다이애나 전 영국 왕세자비가 교통사고로 숨진 뒤 영국의 한 주일학교 교사가 학생들에게 "다이애나는 죽어 지옥에 떨어졌다"고 했다가 학부모와 종교 지도자들로부터 엄청난 항의를 받았다고 한다. 다이애나는 죽어 별이 됐을 것이라고 생각할 만큼 다이애나를 좋아하던 영국의 어린이들에게 그녀가 지옥으로 떨어졌다는 말은 엄청난 충격이었고, 그래서 울며 돌아와 어머니들께 고한 것이 화근이 되었던 것.

오늘날 우리 성도들이 너무도 쉽게, 남을 비판하고 정죄를 하는 일이 많은데, 매우 조심하고 경계할 일이다.

7. 할수록 더 추해지는 거짓말과 변명

위장전입을 포함해서 16차례나 주소지를 변경해가며 부동산 투기를 한 것으로 알려져 마침내 1998년 4월, 장관된지 57일만에 자리를 물러나고 만 주양자 전 보건복지부장관.

맨 처음 투기의혹이 제기되었을 때,

"땅을 산 것은 사실이지만 한 번도 판 적이 없으므로 투기한 것이 아니다."

그런데 그 땅이 이미 모건설업자에게 70억원에 팔렸고 그중 60억원까지 받았음이 밝혀지자,

"팔기는 했지만 어음으로 받아서 현금화되지 않았다. 투기가 아니다."

공직자 재산신고 불성실문제와 관련 또 다시 파문이 일자,

"땅만 부동산인줄 알았다. 건물도 부동산인줄은 몰랐다."

거짓말과 변명은 하면 할수록 사람을 더욱 추하게 만 만든다.

8. 함부로 뱉은 말

"나라 경제를 이꼴로 만든 사람이 경마장에서 한가하게 말이나 타다니"

1998년 4월, 박태준 자민련 총재가 김영삼 전 대통령을 두고 이런 말을 했다가 큰 낭패를 당했다. 박준규 최고고문이 SBS의 주말연속극 '삼김시대'(三金時代)를 보던중 김영삼 전대통령이 뚝섬경마장에서 승마를 하는 장면이 나오자 신이 나서 박총재에게 전화를 걸었는데, 이것을 박 총재가 확인도 하지 않은채 기자들 앞에서 너뱉었던 것이다. 나중에 이것이 큰 실수인줄 알게되자 박총재는 몹시 난처해하며 이렇게 말했단다.

"상도동에 사람을 보내거나 전화를 걸어 직접 사과를 해야할지 대변인을 통해 실수를 인정해야할지 난감하기 짝이 없다."

"말이 많으면 허물을 면키 어려우나 그 입술을 제어하는 자는 지혜가 있느니라"(잠 10:19).

하나님 말씀이다.

9. 말 때문에

1998년 6월 4일에 있었던 지방자치단체장 선거에서 경기도지사로 임창열 국민회의 후보가 손학규 한나라당 후보를 겨우 9% 차로 젖히고 당선이 됐는데, 선거 종반에 지원유세로 나섰던 이한동 한나라당 부총재와 김홍신 의원의 발언이 오히려 표를 갉아먹고 말았다는 분석이다. 문제의 발언인즉, 이한동 부총재가 임후보의 고향이 전라도 어디라며 김대통령의 호남편중 인사에 대해 비난을 가했는데 알고 보니 그게 아니라 나중에 사과까지 했고, 김홍신 의원은 "김대중 대통령과 임창렬 후보는 거짓말을 너무 많이 해서 염라대왕에게 끌려가면 공업용 미싱으로 입을 드르륵 드르륵 박아야 할 것"이라고 했는데 우리나라 정서에는 맞지를 않았던 것. 그래서 오히려 문제만 야기한 것.

"미련한 자는 교만하여 입으로 매를 자청하고 지혜로운 자는 입술로 스스로 보전하느니라"(잠 14:3).

10. 열여섯 번이 아니라 열세 번이었어요

15대 대선을 앞두고 후보들의 검증이 한창이던 1997년 11월 어느날 아침. KBS 제1라디오의 '안녕하십니까 봉두완입니다' 프로에서였다. 그날 출연자로 나온 국민신당(1998년 9월 해체 국민회의에 입당)의 장을병 씨에게 사회자 봉두완 씨가 짓궂게 물었다.

"이인제 후보께서는 원래 신한국당에 있을 때 당내 경선을 앞두고 무려 열여섯 번씩이나 경선에 따르겠다고 했는데 막상 떨어지니까 당을 뛰쳐나와서 후보로 나섰는데…"

그러자 장을병 씨, 목소리를 높이면서,

"그게 다 언론의 허위 과장 보도라구요!"

그러자 봉두완 씨,

"그런게 아닌가요?"

장을병 씨 왈,
"열여섯 번이 아니라 열세 번이었어요. 열세 번요."

11. 거짓말
"나는 지금까지 한 번도 거짓말을 한 적이 없다."

영국의 한 거짓말대회에서 최고상을 받은 말이다. 사람은 이와같이 거짓말을 전혀 안 하고는 살 수가 없다. 그렇다면 사람들은 하루에 얼마나 많은 거짓말을 하고 살까? 1997년 4월, 미국 서던 캘리포니아대학에서 이에 대해 조사를 벌였는데, 사람들은 대략 하루에 2백번, 즉 8분에 한 번 꼴로 거짓말을 하는 것으로 나타났다 한다. 20명의 몸에다 소형 마이크를 부착하는 방법으로 조사를 실시했는데, 가장 긇이하는 거짓말로는, 약속시간에 늦었을 때 "차가 막혀서"였고 직업별로는 점원, 정치인, 언론인, 변호사, 세일즈맨, 심리학자 순이었단다.

"사람들이 세상을 살면서 참말만 하기 시작한다면 아마 끔찍해서 살 수가 없을 것" 조사를 담당했던 심리학자 제럴드 졀리슨은 말했다.

12. 일구이언(一口二言)상
美 영어교사 전국위원회가 유명인사들 중에 약속을 잘 지키지 않거나 말에 대한 신뢰성이 결여된 사람을 대상으로 지난 1974년부터 실시하고 있는 상 중에 '일구이언상'이란 것이 있는데, 1991년도 최고상 수상자는 현직 대통령인 조지 부시였었다.

1990년 11월 20일 루이빌에서 열린 동 위원회 연례회의에서 위원장 루츠가 밝힌 수상 이유인즉, 부시 대통령은 걸프전 이후 중동지역에서 무기 확산을 종식시키겠다고 공약을 했는데 오히려 국제무기전시회에서 수백만 달러의 세금을 쓰게 하는 등 미국을 중동지역 최대의 무기수출국으로 전락시켰고, 전국의 모든 아동이 공·사립학교를 자유롭게 선택하게 할 것이라고 한 약속도 지켜지지 않았으며, 1991년 선거 유세에서는 상대후보인 빌 클린턴이 아칸소에서 1백28차례나 세금을 올렸다고 비난을 했는데 알고보니 전부 거짓으로 판명나는 등 국민과의 약속을 지키지 않았다는 것이다.

"대학 문을 활짝 열어 입시지옥을 해소하겠다, 농어촌 부채를 전액 탕감해 주고 쌀 수입 만큼은 절대로 개방하지 않겠다, 물가를 3%이상 오르지 않게 하겠다, 아파트를 현 가격의 절반 값에 지어 주겠다."는 등 공약(空約)을 남발하고도 당선만 되고 나면 아무 일도 하지 않는 한국의 대통령 후보들에겐 어떤 상이 가장 알맞은 상일까???

13. 공개석상에서의 남편 모욕

"남편들이여 아내 사랑하기를 주님께 하듯 합시다!"

주일 낮 예배 시간, 목사님이 한참 설교를 하고 있는데 갑자기 뒤에서 한 여자가 벌떡 일어서더니, "자기는!" 하고 소리를 질렀다. 다름 아닌 그 목사님의 사모님이었다. 목사님은 얼굴이 홍당무가 되어 어쩔 줄을 몰랐다. 물론 목사님이 사모인 자기를 그렇게 사랑하지 않는데 대한 불만을 표출하고 나선 것이었다.

1997년 8월 아르헨티나에서는 "대중이 모인 자리에서 남편에게 큰 소리로 욕설을 해 남편의 위상을 추락시켰다면 이혼사유가 된다"는 판결이 나와 화제가 되고 있다. 라플리쉬법원에서 있었던 일로써, 아내가 여러 사람이 있는 장소에서 심하게 욕설을 해서 격분한 남편이 소송을 제기했더니 법원이 그렇게 판결을 내린 것이다.

"이같은 일은 상대에 대한 모멸로 볼 수 있으며 존경과 애정이 바탕이 돼야 할 부부사이에서는 있을 수 없는"이란 것이 판결 이유였다.

14. 무심코 한 농담

부산 강서로교회의 박명선 집사님. 부모가 믿지 않는 가정에 시집을 갔는데, 첫 번째 아기를 유산한 후부터 웬일인지 임신만 하면 유산이 되었다. 믿지 않는 시부모들은 "네가 예수를 믿어 삼신할미가 돌아앉아 아기가 태어나지 못하고 죽는다"고 핍박을 했는데. 그렇게 일곱 번을 거듭한 끝에 마침내 딸 아이를 하나 얻어 기쁨이 충만해졌다. 한데 불행하게도 아이가 세 살 되던 해 불의의 교통사고로 또 다시 아이를 잃고 말았다. 자신도 크게 다쳐 입원을 했는데, 위문을 온 성도들의 입에서 나온 말들이 위로는 커녕 오히려 집사님을 시험에 빠지게 했다.

"우리 교회 나왔으면 사고 안 났을텐데…"

"아이가 우상이 되어 하나님이 먼저 데려갔나봐요."

물론 사람들은 농담으로 했지만 듣는 당사자는 그런 것이 아니었다. 박집사는 한때 이런 말들로 마음에 상처를 입어 교회를 떠나기까지 했으며, 심한 교인 공포증까지 앓았다고 했다. 성도가 자식을 우상처럼 떠받들다 하나님으로부터 벌중의 벌을 받았다는 말은, 그녀르 하여금 교회에 나갈 수 없게 했다.

"성도도 똑같은 하나님의 피조물로써 병도 들 수 있고 사고도 날 수 있으며 천재지변을 당할 수도 있고 암으로 젊은 나이에 죽을 수도 있는데 마치 죄를 지었을 때 즉결심판이나 하는 무서운 하나님으로 교인들에게 공포심을 주는 사람들이 있다."

다행히 그 후 안정을 되찾고 신앙을 되찾고, 그리고 지금은 두 명의 아이를 키우고 있는 엄마로 행복한 나날을 보내고 있는 박집사의 말이다.

15. 죽은 선장을 살아서 도망쳤다고

1993년 10월 10일, 3백70여 명의 선객을 태운채 위도 섬을 떠나 격포항으로 가던 서해 훼리호가 돌풍을 만나 바다에 침몰, 60여 명만 목숨을 건진 엄청난 사고가 발생했다. 가을인데다 마침 주일이어서 낚시질을 오는 사람들로 배가 초만원을 이루고 있어서 사고는 더 컸다. 그런데 이때 끝까지 남아서 선객들을 구하는 일에 최선을 다해야 하는 선장과 선원들이 선객들을 버려 두고 도망을 쳤다는 소문이 나왔다. 삽시간에 소문은 방송과 신문을 장식하면서 전국으로 퍼져나갔고 마침내 경찰이 현상금을 걸고 이들을 찾기까지 했다. 여기 저기서 그들을 보았다는 제보도 줄을 이었고 그 바람에 가족들은 죄없는 죄인이 되어 숨도 제대로 쉬지 못한 채 경찰의 조사와 감시 속에서 하루하루를 보내고 있었다.

한데 그로부터 1주일이 지난 뒤였다. 달아났다던 선장과 항해사, 그리고 선원들의 시체가 배 맨 밑창에서 인양이 되었다. 배가 위험에 빠지자 구조를 요청하려고 조타실로 달려가다 거기서 모조리 수장을 당한 것이었다. 워낙에 많은 사람들이 목숨을 잃었기 때문에 인양작업이 오래 끌었는데다 선원들의 시체가 배 맨 밑바닥에 있었던 관계로 여러 날째 발견이 되지 않다보니 사람들이 이렇게 헛소문을 냈던 것이다.

그러나 듣는 당사자의 심경은 어떠했겠는가.

16. 말 때문에

우리나라 축구의 대명사였던 차범근 전 축구국가대표 감독의 인기가 곤두박질을 치고 있다. 월드컵대회에서 연달아 두 번씩이나 패하고 그래서 대회도중 감독경질을 당했을 때만해도 우리 국민 80%가 차감독을 옹호했는데, 어느날 갑자기 그의 인기가 급락을 하게된 것은 생각없이 뱉어버린 몇마디 말 때문이다.

"다 짜고 하는 거예요. 친한 감독에게 져주고 4강 티켓 위해 서로 져주고… 감독들하고 술먹고 친해지는 경우가 없으니까 서로 짜는 데에 끼일 수가 없었어요."

모 월간지와의 인터뷰에서 무심코 한 이런 말들이 엄청난 파장을 불러

오고만 것이다. 더욱이 이 자리에 부인 오은미 씨까지 나서서 거들었는데 그것이 오히려 더 큰 화를 자초하고 말았다. 설상가상으로 뒤이어 7월 26일 열린 중국 프로축구 1부리그에서 그가 맡은 중국의 선전 평안팀이 베이징 귀안팀에 5:0으로 완패해 버렸고…

선수의 인기는 말에 있는 것이 아니라 성적에 있다. 오히려 말은, 하면 할수록 손실만 더 커진다. 패장의 말은 더욱 그렇다. 박세리의 인기가 하늘 높은줄 모르고 올라가고 있는 것은 연일 벌어지고 있는 큰 대회에서 좋은 성적을 내고 있기 때문이다.

차라리 차감독과 그 부인이 입을 굳게 다문채 맡은 일에만 최선을 다하다가 그래서 새로 맡은 팀이 최고의 성적만 올리게 된다면 이런 수모는 안개처럼 사라지게 될 것을…

"너는 이웃과 다투거든 변론만 하고 남의 은밀한 일은 누설하지 말라" (잠 25:9).

17. 대꾸

미국의 30대 대통령 캘빈 쿨리지(재임기간 1923-1929)가 부통령으로 있을 당시, 그의 뒤를 이어 매사추세츠주 지사가 된 재닝 콕스가 찾아와 이렇게 물었다.

"나는 찾아오는 사람들로 밤 9시가 되어야 퇴근을 할 정도인데 당신은 무슨 수로 그 많은 방문객을 매일같이 만나면서도 오후 다섯 시면 어김없이 퇴근을 합니까?"

그러자 쿨리지가 이렇게 답했다.

"당신은 일일이 대꾸를 하니까 그렇지."

말을 아끼는 것도 훌륭한 웅변이다.

18. 공인된 3대 거짓말

❋ 구(舊) 3대 거짓말
1. 처녀가 "시집 가지 않겠다"는 말.
2. 노인이 "죽고 싶다"는 말.
3. 장사가 "밑지고 판다"는 말.

❋ 신(新) 3대 거짓말
1. 정치인들이 "한 푼도 안 받았다"는 말.
2. 청문회에 나온 증인들의 "기억이 안 난다."는 말.
3. 백화점에서 "폭탄세일, 한정가 판매, 딱 한 번만" 하고 내 거는 현수막.

1997년 9월, 한보비리 청문회를 보면서.

19. 참회의 말들

"나처럼 속이 검은 사람들을 모두 솎아내야만 기아가 살 수 있다."

기아그룹의 비리를 수사하는 과정에서 공갈혐의로 구속된 강봉구 전 이사가 한 말.

"법조 비리는 남의 이야기가 아니라 법조인의 60% 이상을 공급해 온 서울대 법과대학의 문제다. 그들은 모두 우리의 선배요 벗이요 후배요 제자이다. 팔이 안으로 굽는 식으로 동료의 비리를 감싸주는 법조인을 국민은 원치 않는다."

서울대 법대의 한인섭 교수가 한창 문제가 된 의정부지원의 법조비리와 관련 1998년 5월, '서울대 법학'지 106호를 통해서 한 말.

"희생자 가족 여러분에게 끼친 괴로움에 대해 정말 진심으로 사죄합니다. 부탁은 동료 사형수들이 하루 속히 나처럼 기독교 신앙을 갖기를 소원합니다."

미 텍사스주 헌츠빌의 사형수 클리포드 보기스가 2건의 살인강도 혐의로 구속, 33번째 생일이던 1998년 6월 12일, 13년만에 사형집행을 받으며 형장에서 남긴 말.

20. 경우에 합당한 말들

"많이 나누어 줄수록 더 많은 것을 소유한다."

종교의 노벨상인 템플턴상의 창시자이자 월가의 살아있는 전설로, 우리나라 증시에도 거액의 투자를 하고 있는 것으로 밝혀진 존 마크 템플턴(美·88)경의 말.

"일생동안 남에게 양보해도 손해가 거의 없다."

한나라당의 이한동 부총재가 1998년 4월 10일, 당 대표 자리를 물러나며 한 말.

"춘향이가 이도령을 만나기 전에는 못된 관리로부터 엄청난 고문을 당했다. 하지만 이도령을 만나 뜻을 이룬 춘향이 변사또에게 보복은 하지를 않았다."

제15대 대통령으로 당선된 김대중 씨가 1998년 3월, 정치보복은 하지 않을 거라며 한 말.

8

술·담배·마약·도박
78 대 22의 법칙

1. 술 때문에 부자간이

 강원도 원주시의 유모(46) 씨. 술만 마셨다하면 밤늦게 집으로 들어와 가족들에게 마구 욕설을 퍼부으며 주먹을 휘둘러대는, 술버릇이 매우 고약한 사람이었다. 늙은 노모까지 모시고 있었지만 술만 취했다하면 눈에 뵈는 것이 없었다.

 1997년 3월 23일 자정이 넘은 시간이었다. 그날도 만취가 되어 들어와서는 예의 그 못된 버릇을 발휘하기 시작했다. 고1, 고3의 다 큰 자식들이 매달려 사정을 해도 소용이 없었고 나이많은 모친의 말도 듣지를 않았다. 보다못해 옆집에 사는 아이들의 숙모까지 뛰어들어와 말려봤지만 소용이 없었다. 마침내 십대의 큰 아들이 흥분해서 소리쳤다.

 "이런 사람은 아버지가 아냐. 차라리 내어다 버리는 게 나아!"

 큰아들 유모군(18. S고 2년)의 말에 따라 숙모와 동생이 합세, 술취한 아버지의 양손을 묶어서는 원주시 신림면 신림3리의 도로 위에다 내다 버린채 집으로 돌아왔다. 당연히 두 아들은 천하에 패륜아가 되어 경찰서에 잡혀갔다.

 다행히 술에서 깨어난 유씨가 경찰서로 달려가 "모두가 내 잘못"이라며 선처를 부탁해 해결이 되었지만, 참으로 어처구니 없는 사건이 아닐 수 없었다.

"재앙이 뉘게 있느뇨 근심이 뉘게 있느뇨 분쟁이 뉘게 있느뇨 원망이 뉘게 있느뇨 까닭없는 창상이 뉘게 있느뇨 붉은 눈이 뉘게 있느뇨 술에 잠긴 자에게 있고 혼합한 술을 구하러 다니는 자에게 있느니라"(잠 23:29-30). 성경말씀이다.

2. 아내죽인 음주운전

음주운전으로 사랑하는 자기 아내를 친 비극적인 사건이 1996년 6월, 강원도 주문진에서 있었다. 건축자재상을 하는 김두현 씨(42). 모처럼 찾아온 여동생 내외와 함께 시내로 나가 외식을 했는데, 노래방도 가고 술도 마시고 그래서 자정이 넘어서야 집으로 돌아왔는데, 먼저 간 아내 송씨(36)가 집 앞에서 기다리고 섰는 것을 모르고 밀어버린 것이었다. 음주운전은 이렇게 남도 죽이고 자기 가족도 죽이고 자기 자신과 가정도 무너뜨리는 무서운 것이다.

3. 알콜 중독자 된 맥주맛 감정사

브라질의 한 맥주회사에서 회사를 상대로 5백만 리알(한화 약 40억원)의 손해배상소송을 제기한 근로자가 있었다. 베튼 나제케(44)씨, 23년 동안을 이 회사에서 맥주 맛 감정사로 일해 온 사람이었다. 그는 이 회사에서 일을 하게 된 23년 전부터 매일같이 하루 60잔 이상의 맥주를 마시며 살아 왔단다. 그러다 보니 늘 몽롱한 상태에서 살 수 밖에 없었고 이런 몽롱한 상태는 일상을 넘어 집에까지 이어져 마침내는 부인과 딸을 구별 못할 정도의 알콜 중독자가 되어 가정파탄에까지 이르게 되었다는 것. 그래서 회사에다 자신의 이런 처지를 자세히 얘기하고 대책을 호소했는데 회사가 이를 들어주지 않았다는 것이다.

1997년 5월 법원에 소장(訴狀)을 제기한 베른 나제케씨가 그동안 직무와 관련하여 이 회사에서 마신 맥주의 양은 무려 5만5천 병이나 된다는 것이었다.

4. 엄청난 술값에 몰매까지 맞은 사나이

1997년 12월 어느날 저녁, 친구들과 어울려 새벽녘까지 술을 마시고 집으로 돌아가던 경기도 하남시의 박모(23)씨. 길가에 서서 택시를 기다리는데 마침 지하에 좋은 곳이 있으니 한 잔만 더하고 가라는 사람에 이끌려 어딘지 들어갔는데, 양주 한 병과 안주 하나 마시고 1백47만원을 내라는 바람에 깜짝 놀라 지배인을 불러 따졌다. 그러자 이번엔 종업원들이 달려들어 담배불로 지지고 주먹으로 패고 탁자에 머리를 쾅쾅 찍어대면서 주머니를 뒤져 현금카드를 꺼내 결제를 하게 한 후에야 집으로 돌려보냈다는 것.

그러게 술은 왜 자꾸 마시노?

5. 아무나 따라가다가

술값을 대신 내준 사람의 친절에 감격해 따라 갔다가 큰 낭패를 당할 뻔한 일이 1997년 4월 어느날 새벽, 서울 중화동 한 술집 앞 길가에서 있었다. 서울 중화동의 정 모씨. 큰 돈을 수금해 기분이 좋아서 집으로 돌아가던 중 중화2동 한 뼈다귀 해장국집에서 술을 마셨는데 계산을 하려고 보니 현금은 없고 수표만 잔뜩 있었다. 술집 주인은 부득부득 현금만을 고집하고, 참으로 입장이 곤란하게 되었다. 그런데 바로 그때 반가운 일이 생겼다. 안면도 없었던 옆 자리의 박모씨(32.중화동)와 김모씨(32.이문동)가 스스로 나서서 현찰로 술값을 대신 치러주었다. 고마워하며 꼭 갚겠노라며 명함을 꺼내는 정씨에게 그들은 다시 "우리가 살 테니 딴 데 가서 한 잔 더 하자."고 제의를 해 왔다. 그런 친절한 사람에게 어떻게 의심을 하랴. 두말없이 따라 나섰는데, 근처 빈터에 오자 강도로 돌변, 1억원 짜리 수표가 든 지갑을 빼앗아 달아나 버린 것이다. 다행히 경찰을 통해 도로 찾긴 했지만 하마터면 정말 큰일이 날 뻔했던 일.

6. 마지막 부른 노래

부산 Y교회의 박모 안수집사. 주일날 교회에서는 그렇게 친절하고 열심인 사람인데, 위장에 술만 들어갔다 하면 한밤 중에도 유행가를 부르며 대로를 활보하는 이상한 버릇이 있었다. 집사가 이렇게 술을 마시는 줄을 알았으면 교인들이 애초에 안수집사로 뽑아주지 않았겠지만 평소에는 술을 입에 대지도 않았다.

이 박 집사에게 처가가 있는 경남 의령군 모처에 밭이 하나 있어서 가끔씩 주말을 이용해 찾아가 농사일을 하곤 했는데, 이때면 어김없이 술을 마시고 밤길을 활보하며 유행가를 신나게 불러대는 것이었다. 그러던 중 1995년 어느 겨울 밤, 그날도 가족들과 함께 시골에 가서 밭일을 했는데 밤이 되자 또 술을 거나하게 마시곤 유행가를 부르며 대로를 걷기 시작했다. 부인들과 다 큰 자식들이 아무리 붙잡고 말렸지만 소용이 없었다.

그런데 그게 마지막이 될 줄이야. 나간지 한 시간 쯤 지나서 마산도립병원이라며 전화가 걸려 왔는데 달려가 보니 이미 싸늘한 시체로 누워있는 것이었다. 교통사고를 당한 것이다. 깜깜한 밤길을 정신없이 노래를 부르며 걷다가, 달려오는 트럭에 부딪혀 목숨을 잃은 것이다. 시골 밤길은 차도 별로 없는데다 인적도 뜸해 차들이 과속을 하기 마련으로 미처 브레이크를 잡기도 전에 사고가 나고만 것이다.

안수집사까지 되어서 이런 모습으로 하나님 앞에 서게 되다니, 얼마나 부끄러운 모습이 되겠는가?

7. 술취하는 단계

옛날 중국 사람들은 술을 마셨을 때 취하는 단계를, 입이 헤 벌어지는 '해구(解口)', 여자만 보면 사족을 못 쓰는 '해색(解色)', 분이나 원이 풀리는 '해원(解怨)', 그리고 인사불성이 되는 '해망(解妄)'의 네 가지로 구분해 놓고는 사람이 아무리 술을 좋아해도 해망의 단계에까지는 이르지 말아야 한다고 가르쳐 왔었다.

8. 박통 소주 등장

IMF시대를 맞아 나라경제가 위기를 맞게되자 독재자 박정희 대통령의 인기가 새롭게 치솟고 있는 가운데 최근엔 '박정희 대통령'을 듯하는 '박통'이라는 이름의 소주가 등장할 것이라는 소문이 메스컴을 타고 있다. 부산시 동구 초량동, 국제장애인협의회의 사무국장인 강충걸(48)씨가 그 주인공으로 강씨는 지난 1997년 12월 5일, '박통'이란 이름을 특허청에 출원, 등록을 완료했다며 "소주 등 10여 가지에 상표로 사용하게 될 것"이라고 자랑스레 말했다.

9. 씹어먹는 술

마시는 술만으로 부족한지 이번엔 '씹어먹는 술'까지 나온다는 소식이다. 충청대 허권 교수와 도대홍 교수에 의해 개발된 것으로 현재 주류 제조업체와 상품화 방안을 검토 중이라고 한다. 앞으로는 길거리나 사무실에서 대낮부터 질겅질겅 술을 씹으며 얼굴이 벌개가지고 다니는 사람들이 나오게 될 판이다.

10. 폭증하는 여성 음주운전자

술이 취한 상태에서 운전대를 잡는 사람이 날이 갈수록 줄기는커녕, 오히려 더욱 늘어만 가고 있다는데 그 중에서도 여성 음주운전자의 증가는 가히 폭팔적이라 한다. 1997년 10월, 서울경찰청이 발표한 내용을 보면 1997년 1월부터 8월말까지 8개월간 음주운전 적발건수가, 4만6천9백44명으로, 1996년 같은 기간의 3만6천2백77명에 비해서 29.4%나 늘어났는데, 이 중에 여성 음주운전자가 전체의 3.3%인 1천5백42명으로 이는 1996년 같은 기간에 비해 62.6%의 증가다. 갈수록 여성이 대담해지고 있는 것같다.

11. 술로인한 손실 연간 4조원

술 때문에 우리 국민이 겪게되는 경제적 손실이 연간 약 14조원에 이르고 있단다. 한국보건사회복지연구원의 노인철 선임연구원이 발표한 '음주의 사회적 비용과 정책과제'에 따르면 1995년 한해 술로 인한 사회적 손실이 13조8천4백원으로써, 음주로 인한 질병 또는 사고로 인한 생산성 감소가 5조8천6백11억원, 조기사망으로 인한 손실이 2조8천7백74억원, 의료비가 9천9백억원, 화재 등 재산 피해가 4백67억원, 사고처리에 따른 행정 비용이 88억원이며, 여기에 순수한 술값이 4조5백56억원(주세 제외)으로 국민총생산의 3.97%나 된다.

"여기에 음주단속비용, 교육 및 연구비, 실업자나 주부의 음주로 인한 소득과 생산성 감소 등을 합치면 그것은 정말 엄청난 수치가 될 것"이라고 노연구원은 말했다.

12. 담배 오래 피우다가 세상을 떠난 사람

1993년 5월, 중국 하남성 상구현에서 있었던 일이다. 그 지방에서 열린 '담배 오래 피우기 시합'에서 어떤 청년이 연속으로 무려 세 시간을 피우다 마침내 쓰러져 목숨을 잃었단다. 담배가 인체에 치명적인 해를 끼친다는 사실은 세계가 다 알고있는 일인데 그래 할 일이 없어서 담배 오래 피우기 시합을 했으며, 그렇다고 그 짓을 하다가 목숨을 잃는단 말인가? 미련한 곰 같으니…….

13. 어린이 암 15% 부모의 흡연 탓

  간암, 위암 등 암 종류의 질병이 어른에만 걸리는 시대는 지났다는 얘기다. 최근들어 암이 청소년을 비롯, 유아나 어린이에게까지 감염되어 목숨을 잃는 일들이 늘어나고 있다. 그런데 이 어린이 암의 15%가 부모의 흡연 때문이라는 연구결과가 나와 주목을 받고 있다. 1997년 1월, 영국의 암 전문지 '브리티시 저널 오브 캔서'를 통해 버밍엄대학의 토머스 소라한 박사가 발표한 내용에 따르면 1993년에서 1995년 사이에 암으로 사망한 어린이 1천5백 명을 대상으로 조사 분석한 결과 이같은 결론이 났다는 것이다. 박사에 의하면 흡연이 정자를 손상시킬 수 있으며 부모가 하루에 20개비 이상 담배를 피우면 그 자녀가 암에 걸릴 위험은 42%나 증가한다고 했다.

14. 여성 폐암 35% 남편의 흡연 탓

  남편들 때문에 아내가 죽어가고 있다면? 그런데 정말로 그런 아내들이 있다. 담배를 피는 남편을 둔 여성들이 그런 여성들이다. '세계금연의 날'인 지난 5월 30일, 연세대 보건대학원 지선하 교수팀이 발표한 연구보고서에 의하면 흡연 남편을 둔 여성은 그렇지 않은 여성에 비해 폐암에 걸릴 확률이 86%나 높다는 것이다. 박사팀은 그동안 의료보험공단 자료 중 40세 이상 부부 26만5천 쌍을 정밀 분석했는데 흡연남편과 30년 이상 동거한 여성의 경우 비흡연 남편을 둔 여성에 비해 폐암에 걸리는 율이 2.7배나 많았다는 것이다. 이같은 자료를 근거로 우리나라 여성 2천2백77명이 폐암으로 사망한 1996년의 경우 담배를 피지 않는 남편과 살았더라면 8백명은 족히 목숨을 잃지 않았을 것이라는 얘기다.
  여성들이 땅에서도 장수하고 편히 살기를 원한다면 남편들을 예수 믿게해서 담배를 끊게 할 일이다.

15. 내 아들을 감옥에 넣어 주세요

"내 아들을 감옥에 넣어 주세요. 교도소로 보내 달라구요."

1997년 1월 29일 새벽, 서울 마포경찰서 형사계. 50대의 한 아저씨가 십대 후반의 청소년 하나를 끌고 들어와서는 자기 아들인데 제발 교도소로 좀 보내 달라고 사정을 하고 있었다.

아버지가 아들을 교도소로 보내달라고 사정을 하는 그 기막힌 사연이란 대략 다음과 같았다.

소년의 이름은 김현국, 나이는 19세, 하나밖에 없는 외아들이었다. 그런 아들을 경찰서로 끌고 온 것은 순전히 그놈의 본드 때문이었다. 현국 소년은 본드중독자였다. 걸음을 제대로 가눌 수 없을 정도였다. 음식물을 먹어도 다 토해 버려서 영양실조에까지 걸려 있는 상태였다. 눈도 제대로 뜨지 못하고 손 발도 제대로 움직이지 못했다. 초점 없는 눈으로 늘 허공만 바라보며 울기만 했다. 몸을 막 뒤틀며 살려달라고 소리를 지른 적도 한 두 번이 아니었다. 본드만 코로 들어갔다 하면 금방 생기가 돌긴 했지만 이내 쓰러져 딩굴고 말거나 사고를 칠 뿐이었다. 전신이 몽롱해져서 자기가 무슨 일을 하고 있는지도 모르는 상태에서 도둑질을 하다가 붙잡혀 2년 동안을 소년원에서 보냈고 학교에서도 퇴학을 당해 식당, 이삿짐센타 등에서 막일까지 했다. 그래서 아버지가 자식을 정신병원에까지 보내서 치료를 받게도 해 보았지만 소용이 없었다. 도무지 그놈의 본드 중독증은 고칠 길이 없었다. 그래서 마침내 감옥에나 들어 가 있으면 치료가 될까 하는 생각에서 아들을 이끌고 경찰서로 찾아온 것이었다.

현국 소년이 본드를 시작한 것은 중학교 2학년 때. 친구들과 호기심에 한 번 해 본 것이 그만 이렇게 되었다.

"부모님께 정말 죄송하고 죽고만 싶어요."

현국 소년도 정말 미칠 지경이었다.

"너희가 어찌하여 양식 아닌 것을 위하여 은을 달아주며 배부르게 못할 것을 위하여 수고하느냐 나를 청종하라 그러면 너희가 좋은 것을 먹을 것이며 너희 마음이 기름진 것으로 즐거움을 얻으리라"(사 55:2).

순간의 호기심이 일생을 망치는 것.

16. 대통령 아들도

고 박정희 대통령의 외아들 박지만(40)씨가 히로뽕 투약 혐의로 또 다시 구속이 되었다. 1997년 12월, 서울시내 모호텔에서 마약판매상으로부터 필로폰 1그램을 건네받아 청담동 집에서 이를 투약, 경찰 조사가 시작되자 멀리 속초까지 달아났는데, 1998년 1월 31일 붙잡혀 구속이 되었다. 이번까지 벌써 네 번째구속이다. 붙잡힐 때마다 전직 대통령의 아들이라는 이유로 풀려나곤 했었고 9개월 전인 1997년 2월 징역 2년에 집행유예 3년, 보호관찰 3년과 함께 사회봉사 명령 2백시간을 선고받았을 때만 해도 "다시는 마약에 빠지지 않고 결혼해 잘 살겠다."며 풀려났었는데 1년이 채 못가 또 다시 같은 혐의로 구속이 되고 말았으니…

마약은 이렇게 끊기도 어려운 것. 처음부터 아예 근처에 가지를 말았어야지.

17. 도박 때문에 패가망신

마약만큼 무서운 것이 상습도박병이다. 어쩌면 마약보다 더 무서운 것인지도 모른다. 그 중에서도 더욱 무서운 게 상습주부도박. 여기에 빠졌던 사람치고 망하지 않은 사람이 없다.

서울 강남의 산부인과원장 유모(65)씨. 2-3년 전까지만 해도 의사 남편과 함께 수십억원대의 재산과 훌륭한 두 아들을 둔, 그야말로 남부러울 것이 없는 유복한 여인이었다.

1994년 1월, 그런 그녀에게 환자를 가장한 사기도박꾼 앞잡이가 찾아와 수작을 걸었다. 수십억원의 떼돈을 금방 벌 수 있다는 말로 유혹을 한 것이다. 처음에는 망설였지만 구경만 하는 것이야 뭐 나쁘겠느냐 하는 생각으로 따라나선 것이 그만 그렇게 되고 말았다. 물론 처음에는 딸 수도 있는 것처럼 보였다. 그러나 그것은 미끼, 계속해서 돈을 잃기 시작한 것이 어느새 전 재산을 날리게 되었다. 여의도에 있는 6층짜리 상가 건물이 날아 가고, 서울 강남의 빌라도 날아가고 분당에 있는 60평짜리 아파트까지 다 빼앗기고도 43억원의 빚이 남아있을 정도가 되었다. 충격으로 남편까지 쓰러져 한 달만에 세상을 떠나 버렸다.

　뒤늦게 후회해본들 무슨 소용이랴. 마침내 유여인, 조직폭력배 범서방파를 찾아가 자신을 망친 사기도박꾼들을 죽여 달라고 주문을 하게 되는데, 일이 잘못돼 오히려 들통만 나고 말았다. 1997년 4월, 오히려 자신들이 감옥행이 되고 말았다.

9 성범죄 이야기
78 대 22의 법칙

1. 심심해서 벌인 불장난

남편이 모 건설회사의 소장인 서울 관악구의 신모 여인(35). 돈도 많은 데다가 자식들도 어느 정도 자라 학교에 가고나면 별로 할 일이 없는 유복한 주부였다. 심심해진 신여인, 운전면허증이나 따 둘까 하고 어느 날 자동차운전학원을 찾아 갔는데 그만 거기서 엉뚱한 일에 걸려들고 말았다. 잘 생긴 총각 조교의 유혹에 넘어가고 만 것. 그때부터 아예 운전연습은 뒷전이고 조교와 함께 서울 근처 러브호텔은 모조리 찾아 다니며 못된 짓만 즐겼다. 그렇게 하기를 어느덧 1년, 남편 몰래 쓰는 돈도 바닥이 났고 겁이 나서 더는 그짓도 하기가 싫어졌다. 그래서 신여인은 이제 그만 제자리로 돌아가자고 총각 조교에게 사정을 했는데 한창 재미가 들린 총각조교가 들어줄리 없었다.

"만나자 할 땐 언젠데 헤어지자는 거냐? 정 그러면 나도 생각이 있다." 며 협박까지 했다.

뜻밖에 일이 복잡하게 되어가자 신여인은 일방적으로 총각을 피했다. 총각이 전화를 해도 받지를 않았고 일부러 총각을 따돌리기 시작했다. 그러자 그 조교, 마침내 신여인 남편에게 전화를 걸어서 폭로를 하고 말았다. 설마 했던 일이 사실로 닥친 것이다. 두 사람이 함께 간통죄로 구속이 된 것은 물론, 신여인은 남편과 자식들로부터 영원히 버림받은채 정신병원에 입원까지 하고 말았다.

"도적질한 물이 달고 몰래 먹는 떡이 맛이 있다 하는도다. 오직 그 어리석은 자는 죽은 자가 그의 곳에 있는 것과 그의 객들이 음부 깊은 곳에 있는 것을 알지 못하느니라"(잠 9:17-18).

2. 외상도 갚고 돈도 벌 수 있다기에

부산시 기장군에 사는 가정주부 김모(23)씨. 어느 날 술집 주인 하모(44) 여인이 남편의 술값을 받으러 왔다며 집으로 찾아 왔는데, 돈이 없다며 다음에 오라니까, 잘만하면 술값도 갚고 돈도 벌 수 있는 길이 있다며 유혹의 손길을 뻗혀 따라가 보았는데, 처음엔 주방에서, 다음은 술시중으로, 한발 두발 빠져들다 그만 자신도 모르는 사이에 매춘까지 하다가 남편한테 들켜 이혼을 당했단다.

세상에 무엇이든지 달콤한 것은 다 독약이라니까.

3. 잠꼬대에 불륜 들통

부산시 해운대구 우1동의 임모(44) 여인. 언제부터인가 남편 몰래 딴 남자와 바람을 피기 시작했는데 잠꼬대 때문에 그단 들통이 나 남편으로부터 죽도록 얻어터지고 이혼까지 당했다 한다.

그날 밤 잠꼬대에서 "○○씨 나 사랑해?" 하는 말이 튀어나와 버렸는데 그게 그만 남편의 귀에 들어가고 말았고 추궁 끝에 모든 사실을 털어놓고만 것이다.

남편으로부터 전치 16주의 진단이 나올 정도로 얻어맞아 병원으로 실려간 것은 물론이고, 1997년 11월 30일, 부산지방가정법원으로부터 영원히 남편과 자식들로부터 헤어져 살라는 판결을 받고만 것.

낮말은 새가 듣고 밤말은 쥐가 듣는다고, 세상에 비밀은 있을 수 없다니까.

4. 정신나간 부부들

부인들까지도 서로 알고 지낼 정도로 절친한 사이였던 A씨(45)와 B씨(45). 가끔씩 오가며 식사도 하고 술도 마실 정도였는데, 어느날 그만 엄청난 실수를 저질러 원수가 되고 말았다.

1998년 3월 17일의 일이었다. 부부동반으로 A씨 집에서 저녁에 만나 식사를 하고 술판을 벌였는데 술이 거나하게 되자 A씨가, "우리 한번 아내를 바꿔서 잠자리를 해보는 것이 어떠냐?"라고 농담을 했단다. 그러자 네 사람 모두 기꺼이 그러자고 했고, A씨가 먼저 자기 아내를 B씨와 함께 남겨둔채 B씨의 아내를 데리고 밖으로 나갔다. 반시간쯤 친구 아내와 바람을 쐰 후 집으로 들어온 A씨, 방안에서 일어나고 있는 광경에 졸도를 하고 말았다. B씨와 자기 아내가 실지로 일을 치르고 있는 것이었다. 피가 거꾸로 선 A씨, B씨를 붙잡고 난리를 쳤으나 소용이 없었다. 마침내 A씨는 청주 동부경찰서를 찾아가 고발을 했는데, 경찰도 어찌할 방법이 없었다. 이들을 처벌할 법적근거가 없었기 때문이다. 형법 241조에 "배우자가 간통을 사전에 승낙했을 경우는 처벌할 수 없다"로 되어 있기 때문이었다.

아무리 술이 취했기로 그래 이런 일을 벌이다니, 참으로 정신나간 사람들이 아닐 수 없다.

5. 불륜의 대가

서울 면목동에서 석유소매상을 하는 박모(60)씨. 20년 전인 지난 1976년, 이웃 이모(55)씨의 아내와 3년여 동안이나 나쁜 짓을 벌여오다가 마침내 남편 이씨에게 들통이 나고 말았다. 그러자 남편 이씨는 툭하면 박씨를 찾아와 집에다 불을 질러 버리겠다는 등 협박을 했는데, 그 바람에 4년간에 걸쳐 무려 77차례, 2억6백만원의 돈을 뜯기고는 마침내 더는 견딜 수가 없어서, 1997년 2월 20일 서울 중랑경찰서에다 고발장을 넣고 말았다는데…

"사람이 불을 품에 품고야 어찌 그 옷이 타지 아니하겠으며 사람이 숯불을 밟고야 어찌 그 발이 데지 아니 하겠느냐 남의 아내와 통간하는 자도 이와 같을 것이라 무릇 그를 만지기만 하는 자도 죄 없게 되지 아니하리라"(잠 6:27-29).

성경은 이렇게 일찍부터 경고를 하고 있다.

6. 어이없는 죽음

명문 E여대 기악과를 졸업, 바이얼린학원을 운영하면서, 세상에 부러울 것이 없이 살아가던 정모여인. 결혼하여 남편과 자식까지 두고도 옛 애인과 만나 바람을 피우다 마침내 정부에 의해 철사줄로 목이 잘려 죽어 경기도 양평군 강하면 수창리 야산에서 생매장까지 당했다.

경기도 성남시에 살던 정 모여인(35). 11년 전인 E여대 3학년 때 교회에서 2년 연하의 고2년생인 이모(33)씨와 만나면서 하라는 공부는 안 하고 엉뚱한 짓만 하다가 각각 헤어져 다른 상대와 결혼을 했는데. 후에도 계속 만나 그짓을 계속해오다가 마침내 1996년 4월, 정부인 이씨를 따라 이곳 야산까지 왔다가 철사줄로 목이 졸리고 생매장까지 당한 것이다.

"빌려준 5백만원을 갚지 않으면 가족에게 알리겠다"고 정여인이 자신에게 협박을 해서 그랬다지만…

참으로 어이없는 종말이 아닐 수 없다.

7. 마을 어른 열세 명

돌아가신 아버지의 친구들을 비롯해 한 마을에 사는 마을 어른 열세 명이 아빠 없는 불쌍한 11세 소녀가장을 돌아가며 욕을 보여 견디다 못한 소녀가 약을 먹고 목숨을 끊은 사건이 1996년 5월 충남 아산에서 있었다. 이 일은 약을 먹고 숨진 소녀의 일기장을 통해 밝혀진 것으로, 불쌍히 여기고 도와주어야 할 처지의 사람들이 오히려 못된 짓을 했다는데서 우리 사회에 큰 충격을 주었다.

8. 노벨상 수상자가 어린이 성추문

저명한 미국의 의학자로서 1976년도 의학부문 노벨상 수상자인 대니얼 칼튼 가두색(73) 옹이 메릴랜드의 한 법정에 어린이 성학대죄로 기소돼 화제.

최고의 명문 하버드대 의대를 졸업하고 뉴기니의 고지에서 발생하는 '쿠루'라는 병을 연구, 인간에게 오는 질병 중에는 활동이 느린 바이러스나 매개체에 의한 것들도 있다는 것을 처음으로 제기한 세기적 의학자로서, 지난 60년대부터 자신이 연구활동을 벌인 마이크로네시아지역에서 50여 명의 어린이들을 데려다 함께 기거했는데 이들 중 일부에게 성추행을 한 것으로 드러난 것이다.

성범죄, 하루 아침에 사람을 땅 속에까지 끌어내릴 수 있는 무서운 것이다.

9. 7백년형 선고받은 미국의 성폭행범

"11차례의 종신형과 함께 7백년 형을 선고"

1994년 5월부터 87일 동안에, 로스앤젤레스 거리에서 무려 14명의 여성들에게 성폭행을 가하고 심지어 동시에 두 명의 여성을 범한 일도 있었던 성폭행범 숀 패트릭 미셸(36)에게 1997년 3월 31일, 미 캘리포니아주 지방법원이 내린 준엄한 형량이다.

비슷한 시기에 우리나라에서는 남의 가정 부인을 강제로 납치하여 한 달여 동안을 여관에 감금시켜 놓고 못된 짓을 하고 가정을 파괴한 경기도 안양의 한 가정파괴범에게 내려진 형이 겨우 7년이었다. 그러니 우리나라가 성범죄의 온상이 아닌가 싶다.

10. 에이즈 감염 여성 5천 명의 남성과 의도적 관계

한번 걸리기만 하면 치유가 불가능한 에이즈 환자가 1997년 말 현재 전 세계적으로 무려 3천만 명으로 추정되고 있는 가운데, 이태리에서는 에이즈 바이러스 HIV에 걸린 한 매춘여성이 고의적으로 5천 명의 남성들과 콘돔없이 관계를 맺은 사실이 밝혀져 엄청난 충격을 던져주고 있다. 이 매춘부는 경찰에서, 콘돔없이 하는 매춘이 3배나 돈을 더 받을 수 있어 그같은 짓을 했다고 실토를 했는데 1998년 2월 15일, 이 사실이 언론에 보도되자 하루동안에 무려 1천통이 넘는 전화가 경찰서로 걸려와 경찰 업무가 한때 마비가 될 정도였단다.

"대저 음녀의 입술은 꿀을 떨어뜨리며 그 입은 기름보다 미끄러우나 나중은 쑥같이 쓰고 두 날 가진 칼같이 날카로우며"(잠 5:3-4).

그러니까 그런 여자 옆에는 얼씬도 말아야지.

11. 한해에 230만명 에이즈로 사망

전 세계 에이즈 환자가 1998년 6월 현재 3천60만명으로 추산되고 있는 가운데 1997년 한해 230만명이 에이즈로 목숨을 잃은 것으로 밝혀져 충격을 주고 있다. 1998년 5월 10일 세계보건기구(WHO)가 발표한 '98년 세계건강보고서'에 따르면 97년 한해 전 세계 사망자 수는 5220만명으로 이 중 33.1%인 1730만명이 전염병 및 기생충 감염질병으로 목숨을 잃었는데 이중 호흡기성 전염병이 370만명, 결핵 290만명, 말라리아 150만명, 설사로 숨진 사람이 250만명이었다. 그밖에 암으로 사망한 사람이 620만명(11.9%)인데 이중엔 폐암이 110만명으로 가장 많고, 위암이 76만5천명, 장암 52만5천명, 간암 50만5천명, 유방암 38만5천명이다.

12. 지하철 성추행

1996년 12월 3일, 서울경찰서 지하철 수사대가 '지하철 범죄분석' 자료를 내어놓았는데, 1996년 한해동안 검거된 성추행범의 74%가 대졸자라는 것이다. 참고로 지난 한해 검거된 성추행범 78명을 학벌로 분류해 보면, 대졸자가 58명, 대학원 졸업자가 1명, 고졸자는 16명, 전문대졸업자가 1명, 중졸자 2명 순인데 국졸자는 아예 1명도 없었다는 것이다. 직업별로는 회사원이 33명으로 42.3%이며, 공무원 3명, 의사, 연구원, 교사가 각각 1명씩이었다.

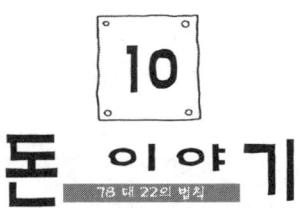

돈 이야기
78 대 22의 법칙

1. 선과 악

일본 막부 도꾸가와가 어느날 오오까를 불러놓고 이렇게 물었다.

"도대체 선(善)은 무엇이며 악(惡)은 무엇인가?"

그러자 오오까는 오뚜기를 가지고 나와 도꾸가와 앞에서 쓰러뜨려 보였다.

"보십시오 전하. 아무리 쓰러뜨려도 넘어지지 않습니다. 이것이 선입니다."

그리고는 품속에서 금화를 하나 꺼내어 오뚜기 등에다 묶고는,

"그러나 이놈도 황금을 등에 업으면 욕심에 눈이 어둡게 되어 일어나질 못합니다. 이것이 악입니다."

돈이 바로 일만 악의 뿌리가 되는 것임을 잘 말해 주었다.

2. 돈으로 살 수 없는 것

"돈으로 살 수 없는 것이 세상에는 많아요. 사랑, 애국, 자상한 마음, 사이좋은 친척 등등 제가 시집 온 백범 집안은 이런 돈 주고 살 수 없는 것들로 가득 차 있어요."

백범 김구 선생의 손부(孫婦)가 시가에 대해 한 말이다.

3. 돈으로 살 수 없는 것

돈으로 침대는 살 수 있지만 잠은 살 수 없으며,
돈으로 책은 살 수 있지만 지성은 살 수 없다.
돈으로 빵은 살 수 있으나 식욕은 살 수 가 없고,
돈으로 집은 살 수 있으나 가정은 살 수가 없다.
돈으로 약은 살 수 있지만 건강은 살 수가 없고,
돈으로 보석은 살 수 있지만 아름다움은 살 수가 없다.
돈으로 쾌락은 살 수 있지만 행복은 살 수 없으며,
돈으로 황금십자가는 살 수 있으나 예수 그리스도는 살 수가 없다.

송길원 목사의「입술의 30초가…」에서

4. 우르워즈 가족들

'슈퍼마켓'을 개발하여 엄청난 돈을 벌어들여 뉴욕의 중심부인 멘하탄에 60층짜리 고층빌딩까지 소유한 세계적 거부 프랭크 우르워즈. 그에겐 아들은 없고 에드너란 이름의 외동 딸만 있었다. 그녀가 자라 결혼을 했는데 신랑은 주식중개업을 하는 프랭클린 허튼. 그러나 불행히도 허튼은 돈만 알고 여자만 밝히는 난봉꾼이었다. 게다가 하나 밖에 없는 딸 바바라마저 병약한 아이여서 에드너에게는 근심만 끼쳐주었다. 마침내 에드너는 고민 끝에 자살을 하고 말았고, 충격을 받은 아버지 우르워즈 역시 그 엄청난 재산을 남겨둔채 시름시름 앓다가 67세를 일기로 세상을 뜨고 말았다.

그 많은 재산은 이제 겨우 일곱 살 밖에 안된 병약한 외손녀 바바라에게 상속이 되었는데 상속재산이 무려 5억6천만 달러였다. 세상에 인척이라고는 하나없는 바바라. 그녀가 기대는 것은 돈 하나 뿐이었다. 그러나 그녀 역시 어머니 에드너처럼 불행한 결혼생활이 기다리고 있었다. 1년도 못 가서 파국이 나고 말았다. 돈만 아는 남편이 돈만 챙겨서 도망을 친 것이다. 재혼을 했지만 역시 마찬가지. 일곱 번씩이나 결혼을 다시 했지만 번번히 실패였다. 한결같이 재산만 노리는 논팽이 뿐이었다. 심지어 결혼한지 사흘만에 보석을 훔쳐 달아나는 것들까지 있을 정도였다.

게다가 어느날, 태산같이 믿었던 외아들마저 비행기 사고로 목숨을 잃고 말았다. 바바라는 더 이상 살아갈 용기가 없었다. 마침내 1979년 어느날, 한 호텔 방에서 쓸쓸히 목숨을 끊고 말았다. 그리하여 우르워즈 그룹의 그 많은 재산은 3대를 끝으로 문을 닫고 말았다.

많은 돈이, 오히려 불행의 씨앗이 될 수도 있다.

5. 마르코스와 이멜다

페르디난도 마르코스 전 필리핀 대통령. 21년 장기 독재권력에, 권력을 이용한 초대형 부정축재자. 1986년 2월, 권좌에서 내쫓겨 하와이로 망명갈 때까지, 그가 모은 재산은 밝혀진 것만으로도 50억달러(7조원). 주식과 부동산, 스위스은행의 비밀계좌 등은 말할 것도 없고, 친인척 명의로 된 회사만도 무려 1천개. 핵발전소 건설과 관련, 美웨스팅하우스사로부터 8천만 달러의 뇌물을 받은 것을 비롯, 내·외국인 가리지 않고 수많은 사람들로부터 거액의 뇌물을 닥치는대로 받아챙겼고, 심지어 은행과 의논도 없이 돈을 찍어내는 일까지도 서슴치 않았으며 그 돈으로 뉴욕의 맨하탄가에 있는 고급 빌딩들을 마구 사 재었다.

밥그릇과 수저는 물론 변기까지도 순금으로 되어 있다.

부인 이멜다는 한 술 더 떠서, 마르코스 망명 후 필리핀의 은닉재산환수위원회가 찾아간 140평짜리의 그녀의 방에는, 구두간 2천 2백켤레에 최고급 장갑이 68켤레, 옷이 수백벌, 각종 보석이 1만9천달러 어치, 그리고 셀 수가 없을 정도의 구치핸드백이 보는 이들의 눈을 의심케 했다는 것.

"아침나절에 1 백만달러의 보석을 사고 저녁나절에 다시 2백만달러의 보석을 샀다"는 기록이 있을 정도다.

그러나 그 많은 돈과 보석으로도 그들의 행복은 살 수가 없었으니. 마침내 21년만에 마르코스는 권좌에서 쫓겨나 목숨만 부지한채 하와이로 도망가서는 3년 동안을 병마와 싸우다 1989년, 망명지 하와이에서 쓸쓸히 죽고 말았으니…

6. 서울 도심서 돈뿌린 사나이

대낮에 서울 도심의 한 호텔 건물에서 도로를 향해 수백만원의 돈을 뿌린 사람이 있다. 서울 강동구 성내동의 김남식 씨(36). 1만원짜리 70장에 1천원짜리 3천여 장 도합 3백70여만원을 1997년 5월 27일 정오, 서울 중구 프레지던트호텔 27층 방에서 광장쪽 대로를 향해 한순간에 날려 버렸다. 김씨는 돈과 함께 "대통령이 되면 몇 천억, 국회의원이 되면 몇 백억, 고위공직자는 몇 십억, 이대로 가다가는 우리나라 다 망한다. 기업을 도산케하는 정치인 물러가라"는 등의 유인물도 함께 뿌렸는데, 국회의원 전직장관 심지어 전직 대통령들까지 포함된 우리 사회 지도자급 인사들의 수억대 뇌물 비리 사건이 연일 보도되자 분통이 터져서 그같은 짓을 했단다.

때마침 그 밑을 지나던 수많은 사람들이 달려들어 돈을 줍느라고 몸싸움까지 벌이는 통에 한동안 이 일대 교통이 마비가 되었고 사람들에 밟혀 엠블런스에 실려간 사람까지 있었다는데, 경찰에 회수된 돈은 겨우 8만원 뿐이었단다.

그러고 반년만에 IMF사태가 벌어지고 말았으니…

부정이 판을 치면 언젠가는 망하는 법.

"너는 악인의 형통을 부러워하지 말며 그와 함께 있기도 원하지 말지어다"(잠 24:1).

7. 뇌물 가계부 만든 어느 철부지 아내

남편의 뇌물 수입에 너무도 감격, 뇌물가계부까지 만들어 놓고 매일같이 꼬박꼬박 기록까지 해 온 세무공무원의 아내가 있어 화제. 8급 세무직공무원의 부인인 이 젊은 새댁, 97년 초부터 이를 적어왔는데, 남편이 벌어온 뇌물의 액수는 매일같이 30만원에서 150만원씩. 관내의 의사, 회계사, 변호사, 건축사 등 고소득 개인 사업자들이 주 고객(?)이었다는데, 어이없게도 가계부에는 이런 말까지 적혀 있었는데 "9개월만에 1억원, 목표 초과달성, 앞으로 8년간 10억 목표, 그렌저. 큰집…"

남편의 부정, 그 대부분은 그들의 여성들의 책임이다.

8. 복권 때문에

복권 몇 장 때문에 산 높고 물 맑은 전형적인 농촌마을이 잠시나마 두 패로 나뉘어 냉전까지 벌였던 일이 1997년 3월, 강원도 횡성군 갑천면 매월1리에서 있었다.

이발소를 하는 김모씨(40). 새벽에 양동이로 용을 잡은 꿈을 꾸고는 길몽이라 생각하고 기뻐 뛰며 아내를 시켜 읍내에 나가 복권을 사 오도록 했다. 때마침 이웃에서 슈퍼마켓을 하던 최모씨(33) 부인, 자기도 간밤에 돼지꿈을 꾸었다면서 가는 길에 "내 것도 좀 사다 달라"고 부탁을 하였다. 그길로 김씨 부인은 읍내로 달려가 횡성농협에서 즉석복권 24장을 사서 집으로 돌아왔다. 이중에 4장은 최씨 부인에게 주고, 나머지 20장은 자기들 몫으로 하여 함께 앉아 즉석복권을 긁어대기 시작했다.

그런데 일이 묘하게 될려니 심부름을 해 준 김씨네 복권에서는 20장이나 긁었지만 천원짜리 하나 나오질 않았는데, 최씨에게 건네준 4장 중에서는 두 장씩이나 2천만원 짜리에 당첨, 4천만원의 횡운을 걸머쥐게 된 것이다. 복권을 긁을 5백원짜리 동전마저도 김씨로부터 빌려서 긁었는데.

순간 분위기는 완전히 엄동설한. 최씨 부부가 고맙다면서 건네준 1백만원도 받지를 않은 김씨, 그길로 이발소 문도 닫아 걸어 버린채 홧술만 마셔대었다. 끼어든 최씨가 죽이고 싶도록 미웠고 그 최씨가 자기들의 좋은 운을 빼앗아간 것이라고 생각이 되었다.

소문은 삽시간에 온 동리로 퍼져나갔고 동네 사람들까지 "최씨가 그렇게 된 건 김씨 덕이다. 그러므로 반반씩 나누어야 한다"는 주장과 "그건 그렇지 않다. 최씨가 그렇게 된 건 최씨 복이다." 라며 두 편으로 갈라져 싸움이 벌어졌단다.

돈이 무엇인지, 그 좋던 시골 인심까지도 이렇게 바꿔놓다니…….

9. 형님 먼저 아우 먼저

1960년대 당시 한창 인기를 끌었던 라면 제품의 광고 문안이다. 당시 명 코미디언인 구봉서씨와 곽규석씨가 라면 한 그릇을 앞에 놓고 서로 먼저 드시라고 권하는 광고 내용으로써, 사이가 좋은 두 형제가 가을날 추수를 앞두고 논바닥에 깔려있는 볏단을 보면서 형은 아우 걱정에 아우는 형님 걱정에 서로 잠을 이루지 못하다가 불현 듯 일어나 서로 자기 논에서 볏짐을 져다가 아우는 형님네 논으로 형님은 아우네 논으로 몰래 져다주다가 길에서 마주친 아름다운 민화를 소재로 만들어진 광고였다. 이름하여 '농심라면' 지금은 아예 '농심' 만으로 회사를 차렸지만, 당시는 유명 재벌회사인 '롯데'가 만든 것이었다.

한데 그 '롯데'에서 재산 문제로 형제사이에 싸움이 벌어졌다. 서울 양평동에 6천9백평의 금싸라기 땅이 있는데 등기가 막내 동생 신준호 씨 앞으로 되어 있었다는 것. 이것을 1996년 초 맏형 신격호 씨가 막내에게 돌려달라고 하자 막내가 내 것이라며 줄 수가 없다고 한 것이다. 마침내 1996년 5월, 법정싸움으로까지 비화가 됐는데 돈만 많이 없앤 후 서로 합의를 보아 결론이 난 것으로 전해지고 있다.

"형님 먼저 아우 먼저"도 엄청난 재산 앞에선 소용이 없나보다.

10. 사돈간에도

서로 사돈간인 양정모 전 국제그룹 회장과 김종호 신한종금 회장 사이에 싸움이 벌어졌다. 신한종금 주식 1백24만주를 놓고 양회장은 이것을 자기 것이라 하고 김회장은 김회장대로 자기 것이라는 것이다. 양회장의 주장인즉, 그것은 지난 1985년 4월, 사위인 김회장 아들의 금고에 명의신탁을 했다는 것이고, 김회장은 명의신탁이 아니라 증여라는 것이었다. 양회장이 사위인 자기 아들에게 주었다는 것이다.

결국 이 싸움은 법정까지 갔고 김회장이 양회장에게 패소를 하고 말았다. 그런데 재판과정에서 양회장이 형사고발까지 해 놓아 김 회장 부자는 이 일로 감옥에까지 가게 되었다. 서울지법 형사23부가 김회장에게 징역 3년을 선고해 놓은 것이다.

싸움에서 이긴 양회장 역시 아무런 이익도 없는 싸움이었다. 1998년 1월 31일, IMF사태로 인한 정부의 신한종금 폐쇄조치로 문을 닫은 후여서 양회장에게 돌아온 신한종금 주식 1백24만주는 휴지조각이었다. 김회장 댁에 시집 보낸 딸만 난처하게 만들어놓고만 것이다.

"클린턴 스캔들 덕분에 재미를 본 사람은 변호사들 뿐이다."라는 재미있는 기사가 있다. 사돈 싸움에 재미를 본 사람 역시 변호사들 뿐이 아닌가 싶다.

11. 수천억 거부의 재산

1997년 8월 7일, 대한항공 여객기가 괌에서 추락, 수많은 사람들이 목숨을 잃는 등 참변을 당했는데, 사망자 중에 수천억 재산을 가진 거부 일가족이 끼어 있어 안타까움을 더했다. 인천시 남구 주안동 제일상호신용금고 회장 이성철(68)씨와 일가족 9명.

6.25 때 황해도에서 단신으로 월남, 막노동, 연탄배달 등 닥치는대로 일을 해 모은 돈으로, 제일연탄, 제일신용금고, 제일골프구락부 등 사업

을 벌여 수천억대의 재산을 모으게 되었는데, 그러다보니 평생토록 해외여행은 커녕 국내 관광 한 번 한 적이 없었단다. 그런 그가 하필이면 그 때 괌여행에 나선 것은 "이번 여름만큼은 꼭 함께 해외여행을 한 번 하자"고 조르는 외아들(32) 내외의 간곡한 부탁 때문. 그래서 아들 내외는 물론 시집간 딸(34) 가족까지 불러 부인(62)과 손녀(3), 외손자 3명 등 9명이 함께 여행에 나섰는데, 그만 3대에 걸친 일가족 모두가 참변을 당하고만 것. 유일하게 목숨을 건진 사람은 서울 모 대학병원 의사인 사위 김모씨. 병원 일이 너무 바빠 빠진 것이 목숨을 건지게 된 것.

평생토록 한 번 제대로 써 보지도 못하고 모은 엄청난 재산은 사위 김씨와 형제들 사이에서 법정싸움 중이다.

"선한 사업에 부하고 나눠주기를 좋아하여… 이것이 장래에 자기를 위하여 좋을 터를 쌓아 참된 생명을 취하는 것이니라"(딤전 6:18-19).

12. IMF 자살자 교통사고 사망 추월

1996년 8632명, 1997년 7384명 등이 우리나라의 자살자 수이다. 그러나 이것은 한해 평균 교통사고로 숨지는 사람 1만1천603명에 비하면 훨씬 적은 수치다. 한데 1998년, IMF사태를 맞은 이후 3개월여만인 1998년 3월 현재, 사상 처음으로 자살자가 교통사고 사망자 수를 앞지른 것으로 나타나 경제가 사회에 미치는 영향이 얼마나 심각한지를 잘 보여 주었다. 대검찰청에 따르면 1998년들어 3월말까지, 3개월 동안 전국의 자살자는 2288명으로, 1997년 같은 기간의 1683명에 비해 무려 35.9%나 상승, 같은 기간 교통사고 사망자 2038명보다도 250명이나 더 많은 것이다.

13. IMF이후 하루 30명이 자살

회사가 부도난 뒤 도망을 다니는 아들이 가여워, 자식에게 짐이 될까

봐 전전긍긍하던 끝에 칠순 아버지가 약을 먹고 스스로 목숨을 끊었는가 하면, 자식 또한 장사를 지낸 얼마 뒤 일가족이 함께 동반자살을 해서 보는 이들을 안타깝게 하고 있다.

경기도 김포읍 북변리에 살던 최대현(39)씨 일가. 아버지가 돌아가시자 불효자가 된 아픔을 견디지 못하다가 마침내 얼마 뒤인 1998년 3월 28일, 묘소에서 40여미터 떨어진 경기도 연천군 청산면 한 비닐하우스로 가족들을 데려가 동반자살을 하고 만 것이다. 이날 아침 그는 "세상 모든 사람들에게 미안하다. 아버지를 따라 삶의 미련을 버리겠다."는 유서를 남긴 뒤, 아들 재원(7), 딸 진희(5)에게 극약을 먹인 뒤 자신도 아내와 함께 목숨을 끊고만 것.

IMF체제 이후 이러한 생활고 관련 자살자는 3개월 사이에만 2천2백88명으로 매일같이 30명이 자살을 하고 있는 셈이다.

14. 투기 황제 소로스도 돈 잃을 때가 있어

세계적인 투기전문가인 미국의 조지 소로스도 최근 한달 동안에 무려 40억불을 날린 것으로 1998년 9월 16일 프랑스의 르몽드지가 런던의 금융계 소식통을 인용해 보도를 했다. 르몽드지에 따르면 소로스는 최근 4주 동안 전체 투기자금 2백15억불 중에서 무려 40억불(한화 약 5조원)을 고스란히 날렸는데, 러시아의 각종 채권과 증권에 투자한 것이 이렇게 되었단다. 한편 이러한 일은 소로스 뿐 아니라 리언 쿠퍼만, 마티즈베이그, 조 디메나 등 대투자가들도 마찬가지였단다. 한편 소로스는 지난 1992년의 영국 파운드화에 대한 공격으로 단번에 1백억 달러를 벌어들인 일을 비롯, 매년 60%이상의 높은 수익률을 올려 '금융의 마술사'라는 별명을 듣고 있던 사람이다.

돈이란 때로 잃을 때도 있고 얻을 때도 있는 법, 잃었다고 너무 절망하지 말고 얻었다고 너무 기뻐할 일도 아니다.

15. 백만장자 7만8천 명이 사우디에

　세계적인 거부들은 역시 석유가 많이 나는 중동지역에 집중되어 있는 것으로 통계가 나왔다. 1997년 3월 미국의 투자은행 '메릴린치'에 의하면, 백만달러 이상의 재산을 가진 사람 중 18만5천 명이 아랍 국가들 중에 있으며 이들중 7만8천 명이 사우디아라비아에 살고 있는 것으로 나타났다.

　이들 아랍인들이 소유하고 있는 돈은 모두 7천1백80억달러 가량인데 이중 절반이 넘는 4천2백10억달러가 세계 석유의 1/4을 점유하고 있는 사우디아라비아의 부호들이 가지고 있었고 이 외에 아랍에미리트가 5만9천명에 1천6백억 달러를, 쿠웨이트가 3만6천 명에 9백80억달러를 가지고 있으며 카타르, 오만, 바레인 등에도 상당수 있는 것으로 조사되었다.

　또 인구당 부호의 비율은 아랍에미리트 연합이 2.5%, 쿠웨이트가 2%, 사우디아라비아는 0.4%로 조사됐는데 아랍에미리트연합, 쿠웨이트, 사우디아라비아 등 3개국은 세계 석유 매장량의 45%를, 세계 석유 공급양의 16%를 점하고 있다.

16. 바다밑에 노다지가

　땅 속에만 석유같은 보물이 있는 게 아니라 바다 속에도 수십조원대의 보물이 감춰져 있어 잘만 하면 엄청난 부자가 될 수 있는 길이 항상 열려있단다. 그러나 이것은 보물을 실은 배들이 갖가지 사연으로 침몰해 생긴 것으로 바다 가장 밑에 있어 배를 찾는 일부터가 쉽지가 않으며, 설사 찾았다해도 건져 올리는 일이 여간 어려운 것이 아니다. 참고로 바다 밑에 묻혀있는 세계의 주요 보물선 침몰 현황을 일지별로 살펴보면 다음과 같다.

　1. 1553년, 스페인의 갈레온선 16척. 보물 1조5천750억원어치 운반중 침몰.
　2. 1563년, 마델레나호. 보물 525억원어치 운반 중 침몰.

3. 1614년, 멘도사 제독이 이끄는 함대 7척. 7천8백70억원 추정.
4. 1654년, 헤수스 마리아호 파나마로 가던 중 침몰. 금괴 은괴 약 393억원 어치.
5. 1668년, 해적선 라 트롬페우세호. 영국군 공격으로 침몰, 추정 보물 2천3백62억원.
6. 1708년, 산 호세호. 금괴 에메랄드 약3천6백75억원어치 운반 중 침몰.
7. 1711년, 산티시마 트리니다드호 등 5척. 보물 약3천6백75억원어치 운반 중 좌초.
8. 1761년, 석세스호. 금 은 388억원어치 운반중 폭풍으로 침몰.
9. 1594년, 라스 신케 차가스호. 전투도중 침몰. 금 은 보석 상아 도자기 등 3백88억원어치 상당 추정.
10. 1588년, 스페인 아르마다호. 각종 장식품, 금화, 예술품 등.
11. 1657년, 스페인 기함. 금화 2백10억원.
12. 1679년, 산타 크루스호. 5백25억원어치의 금, 은궤 운반중 침몰.
13. 1799년, 라 루이티네호. 금화 및 금 은궤 5백25억원 상당 운반중 침몰.
14. 1911년, SS 메리다호. 금괴 4천2백억원어치 운반 중 증기선과 충돌 침몰.

그 외 밝혀지지 않은 것도 상당 수 있다.
어째 군침이 돌지 않는가? 하지만 성공 확률은 10만분의 1이라 한다.

17. 바다 밑에서 4억달러어치 보물 건져올린 미국의 노인

13년 동안을 바다속만 뒤진 끝에 마침내 약 4억달러(약 5천6백억원)어치의 보물을 인양, 일약 거부가 된 사람이 있다. 미 플로리다반도의 끝쪽

작은 섬 키 웨스트에 사는 멜 피셔(75) 노인으로, 맨처음 이 일에 뛰어든 것은 1985년. 우연히 사람들로부터 1622년 스페인 범선 아토차호가 잉카 제국 인디언들로부터 보물을 약탈해 본국으로 가다가 폭풍을 만나 근해 바다 어딘가에 침몰했다는 얘기를 전해듣고부터다. 그때부터 노인은 직장도 그만둔채 미친듯이 이 일대 바다만 다 뒤지며 살았는데, 십몇년 동안은 흔적도 찾지 못하고 오히려 아버지를 돕던 아들 부부가 익사하는 슬픔까지 겪으며 살았는데, 마침내 13년만에 키 웨스트섬 서쪽 65km지점 16m 바다 속에서 문제의 난파선을 발견, 약 4억달러(약5천6백억원)어치의 보물을 건져올렸다는 것.

노인은 그곳 키웨스트섬에다 '보물박물관'을 만들어 놓고 관광수입까지 올리고 있는데, 금화 13만5천개, 에메랄드 5천개, 은괴 9백28개 등이 인양한 보물들이다.

18. 콰이강의 보물찾기

1997년말 현재 우리처럼 IMF사태를 맞고 있는 태국에서는, 2차대전 당시 일본군인들이 감추어놓은 수백억대의 보물을 정부까지 나서서 찾고 있다는 웃지 못할 소식이다. 1997년 12월 25일자 방콕포스트지에 따르면, 이 일은 원래 전직 철도원인 8순의 사구안 옹소바트라 씨에 의해 시작된 것으로, 3년 전 미얀마 접경 칸차나부리에서 루앙포르 넨이라는 승려를 만났는데 그때 승려가 자기에게 "태국과 미얀마 국경의 옛 일본군 주둔지 정글에 금괴 등 보물이 가득 실린 객차 2량이 파묻힌 동굴을 목격한 바 있다"고 일러 주었다는 것. 그래서 그는 "지금이야말로 이 보물을 찾아서 국채를 갚아야 한다"고 정부에 촉구했는데 워낙에 급하다보니 정부가 노인의 말을 시험삼아 들어주었다는 것이다. 노인은 당시 승려에게서 얻은 것이라며 보물이 묻혀 있는 곳의 지도까지 내놓았다는데 숨겨진 보물의 규모가 태국이 빌려 쓴 구제금융 1백72억 달러와 비슷하다는 것.

그렇게 해서라도 정말 보물만 찾게 된다면…….

19. 재산 전부를 사회에 환원한 유일한과 그 가족들

"자식들은 대학까지 공부시켜 주었으니 이제는 자기가 알아서 살아갈 일이다."

유한양행의 창업자이자 회장을 지냈던 유일한(一韓)박사. 1971년 3월, 76세의 나이로 세상을 떠나면서 그동안 피땀흘려 모은 재산 전부(당시싯가 약 36억원)를 자녀에게 물려주지 않고 연세대와 유한학원, 유한재단 보건장학회 등에 기증을 하면서 했던 말이다.

착실한 기독교인이었던 그는 "사회를 통해 벌어들인 돈은 사회로 되돌려 주어야한다"면서 이같이 했는데, 그후 1991년 3월, 그 딸 재라(載羅)씨 또한 62세의 나이로 세상을 떠나면서 평생 모은 재산 전부(당시 싯가 약 2백억원)를, 모두 유한재단에 기증해 화제가 되었다. 생전에 미국 캘리포니아의 밀즈대학과 버클리대에서 경영학을 전공한 후 주한 미8군에서 군속생활을 하였고, 나머지 여생을 유한재단에서 이사장직을 맡아 장학사업과 소년소녀가장 돕기, 노인복지사업 등 사회봉사활동을 하며 살다가 아버지처럼 재산을 사회에 환원한 것이다.

거기다 나중엔 또 유일한 박사의 9형제 중 6번째 동생인 순한(順韓)여사가 11억여원 상당의 유한양행 주식 2만1천3백주를 모두 유한재단에 기증해 화제가 되었다. 한 평생 오빠를 존경하여 돈만 생기면 유한양행의 주식을 사 모았다는 그녀는 어릴적부터 백의의 천사를 동경, 부모의 반대에도 불구하고 평양기독병원 간호원양성소를 나왔으며 미국의 글레덴병원 간호학과를 졸업한 후 미국과 한국의 중요병원에서 간호사와 간호과장을 역임하였고, 간호원 최고의 영예인 국제적십자사의 '나이팅게일상'을 받았으며 후에는 80고령에도 부산청십자병원에서 장기려 박사와 함께 가난한 자와 소외된 자들을 위한 일에 여생을 바친 그녀는 1995년 3

월 21일, "아껴 쓰고 남은 것은 모두 사회에 되돌려 주라는 큰오빠의 뜻을 실천하기 위해 마지막 남은 주식을 맡기게 됐다"면서 이같이 하였다. 윗물이 맑아서 아랫물도 맑은 것인가?

20. 자식에게 유산 많이 주지않는 미국의 갑부들

일찍이 미국의 철강왕 앤드루 카네기는 "자식에게 너무 많은 돈을 물려주면 그들의 재능과 에너지를 사장시켜 오히려 자녀를 망치게 된다."면서 피땀흘려 일궈놓은 자신의 재산을 사회로 환원했는데 지금도 미국에서는 내노라하는 거부들이 모두 '자식에게 많은 유산 물려주지 않기'를 몸소 실천하고 있다. 대표적으로 몇 사람만 꼽아보면,

1. 제이콥 엔지니어링의 창업주인 조지프 제이콥. 1971년 세 명의 딸들을 불러놓고, 한 자녀에게 1백만 달러 상당의 주식만 남겨주고 나머지 재산 모두를 자선단체에 기증키로 했다.
2. 마이크로 소프트사의 빌 게이츠 회장. 아직 젊은 그는 추정 재산 총 1백86억 달러 중, 딸 제니퍼를 비롯, 앞으로 태어날 자식들 누구에게든지 한 사람 몫으로 1천만 달러 이상은 물려주지 않기로 공표.
3. 코카콜라의 로버트 고이주에타 회장. 재산의 거의 전부를 자선단체에 기부할 것이라고 선언.
4. 가정용 공구 및 소비재의 체인점으로 유명한 홈 디포의 버나드 마커스 회장. 8억5천만 달러의 전 재산을 교육과 장애인을 위한 사업인 '마커스 파운데이션'에 기증키로 확약.

이와 관련 마커스의 친구이자 동업자인 케네사 란곤은 "돈은 인분과 같아서 한 곳에 모아두면 냄새가 나지만 여러 곳에 흩뿌리면 많은 것을 키울 수 있다"고 했다.

사치와 검소
78 대 22의 법칙

1. 세탁기 하나로 26년 사용한 노부부

유행만 바뀌어도 새 모델로 바꾸어야 직성이 풀리는 요즘시대에 한번 산 세탁기로 26년 동안을 사용해 온 노부부가 있어 화제가 되었다. 경주에 살고 있는 김사택(74) 할아버지 부부. 1997년 10월, LG전자가 가을철 사은잔치의 일환으로 '오래된 세탁기 찾기' 캠페인을 벌였는데 이때 이들 부부가 내놓았던 세탁기는 1971년 '금성사'에서 국내 최초로 만든 '백조세탁기'였던 것.

"당시 7만5천원을 주고 샀는데 아무리 써도 고장이 나지 않아서 지금까지 쓰고 있다."는 이들 노부부는 그동안 색이 바래 페인트칠은 다시 한 번 했다고 자랑스레 말했다.

그러나 이런 일은 우리보다 훨씬 잘 사는 미국이나 일본 등지에서는 예사로 있는 일로써, 그들은 보통 한번 사면 최하 10년에서 15년은 쓴다는 것이다.

2. 너무 알뜰한 대통령 손님

"지금까지 1백3명의 대통령과 총리 등 국빈을 담당했으나 이렇게 남의 돈까지 아끼는 알뜰한 사람은 처음이었다."

호텔 신라의 VIP전담 지배인 박경선(40 여)씨가 지난 9월 18일 우리나라를 방문하고 돌아간 독일 대통령 로만 헤어초크를 두고 한 말이다. 지난 9월 15일 공식 비공식 수행원과 특별초청인사 등 76명을 대동, 우리나라를 국빈 방문했던 헤어초크 대통령은 3박4일간을 이 호텔 최고급 객실인 프레지덴셜 스위트룸에서 묵었는데 돌아갈 때까지 사용한 물건이라곤 하루 수건 2장씩 모두 6장 뿐, 미니 바는 물론 욕실에 비치된 세면도구와 화장품 등에도 손을 대지 않았고 룸서비스도 이용을 하지 않았으며, 16일 점심과 17일 저녁 호텔측이 마련한 VIP를 위한 특별메뉴에서도 피자 한 판씩만을 주문해 일행과 나눠 먹었고 객실에서 나올 땐 직접 전자제품과 전등의 전원을 끄기까지 했단다. 그런 탓이었는지 일행 76명 중에도 의류세탁 서비스 3건에 룸서비스로 커피를 시킨 것이 고작이었다 한다. 이 룸의 숙박비(4백50만원)와 추가비용 등은 전액 초청자인 한국측이 부담하는 것임을 잘 알고 있으면서도…….

3. 스페인 국왕부처의 근검절약 정신

스페인 국왕 카를로스 부처가 우리나라를 방문했던 적이 있다. 1996년 10월 20일에서 24일까지였는데 당시 국왕 부처가 묵었던 '호텔 신라' 직원들에 따르면, 비누까지도 평소 자기 나라에서 쓰던 것을 가지고 와서 쓰다가 갈 때는 또 종이에 싸서 비누곽에 넣어서 가지고 갔을 만큼 근검 정신이 몸에 배어 있었다 한다. 원래 비누는 세계 어느 나라 호텔에서나 서비스로 지급이 되는 것인 줄 뻔히 알고 있으면서도 평소에 자신이 사용하던, 반이나 닳은 자기 나라 비누를 가지고 와서 썼다는 것이다. 비누뿐이 아니다. 타올 또한 매일같이 4종류에 20여장씩 무료로 넣어 주고 있지만 하루에 한 두 장 외에는 사용하지 않았고 하루에 두 벌씩 제공되는 1회용 목욕가운도 한 벌만으로 4일동안을 사용했다는 것이다. 투숙기간 중 객실에 비치되어 있는 홈바는 전혀 손도 대지 않았고 무료로 제공되는 쵸콜릿만 먹었다는 것이다.

미쓰 월드 출신으로 세계 최고의 미모를 자랑하는 소피아 왕후 역시 검소하기는 마찬가지였단다. 화장품을 서너개 밖에 쓰지를 않았는데 이마저 자국에서 평소 쓰던 것을 가지고 와서 쓰다가 갈 때는 잘 챙겨서 가지고 갔으며 방한기간 중 서울 인사동의 한 가구점에 들렸을 때 고전 가구 하나를 무척 마음에 들어 했지만 사지는 않았고 값싼 기념품 몇 개만 사가지고 갔다는 것.

1975년, 1인 장기 독재자 프랑코의 뒤를 이어 왕위에 오른 그는 스페인을 민주체제로 전환하는데 큰 공을 세운 사람으로서 오늘날 세계 왕실 중에서 생활비를 가장 적게 쓰는 왕으로 소문이 나 있다.

부자나라 스페인의 국왕도 이렇게 살거늘…….

4. 너무 검소한 중국의 전 국가주석 장례식

"내가 죽으면 화장을 해서 유골은 고향의 형 옆에 묻어달라."

"특히 올해는 양쯔강 홍수로 피해가 심하니 장례를 간단히 치르도록 당에 요구하라."

지난 9월 21일 장례식을 지낸 전 중국의 국가주석 양상쿤이 유언으로 남긴 말이다. 그래서 이날 가진 베이징 인민해방군 301병원 고별실에서의 그의 장례식장엔 양상쿤의 사진과 "양상쿤 동지를 깊이 추도한다"는 플래카드 한 개, "아버지를 영원히 사랑한다"는 가족 화환이 전부였고 요란한 치장은 찾아볼 수 없었다. 장쩌민 국가주석, 리펑 전 인대위원장, 주룽지 총리 등이 참석한 이날의 장례식은 단지 15분만에 모두 끝났으며 영구차에 실린 유해는 바바오산에서 화장된 뒤 국립묘지가 아닌 그의 고향 충칭시 퉁난현의 가족묘에 묻혔다.

우리나라의 대통령에 해당하는 국가주석의 장례식 치고는 너무도 검소한 이런 장례절차는 1976년 1월 숨진 저우언라이(周恩來) 총리를 비롯, 지난 해 숨진 이 나라 최고 실력자 덩샤오핑(鄧小平)도 유언에 따라 화장을 해서 바다에 뿌려진 것으로 끝났는데, 아직도 호화분묘를 조성, 물의를 빚고있는 일부 우리나라 정치지도자들이 배워야 할 과제.

5. 세계 최고의 부자 짠돌이

90억달러(약 12조6천억원)의 재산을 가지고 있는 세계 19위의 거부 라우징(스웨덴)이 쓰레기 수거료 5천원을 깎으려다 망신을 당했단다. 내용인즉 그에게는 여름 한철에만 사용하는 별장이 있어 쓰레기 수거료로 매년 4백30크로네씩을 내고 있었는데 "어쩌다 한 번씩만 사용하는 별장인데다 쓰레기는 모두 집으로 가져간다"며 1998년 징수 때에는 30크로네(약 5천원)만 깎아달라고 했다가 거절을 당했다는 것.

세계적인 부자도 이렇게 살아가거늘.

6. 사장님 사모님의 창경원 벚꽃놀이

인촌 김성수 선생은 아버지가 호남 제일의 갑부로 이만석꾼 소리를 들었던 사람이다. 그분의 막내 여동생은 충청도 부자인 김용완씨에게 시집을 가서 살았는데, 그는 당대에 유명한 경제인으로서 연세대학교에서 명예경제학 박사학위까지 받으신 분으로 경성방직과 삼양사 등에서 사장을 지내고 전국경제인연합회 회장을 역임한 분이다.

그런데 호남 제일의 갑부집에서 막내딸로 자랐으며 결혼한 후에는 한국에서 몇째 가는 사장의 부인이 되어 있는 김성수 씨 여동생, 얼마나 검소하고 알뜰한 사람인지 김용완 씨가 쓴 글에 이런 이야기가 있다.

1950년대만 해도 한국 제일의 관광꺼리로 창경원 벚꽃놀이를 빼놓을 수가 없는데 봄이 되면 전국 각지에서 버스를 세내어 구경을 왔을 정도였다. 당시 김사장은 창경원에서 도보로 십분밖에 걸리지 않는 성북동에 살고 있어서 마음만 먹으면 얼마든지 창경원 구경을 갈 수가 있었는데도 창경원 구경은 한 번도 해본 적이 없었다.

하루는 김사장이 퇴근을 해서 집으로 돌아왔는데 아이들과 엄마가 실갱이 벌이고 있었다. 아이들이 엄마에게 창경원 밤벚꽃놀이를 가자고 졸라대는 중인데 도무지 엄마가 들어주질 않는다는 것이다. 마침내 김 사장이 부인한테 특별 부탁을 해서 아이들과 함께 창경원 밤벚꽃구경을 다녀오도록 했다. 나간지 한 시간쯤 돼서 돌아온 아이들의 눈에서 눈물이 글썽이고 있었다는 것이었다. 까닭을 묻는 김사장에게 들려준 아이들의 대답인즉 엄마가 입장료 5전 아끼려고 담밖에 서서 벚꽃 구경을 했다는 것이었다.

"창경원 담장만 빙빙 돌다 왔다구요."

아이들이 울며 소리를 질렀다.

당시 김사장의 한 달 월급은 백원(쌀 스무가마값)으로써 다른 사람에 비하면 엄청 많은 돈이었다. 그러나 이때 김사장 부인은 월급에서 70원은 저축해 버리고 나머지 30원으로만 살림을 꾸려 나갔다. 그 당시 식구가 아이 셋, 동생 둘, 해서 모두 여덟 명이나 되었다.

살림도 일하는 사람을 두지 않았고 부인이 혼자서 다 꾸려 나갔는데, 반찬은 늘 된장찌개에 비지찌개가 고작이었다. 어쩌다 손님이라도 오는 날이면 고기국을 끓여 내놓기도 했는데 손님이 돌아간 후엔 먹다남긴 고기를 깨끗이 씻어서 국을 끓여 가족들에게 내놓았다는 것이다.

이렇게 큰 부자도 절약하며 사는데…….

7. 대통령 부인의 근검 절약

30년을 썼다는 협립양산을 비롯해 40년을 입었던 검정색 예복 한 벌, 더덕더덕 기워서 입고 덮었던 속옷과 담요, 독립운동 당시부터 사용했던 낡은 타자기…

1993년 3월, 리승만 대통령의 사저인 이화장에서 열린 프란체스카 여사의 유품전 내용이다. 도무지 대통령 부인의 유품전이라고는 믿기지 않는 일이었다. 우리나라 초대 대통령으로서 막강한 권력을 한몸에 지니고 있었던 리 대통령 부처. 그러나 자신들을 위해서는 이렇게 근검절약하며 살았던 것이다. 더군다나 우리나라 태생도 아닌 파란 눈의 이국 사람으로서, 당시 우리보다 수십배 잘 살았던 나라 사람인 프란체스카 여사로서는 상상도 할 수 없는 일이었다. 양장이 몸에 밴 서양 여자이면서도 언제나 우리 옷감으로 만들어진 한복만 입고 살았으며, 한국식 혼식밥에 된장찌개가 주된 식사 메뉴였단다. 행사가 있을 때에만 입었었다는 단 한 벌 투피스도 천은 국산이었다. 게다가 손수 바느질을 배워서는, 닳아서 헤진 옷과 양말은 손수 기워서 신고 입었다. 가뭄으로 나라가 어려울 때는 목욕도 1주일에 한 번씩 밖에 하지를 않았고 심지어 친정인 오스트리아에 갔을 때 이가 아파 치아를 뽑았는데 새 이는 한국에 돌아와 한국 의사한테서 해 넣었다는 것이다. 단 한푼의 달러도 남의 나라 사람에게 줄 수가 없다는 애국심(?)의 발로였다.

한 나라의 대통령 부인도 이렇게 했거늘……

8. 목욕탕에서

목욕탕에서 목욕을 하던 중 도적을 맞았다고 경찰에 신고를 한 사람이 있는데, 신고된 금액이 무려 1억여원어치나 된다. 대구시 수성구에 사는 김모(55)씨. 1997년 12월 6일 오전 10시경 대구시내 동인1가 모목욕탕에서 목욕을 했는데 나와보니 탈의실에 넣어둔 옷과 물건들이 없어졌다는 것. 그래서 경찰에 신고를 한 것이, 3천만원 상당의 피아제 손목시계, 3냥짜리 금목걸이, 2백만원 상당의 금과 보석이 박힌 허리띠 버클, 1백만원권 수표 13장, 50만원권 수표 30장, 현금 50만원 등 1억 상당이란다. 몸에 지니고 다니는 것만 어지간한 집 한채 값이다.

IMF시대를 맞아 국민들은 다들 죽는다 산다 하는데 이러고 다녀도 괜찮은 것일까???

9. 도둑맞은 금덩이

나라살리기 운동의 일환으로 전국민적인 금모우기운동이 한창 전개되던 1998년 1월 24일, 서울 강동구 풍납동 한 아파트에 도둑이 들었는데, 도둑맞은 물건들인즉, 순금 골프공, 순금돼지, 순금거북, 금궤, 사파이어가 박힌 카르티에 순금시계, 2캐럿짜리 다이야 반지, 다이아몬드 13개가 박힌 진주목걸이 등 수십억원어치다.

"너희를 위하여 보물을 땅에 쌓아두지 말라 거기는 좀과 동록이 해하며 도적이 구멍을 뚫고 도적질하느니라"(마 6:19).

이렇게 많은 보물과 금덩어리를 장농속에 묻어두고 살다니, 불쌍한 사람들이다.

10. 금가루 커피와 금가루 케익

IMF사태 이후 대다수 우리 국민들이 엄청난 고통을 당하고 있는 때에 서울 강남의 일부 돈많은 사람들은 달러 사재기와 고금리 등으로 오히려 큰 돈을 벌어들여 재미를 보고 있다는데, 그래서 강남에는 금가루를 뿌린 금가루 케익과 금가루를 타서 마시는 금가루 커피가 불티나게 팔리고 있다 한다. 가격은 금가루 케익이 한 개에 5-10만원이고 금가루 커피가 한잔에 5만원씩이라는데 없어서 못팔 지경이라 한다. 또 한때 50%까지 하락했던 골프장 회원권이 이곳 강남에서는 이달 들어서만 벌써 3천만원이나 올라 1억5천만원에 거래되고 있으며, 10만원이 넘는 외제 청바지를 사 입는 고등학생이 22%나 더 늘어났으며, 고가의 수입 의류와 고급 양주가 불티나게 팔린단다.

"네가 네 악을 의지하고 스스로 이르기를 나를 보는 자가 없다 하나니 네 지혜와 네 지식이 너를 유혹하였음이니라 네 마음에 이르기를 나 뿐이라 나 외에 다른 이가 없다 하였으므로 재앙이 네게 임하리라…"(사 47:10-11).

지엄하신 하나님의 경고의 말씀이다.

11. 3억5천만원짜리 외제 승용차가 우리나라에 인도

나라 경제가 내리막길로 치닫고 있는 1997년 6월, 한 대에 무려 3억5천만원이나 하는 영국산 최고급 롤스로이스 승용차가 우리나라에 수입되어 화제가 되었다. 실버스타라는 이름의 이차를 경주의 모 사업가가 귀빈 접대용으로 사 들였다는 것이다.

웬만한 고급 아파트 한 채 값과 맞먹는 액수인데다, 한국산 최고가(最高價) 승용차인 다이너스티 리무진(4천950만원)과 비교해도 7배가 넘는 돈을 들여 최고가 외제 승용차를 과연 샀어야 했을까???

가정과 교육
78 대 22의 법칙

1. 당신의 자녀는

 당신의 자녀는 당신 것이 아니다. 그들은 다 함께 하나님의 아들이요 하나님의 딸들이다. 당신들을 통해 세상에 왔지만 당신으로부터 온 것은 아니다. 당신은 그들에게 사랑은 줄 수 있으나 생각을 줄 수는 없다. 그들 또한 그들 나름의 생각이 있으니까 말이다. 그들의 몸은 가둘 수가 있으나 그들의 마음은 가둘 수가 없다. 당신은 그곳을 들여다 볼 수도 없다. 당신이 그들처럼 되고자 할 순 있으나 그들을 당신처럼 만들려고는 말아라. 인생은 과거로 돌아갈 수도 없으며 어제에 머물러 있을 수도 없다.
 독일의 교육학자 칼릴 지브란의 말이다.

2. 아이를 망치는 길

 아이가 원하는 것이면 무엇이든 갖게 하라 그러면 그 아이는 세상 모든 것이 다 제 것이 될 수 있다는 착각 속에서 자라게 될 것이다. 아이가 나쁜 말을 하거든 못본체 하거나 박수를 쳐주어라. 그 아이는 자기가 똑똑한 줄 알고 더 한층 나쁜 말을 하게될 것이다.
 아이가 못된 짓을 하더라도 책망하지 말아라 훗날 사회나 국가가 책임져 줄 것이다. 아이가 침대나 옷 신발 등을 마구 어질러 놓으면 언제나 대신해서 정돈해 주어라 그러면 저 혼자서는 아무 것도 할 수 없는 무능자가 될 것이다. 텔레비전이나 비디오 같은 것은 마음껏 보게 두어라 머지않아 아이의 마음이 쓰레기통으로 바뀔 것이다. 용돈은 얼마든지 달라는 대로 주어라 아주 빠르게 쉽게 타락의 늪으로 빠지게 될 것이다. 아이가 남과 다투거나 적개심을 보이면 무조건 아이의 편을 들어주어라 모든 이웃과 사회가 그 아이의 적이 되어줄 것이다. 아이에게 어떠한 교훈도 훈련도 시키지 말고 버려 두어라 멋대로 자라 멋대로 사는 인간이 되고 말 것이다. 먹고싶어 하는 것은 모두 먹게 해 주고 마시고싶어하는 것은 모두 마시게 해 주며 하고싶어하는 것은 무엇이든 하게 해 주어라 단 한 번의 실패에도 꼼짝 못하는 인간이 되고 말 것이다.

미국 텍사스주의 휴스턴경찰국이 관내 주민들에게 교육지침서로 배포한 '자녀를 망치고 싶다면'에서.

"초달을 차마 못하는 자는 그 자녀를 미워함이라 자식을 사랑하는 자는 근실히 징계하느니라"(잠 13:24).

3. 아이들을 불행하게 만들려면

아이들을 불행하게 만드는 것은 그들의 욕구를 다 들어 주는 데 있다. 욕구는 채워질수록 많아지게 되며 만족을 모르게 된다. 아이들의 어리광을 다 들어주다 보면 달까지도 장난감으로 따 달라고 한다. 처음에 딱 거절하지 않으면 나중에는 더욱 고통스러워진다. 고통을 느끼는 아이는 더욱 방자하게 군다. 아이가 방자하게 굴면 굴수록 머리는 더욱 굳어지고 참을성이 없어지게 된다.

케임스 경의 '교육에 관한 가벼운 시사' 중에서

4. 가혹

　가혹은 절대로 삼가야 한다. 그것은 아이를 겁쟁이로 만들며 습관 중에서도 가장 나쁜 위선의 습관에 젖게 한다. 가혹하게 다루어 아이의 애정이 식어지면 교육은 끝장난다. 이쯤되면 부모나 보호자는 벌벌떠는 노예 위에 군림하는 폭군처럼 되어 버린다. 그러나 한편 아이가 부당하게 요구할 때 그것을 거절하는 데 있어서도 확고한 터도로 임할 것을 잊어서는 안된다. 유아도 마찬가지다. 유아가 가져도 좋은 것을 갖기를 원하는 신호를 보내면 이것을 즉각 그리고 즐거운 얼굴로 채워 주어라. 만약에 가져서는 안 될 것을 유아가 원한다면 침착하지 그리고 단호하게 거절하라. 울어도 내버려 두라. 듣는 사람이 없으면 울음은 바로 멈추게 마련이다. 일이 잘 안 되겠다고 생각하면 아이들은 더 이상 떼를 쓰지 않는다.

　케임스 경의 '교육에 관한 가벼운 시사' 중에서

5. 아이들의 어리광

　아이들의 어리광을 그대로 다 받아주지 말라. 어리광은 더욱 많은 욕구를 채우려들게 되며 쓸모 없는 것을 바라게 되기 때문이다. 어린이가 고집으로 어른을 이기지 못하게 해 주어야 한다. 마음이 약해서 어린 아이가 해 달라는 대로 다 해주는 것을 애정이라고 할지 모르지만 진정한 애정이란 절대로 이런 것이 아님을 어머니들이 알아야 한다. 이것은 다만 동물적인 애정의 감정의 하나일 뿐이다.

　페스탈로치의 '어머니들에게 보내는 편지' 중에서

6. 어머니들에게

　지식이 모자란다고 한탄하지 말라. 사랑이 이것을 보완해 줄 것이다. 방법이 미숙하다고 한탄하지 말라 섭리가 옆에서 거들어 줄 것이다.

힘이 약하다고 한탄하지 말라. 성령의 힘이 그대를 굳세게 해 줄 것이다.

성령을 바라 보면서 그대에게 부족한 것, 특히 용기와 겸손이라는 두 가지 드높은 조건을 충족받도록하라.

페스탈로치의 '어머니들에게 보내는 편지' 중에서

7. 어릴 때의 교육

그들이 나 외에 다른 선생이 전혀 없을 때 그들을 유태인으로 만들지 못하면 때는 이미 늦다. 유치부 때는 100% 유태인을 만들 수 있으나 초등학교 때는 50%, 중 고등학교 때는 10%, 대학교 때는 5% 그리고 장년에 이르러서는 거의 불가능에 가깝다.

'유태인의 자녀교육법'에서.

8. 주일학교 교육의 중요성

"만일 우리들의 청소년들을 주일학교에 잘 나오게 한다면 모든 교회들은 차고 넘치겠으나 형무소 감방은 비게 될 것이다. 많은 청소년 범죄자 중에서 주일학교를 다닌 사람은 한 사람 뿐이었다."

샌프란시스코 경찰서장이었던 단칸 마타손의 말.

9. 불화가정 아이들 키도 크지 않는다

이혼, 별거, 유기 등 불화가 잦은 가정에서 자라난 아이는 정상적인 가정의 아이에 비해 키가 잘 자라지 않는다는 연구결과가 나와 주목을 받고 있다. 1997년 10월, 영국 런던 로얄프리병원의 스콧 몽고메리 박사팀이 발표한 것으로 이들은 지난 7년동안 6천여 명의 아이들을 상대로 성장유형을 조사한 결과 같은 나이의 정상 가정 어린이는 키 작은 어린이가 20.2%인데, 불화 가정 어린이의 경우 키 작은 어린이가 31%였다는 것. 또한 이들 불화 가정 아이들은 유년시절에 받은 심리적 상처와 스트레스가 부신피질 호르몬의 분비량을 늘게 해 지적능력을 감퇴시키고 건강에도 나쁜 결과를 초래하게 된다고 했다.

10. 서울 시내 청소년 세명 중 한 명은

서울 시내 청소년 3명 중 1명이 자살 충동을 느낀 경험이 있으며 44.5%가 가출 충동을 경험한 것으로 나타나 충격을 주고 있다. 1998년 5월 23일, 서울시 청소년종합상담실의 발표에 따른 것으로, 이들이 서울지역 청소년 5백명을 대상으로 의식조사를 실시한 결과 응답 학생 중 33.2%가 자살충동을 경험했으며 44.5%가 가출충동을 경험한 적이 있다고 응답을 했는데 특히 자살 충동을 경험했다고 응답한 학생 중 43.1%는 그런 충동을 한 번만이 아닌 2-3번씩이나 느꼈다고 했다.

그러한 이유로는 성적이 떨어졌을 때가 19.8%, 마음먹은 일이 뜻대로 되지 않을 때 9.0%, 부모로부터 꾸중을 들었을 때 6.6%, 가정형편이 어려울 때 4.2%순이었으며 가출충동은 야단을 맞거나, 성적이 떨어질 때가 1위였는데 이들 중 43.5%가 과외를 하고 있는 것으로, 공부에 대한 스트레스나 압박감을 느끼는 학생이 70%였었다.

11. 이런 여자가 결혼하면 이혼하게 된다

1. 두 사람만 중요하게 생각하는 여자.
2. 자기와 생각이 다르거나 성격이 맞지 않으면 친구로 사귀지도 않는 여자.
3. 어떤 일에도 감사할 줄 모르는 여자.
4. 지니치게 고집이 센 여자.
5. 여자다움을 포기한 여자.
6. 되는대로 살아가는 여자.

7. 참을성이 없거나 의심이 많은 여자.
윤명중 경영연구소 소장 윤명중 씨의 말이다.

12. 여자의 바가지

유제니 왕후의 끊임없는 불평과 비평으로 나폴레옹 3세의 가정이 파멸이 되었고,
톨스토이 부인의 반항과 잔소리가 노년의 톨스토이를 객사케 했으며,
링컨 부인의 히스테리가 링컨을 암살로 죽게 만들었다.

13. 시신과 열흘을

엄마가 없이 아버지와 살던 초등학교 6학년생이 아버지마저 세상을 떠나게 되자 고아원으로 보내지게 될까봐 이를 숨긴채 10여일동안이나 시신과 함께 먹고 자고 지내어 사람들을 놀라게 했다. 서울 고척동의 최모군으로, 3년 전 어머니가 병으로 세상을떠나자 아버지와 함께 둘이서 살아왔는데 1996년 12월 3일, 아버지마저 세상을 떠나게 되자 이같은 사실을 숨긴채 죽은 아버지 옆에서 잠도 자고 라면도 끓여 먹으며 지내오다가 열흘만인 지난 13일, 집주인 임모씨에 의해 발견이 되었다.
갈곳 없는 소년은 결국 그렇게 가기 싫어하던 고아원으로 보내지게 되었고. 부모없는 아이들에겐 부모가 보물이다.

14. 자식 대신 감옥에

대형트레일러로 교도소를 공격, 복역 중인 아들을 감옥에서 탈출시킨 뒤 자식 대신 감옥에 들어간 어머니가 있어 화제.
1998년 4월 11일, 미국 플로리다주 마이애미에 있는 '에버글레이드 교도소'에서 있었던 일로써, 화제의 주인공은 샌드라 시글러(58) 여사. 무장강도 혐의로 20년형을 선고받고 10년째 복역 중인 아들 제이 시글러(32)를 구

출하기 위해서 이같은 짓을 벌였다는데, 그 결과 아들은 탈옥에 성공, 자취를 감추었는데, 그 대신 어머니 샌드라는 공범들과 함께 붙잡혀 달아난 아들의 자리를 메꾸고 있다 한다. 어머니의 자식 사랑이 감옥에까지…….

15. 80대 아버지가

"여러분께 죄송합니다. 아들 내외가 빚을 갚지 못해 여러분이 받는 고통은 이루 말할 수 없지만 부모의 마음으로 더 이상 보고만 있을 수 없어 자식을 위해 이 길을 택합니다. 부디 아들 내외를 살려 주십시오."

1997년 12월 1일, 서울 북아현동의 조모 노인(81). IMF사태로 중소기업을 하는 아들 내외가 빚독촉에 시달려 밤잠을 설치자, 이를 차마 못견뎌해 오다가 마침내 채권자들을 향해 아들의 선처를 호소하는 유서를 써 놓고는 스스로 목숨을 끊어 세상을 떠났다.

그런다고 자식에게 무슨 좋은 일이 있을까만은…….

16. 아들 뒤를 이은 80노모

1997년 8월 6일, 괌에서 있었던 대한항공 여객기 추락사고로, 지구당원 19명과 함께 참사를 당한 국회의원 신기하 씨의 93세 된 노모가 자식 잃은 슬픔을 가누지 못해 식음을 전폐한 채 애통해하다가 마침내 50일만인 9월 25일, 아들의 뒤를 따라 하늘나라로 갔다는 소식이다.

처음 보도를 접했을 때 신의원 형제들은 노모에게 충격을 줄까봐 쉬쉬하며 비밀로 해 왔는데, TV를 통해 아들의 주검이 확인되자, 노모는 아들의 이름을 부르며 주먹으로 가슴을 치면서 비통해했는데, 보다 못한 가족들이 "기하 내외만 사고를 당한 것이 아니고 지구당원 19명도 함께 죽었다"라고 하자 "그러면 잘 죽었지, 아래 사람 다 죽이고 저만 살아오면 뭣하나" 하면서 겉으론 내색을 않으려 애를 썼지만, 이때부터 일체의 식음을 전폐하며 자리만 지키다가 마침내 9월 25일 세상을 떠났다는것.

고령이었지만 그동안 자신의 옷을 직접 빨아입을 정도로 건강했었다는 가족들은 "나중에 목욕을 시키면서 보니 얼마나 남몰래 가슴을 치며 울었었는지 가슴이 시퍼렇게 멍이 들어 있었다"며 이를 애통해했다.

이래서 옛부터 부모 먼저 가는 자식을 불효자라 했던가???

17. 자식 먼저 구하려고

"불이야! 불이야!"

1997년 3월 30일 오후 5시, 서울 용산구 서부이촌동 중산아파트 화재현장에서 있었던 일이다.

잠시 피로를 풀 겸 자리에 누워있던 이 아파트 6층의 강삼순(50)씨는 깜짝 놀라 자리를 박차고 일어났다. 그리고 재빨리 두 아들 세원(24), 병곤(19) 군과 함께 현관 쪽으로 달려 나갔다. 하지만 불길은 벌써 6층 현관에까지 달려오고 있었다. 그래서 이번에는 반대쪽에 있는 창문으로 달려가 화분을 놓아둔 철재 난간으로 나가 서서 구조를 요청했는데, 세 사람이 서 있기엔 난간이 너무 약해서 금방이라도 부러져 떨어질 것만 같았다. 순간 어머니는 난간에서 떨어져 난간 아래에 매달렸고 곧이어 기중기 크레인으로부터 쇠줄이 내려오자 일부러 줄을 잡지않고 20미터 아래로 뛰어내려 버렸다. 기중기 줄에 세 사람이 매달렸다간 다 죽겠다고 생각한 어머니가 자식들을 살리기 위해 일부러 그리한 것이었다.

다행히 어머니 강씨는 약간의 상처만 입은채 무사했다지만…

18. 자식 싸움에 이혼한 노부부

아들싸움에 60대 노부모가 이혼까지 하게된 사건이 서울에서 있었다.

비교적 착실한 큰 아들은 열심히 돈을 벌어 서울 마장동에 정육점도 내고 그런대로 부자 소릴 들으며 살아가고 있는데, 웬일인지 둘째 아들은 그렇지가 못했다. 중학교를 나온 뒤부터 양복점, 쌀집, 택시회사 등을 전

전하면서 고생만 거듭했다. 한 곳에 꾸준하게 붙어있질 못하는 성미여서 어느 것 하나 제대로 터득한 게 없었다. 그러다 보니 늘 형에게 신세만 지는 형편이었다. 아버지는 그런 둘째 아들이 미웁기만 했고 큰아들 보기가 마냥 미안했다. 하지만 어머니는 그렇지가 않았다. 못난 둘째 아들이 불쌍하기만 했고 그런 동생을 제대로 돌봐주지 않는 큰아들이 밉기만 했다.

그런 중에 어느날 둘째 아들이 형을 찾아와서는, "이제부턴 장사를 해서 잘 살아갈테니 크게 한 번만 좀 봐 달라."면서 사업자금을 좀 빌려달라는 것이었다. 군에서 제대한지 얼마 되지 않아서였다. 그러나 형은 아직 나이도 어리고 사회경험도 없으니 당분간 남의 집에서 기술도 배우고 경험도 쌓는 것이 좋겠다면서 거절을 했다. 아버지 이씨(60)도 물론 그러라고 했다.

하지만 어머니 김씨(60)는 그러지를 않았다. 잘 사는 형이 못사는 동생한테 그 정도도 못해주느냐며 큰 아들을 원망했다. 그러자 싸움이 늙으신 부모님께로 옮아갔다. 형 말이 옳다는 아버지와 작은 아들 편을 드는 어머니가 서로 심하게 다투다 갈라선 것이다. 어머니가 아예 작은 아들 집으로 들어가 버린채 남편 이씨를 상대로 이혼소송까지 내고 만 것이다. 도무지 합칠 수가 없이 되고만 것이다.

이에 대해 서울가정법원은, 1997년 7월 23일, 이들 노부부에게 "더 이상 혼인관계를 유지할 수 없다"며 이혼을 허락했다. 자식들 싸움에 60대 노부부가 이혼을 하게 된 것이다.

"미련한 아들은 그 아비의 재앙이요 다투는 아내는 이어 떨어지는 물방울이니라"(잠 19:13).

19. 죽음 부른 남편 뒷조사

1997년 11월 4일 새벽, 대구시 유천동의 한 큰 부자집에서 부부가 동시에 흉기로 살해된 사건이 있었는데, 잡고보니 범인은 부인의 부탁을 받고 남편 뒷조사를 해왔던 심부름센타 직원.

사건의 시작인즉, 어느날 남편이 다른 여자와 바람을 핀다는 말을 듣게된 김모(47)여인. 피가 거꾸로 솟아서 견딜 수가 없었다. 며칠 밤을 뜬눈으로 새우며 고민고민하던 끝에 마침내 심부름센타를 찾아가 남편의 뒷조사를 부탁하게 되었다. 그런데 불행히도 사건을 맡은 사람이 전과 8범의 정모(28)씨였으니, 일을 진행하던 중 이들이 굉장한 부자인 것을 알고는 범행을 계획, 마침내 이날 새벽 집으로 쳐 들어가, 현금 5백60만원을 비롯, 가계수표 19장 등 1억1천3백만원 상당의 금품을 빼앗고는, 흉기로 이들 부부를 살해해 버린 것. 곰을 피하려다가 범을 만난격으로 남편 버릇 고치려다 살인을 당한 꼴이 되었다.

부부 사이엔 신의가 최고의 묘약.

20. 이런 부부도

무려 20년 동안이나 아내를 의심, 자기 자식을 남의 씨앗이라며 가족들을 괴롭혀 온 사람이 마침내 20년만에 유전자 감식까지 해서 친자 확인까지 하여 친아들임이 판명되자 아내로부터 영원히 버림을 받게 되어 화제.

청력장애인인 박모(57)씨. 37세에 35세의 아내 허씨를 만나 결혼을 했는데, 아내가 남의 남자와 얘기만 해도 의심을 했고, 아내가 아들을 낳자 자기 아이가 아니라면서 의심하고 구박을 해오기를 무려 20년. 마침내 1997년 봄, 아내의 제의로 유전자 감식을 하여 친생자임이 백일하에 드러나게 되자 이번엔 부인 허(55)씨로부터 이혼을 당한 것이다. 1997년 12월, 서울고법 민사15부(재판장 조용무 부장판사)는,

"유전자 감정으로 친생자 확인이 될 때까지 20여년 동안이나 아내를 의심해 온 남편에게 결혼생활을 파탄케 한 책임이 있다. 남편 박씨는, 아내 허씨에게 위자료 3천만원을 지급하고 이혼을 하도록 하라"며 이혼을 하도록 판결을 내렸으니…….

21. 안방출입 금지령 받는 남편들

앞으로는 아내에게 잘못하는 남편들은 법으로 아내 옆에 근접을 할 수가 없게 된다. 1998년 7월 1일부터 시행된 '가정폭력범죄 처벌 등에 관한 특례법'이 바로 그 족쇄이다. 그동안 남편이라고 일방적으로 권력을 행사하고 함부로 주먹을 휘두르는 등 가족들을 상대로 폭력을 행사한 사람들이 많았는데 이런 것을 막아 가정의 진정한 평화를 가져오게 하자는 게 이 법의 취지다.

실지로 이 법이 시행된 1998년 7월 17일, 서울 사는 주부 정모씨가 남편의 폭력에 견디다 못해 이혼소송과 함께 이혼절차를 밟을 때까지라도 남편이 폭력을 행사할 수 없도록 해 달라며 낸 임시조정신청을 서울가정법원 가사12단독(박동일 판사)이 받아들임으로, 정모 씨의 남편 김모씨는 9월 15일까지 두 달 동안 법으로 안방 출입을 못하도록 되었다.

교회와 신앙
78 대 22의 법칙

1. 하나님의 사랑

과학자이자 예술가이며 북극탐험가인 노르웨이의 난센(1861-1903)이 북극을 탐험했을 때의 일이다. 그곳 바다의 깊이를 재어보려고 긴 동아줄을 바다로 던져 넣었는데 가지고 간 동아줄을 다 밀어 넣어도 바다 끝에 닿지를 않아 잴 수가 없었다. 그래서 다음날은 더 긴 줄을 가지고 가서 바다로 밀어 넣었다. 그러나 그 줄 역시 바다 밑바닥에까지 이르질 않았다.

"이 바다는 정말 깊은 곳이야."

다음날 난센은 더 긴 줄을 준비해 와서 바다로 밀어 넣었다. 하지만 그 줄도 역시 바다 밑바닥까지 닿지를 않았다. 마침내 포기한 난센이 그의 일기장에다 이렇게 적었다.

"이곳 북극의 바다 깊이는 하나님의 사랑과 같다. 끝간데가 없이 깊은 바다이다."

2. 겨우 2미터

혼자서 밤길을 가던 사람이 그만 실수로 발을 헛딛어 언덕 아래로 굴러 떨어졌는데 다행히 나무뿌리 하나를 손에 잡게 되었다.

"아휴 살았군!"

그 사람은 기뻐서 나무뿌리를 잡고 허공에 매달렸다. 하지만 그것도 잠시 뿐이었다. 이윽고 팔에 힘이 빠져서 더 이상은 잡고 있을 수가 없었다.

"살려 주세요!"

있는 힘을 다해 소리를 질렀지만 소용이 없었다. 팔에 힘이 죄다 빠져 나가고 이제는 뛰어 내리든지 위로 기어 올라가든지 둘 중에 한 가지 밖에는 방법이 없었다. 하지만 어느 한가지도 할 수 있는 용기가 그에겐 없었다. 몇 시간이고 나무 뿌리만 붙잡고 떨고 있을 뿐이었다. 그런데 그만 나무 뿌리마저 툭 소리를 내며 끊어지고 말았다.

"이제는 죽었구나."

두 눈을 꼭 감아 버린 채 아래로 떨어졌다. 그런데 죽기는커녕 다친 데도 없었다.

"이상한 일이야."

그 사람은 자세히 주위를 둘러 보았다.

"이게 무슨 꼴이람."

그렇게 무서워 떨었던 언덕의 높이가 겨우 이 미터에 불과했다.

"겨우 이 미터밖에 안 되는 것을…"

얼굴을 붉히며 그렇게 중얼댔다.

세상이 무너지는 것 같은 어려움에 처했을 때 주님은 우리에게 이렇게 속삭이신다.

"겨우 이 미터야! 이 미터밖에 안 돼!"라고.

3. 전세계 개신교인 3억명 불과

전 세계 58억 인구 중 기독교인은 불과 3억 명인 것으로 밝혀져 선교의 중요성이 새로운 과제로 부각되고 있다. 선교학자 데이빗 바렛이 발표한 '종교인 통계'에 의하면, 이슬람교도는 11억8천만 명이고 가톨릭

신자가 10억 명, 힌두교도가 7억6천7백만 명, 불교도가 3억6천9백만 명, 그리고 무신론자가 1억5천만 명에 무종교인이 7억7천만 명이다. 특히 중요한 것은 최근 10년간의 종교인구 성장 추이인데 시크교도가 13.5%, 불교가 6.5%, 유대교가 6.1%, 이슬람교가 2.2% 성장했는데 기독교는 오히려 1.4%가 감소한 것이다. 게다가 최근들어 세계 도처에서 부족의 전래종교가 급속히 확산되고 있어 선교의 문을 더욱 어둡게하고 있다.

4. 예수님을 믿지 않는 이스라엘 사람들

유대땅 베들레헴에서 예수님이 태어나셨고, 유대땅 나사렛에서 예수님이 자라났으며, 유대땅 갈릴리지방은 예수님이 사역하신 곳이며, 예수님이 십자가에서 죽이심을 당한 곳 또한 유대땅에 있는 골고다 언덕이다. 그러나 지금까지도 이스라엘 나라에서 예수 그리스도를 믿는 사람을 찾아보기가 어렵다.

지금 이스라엘에서 예수를 믿는 사람은 전 인구의 0.2%에 지나지 않으며 가톨릭 신자도 1.3%다. 그리고 81.4%는 2천년이 지난 지금까지도 유대교를 믿고 있다. 이밖에 아랍계가 15.8%, 회교도가 14.5%로써 기독교인이 오히려 회교도보다 적다.

현재 법으로는 분명히 종교의 자유를 명시하고 있지만 타 종교의 선교활동은 엄격히 금하고 있어 각각 공동체 안에서만 예배 드리고 사역할 것을 허락하고 있는 정도로써, 공식적인 선교활동은 사전에 허가를 취득해야 하는데, 만약에 이를 어기고 노방전도 같은 것을 하다간 격렬한 항의나 테러를 각오해야 한다.

참고로 1948년에 독립해 영토를 회복한 이스라엘 나라는 크기가 우리 나라의 강원도 정도로써, 1997년 현재 인구는 550만명 정도이다.

5. 한국 개신교 인구 불교를 젖혀

우리나라에서 개신교 인구가 사상 처음으로 불교인 수를 앞질렀다는 조사결과가 나와 모처럼 개신교 선교의 전망을 밝게하고 있다. 한국갤럽연구소가 지난 6월 8일 발표한 '97년 한국인의 종교실태와 종교의식에 대한 조사'에서 나타난 것으로 18세 이상 전체 인구 중 개신교인이 20.3%인 640만3천여명, 불교인이 18.3%인 582만6천여 명, 천주교인은 7.4%인 235만6천명으로 추산, 지난 1996년 통계청의 개신교인 19.7%, 불교인 23%를 뒤집어 놓았다. 더 한층 고무적인 사실은 개신교인 64%가 하루에 한번 이상 기도를 하며 50.4%가 1주일에 한번 이상 성경을 읽고 57.7%가 십일조를 하는 등 신앙생활에서 불교나 천주교인에 비해 적극적인 것으로 나타난 것이다. 그러나 개신교인 중에도 궁합이나 사주를 보는 사람이 18.8%, 조상의 묘자리가 자손의 번영에 상관이 있다는 사람이 25.7%, 이름과 운명이 상관이 있다는 사람이 30.1%나 되는 것으로 나타나 보다 확고한 신앙교육이 요청되고 있다. 참고로 천주교인 중에는 하루 한번 이상 기도하는 사람은 41.2%, 1주일에 한번 이상 성경을 읽는 사람은 33.5%인 것으로 나타났다.

그런 한편 응답자 중 90%가 우리사회에서 사이비종교의 문제가 심각하다고 느끼는 것으로 답해 사이비종교의 대책이 시급한 것으로 나타났다.

6. 목사님 40%가 A형 혈액형

기독교신문이 1998년 4월, 수도권지역의 목회자 3백 명을 대상으로 설문조사를 벌였는데, 목회자의 40%가 A형 혈액형을 가진 것으로 결과가 나와 화제다. 나머지 목회자 중 30%는 B형, 22%는 O형이었으며, AB형은 4%에 불과, A형과 묘한 대조를 이루었는데…

또 한편 이 설문조사에서는 목사님들의 스트레스 해소 방법에 대해서도 질문을 했는데 운동으로 푼다고 응답한 목사가 30%로 가장 많았고 기도로 푼다 24%, 산책으로 푼다 20%, 대화나 드라이브로 푸는 사람도 약간 명 있었다.

이들 목사님들이 좋아하는 연예인으로는 1위가 최불암, 2위가 김혜자, 3위 김미숙, 4위 박상원, 5위 손숙 씨 등 순으로, 불교의 최불암 씨가 선호도 1위인 것이 조금은 이색적.

7. 은퇴 목사 88.7% "다시 태어나도 목사를"

예장 통합, 합동, 고신, 기감 등 9개 교단의 은퇴 목회자로 구성된 '한국원로목사회'가 1997년 12월, 회원 2백70명 중 1백42명을 상대로 설문조사를 했는데, 대다수 원로목사가 자신의 목회생활에 만족을 했으며, 다시 태어나도 목사가 되겠다고 응답을 했다 한다.

이 설문조사에서 교역자 생활에 만족했느냐는 물음에 75.4%인 1백7명이 그렇다고 답했고 31명은 보통, 3명은 후회, 1명은 불만이라고 했으며, 다시 태어나도 목사를 하겠느냐는 질문에는 88.73%인 1백26명이 그렇다고 답했다.

그리고 하나님의 존재를 확신하느냐는 질문도 있었는데, 응답자 중 94%인 1백33명은 그렇다고 했으나, 무응답자 8명에, 1명은 때로 의심한다고 대답했으며, 성령의 역사를 경험했느냐는 질문에는 73.23%인 1백4명이 그렇다고 했고 나머지 36명은 무응답이었다.

8. 잘못된 설교

어느 교회 남전도회의 정기 월례회에서 사회를 맡은 회장이, 굳이 하지 않아도 될 설교를 한 토막 했는데,

"어느날 사무엘이 잠을 자던 중에 누가 자기를 부르는 소리를 들었습니다. 그래서 얼른 일어나 어머니께 달려가 '어머니 저 부르셨어요' 하

고 물었습니다. '아니다 가서 자거라' 하고 엄마가 말했습니다. 그래서 돌아가 자는데 또 다시 부르는 소리가 나서 엄마에게로 달려 갔습니다…" 라고 했다.

또 어느 교회 유년주일학교에서는,

"…마리아는 신앙이 좋아 예수님이 하실 일을 미리 알았습니다. 그래서 하인들을 향해, 항아리에 물을 가득히 채우라고 말을 했습니다 …"

설교를 맡은 교사가 요한복음 2장에 나오는 '물이 변하여 포도주가 된 이야기'를 하면서 예수님이 한 말을 마리아가 한 것으로, 그것도 믿음이 좋아 미리 알고 했다고 강조까지 하면서 설교를 한 것이다. 매우 조심해야 할 부분이다.

허순길 박사는 설교는 목사만 하는 거라고 했다. 그만큼 설교가 중요하다는 말이다. 설교자는 무엇보다도 성경을 두 번 세 번 자세히 읽어보고 내용을 완전히 이해한 다음 주석도 찾아 보고 그리고 성령 안에서 설교할 수 있게 해 달라고 기도도 드려야 한다. 예화를 할 때도 그 예화가 그 성경말씀과 잘 맞는 것인지, 엉터리 예화는 아닌지 고증해 봐야 한다. 절대로 설교는 아무나, 아무렇게나 해서는 안 된다. 기억이 오래가는 주일학생 상대의 설교는 더욱 더 그렇다. 그런데 대부분의 주일학교 교사들이 설교를 너무 쉽게 생각하고 설교를 하고 싶어하면서 성경은 대충대충 보고 평소에 알고 있는 지식으로 가르치려 하는데 심각한 문제가 아닐 수 없다.

9. 지혜롭지 못한 설교

어느 교회에 양봉을 업으로 하며 살아가는 장로가 있었다. 꿀을 따라 이곳 저곳을 옮겨 다니며 거기서 텐트를 치고 여러 날을 집에도 들어오지 못한채 벌떼와 함께 생활을 할 때가 있는데 기간 중에는 기도생활을 비롯한 교회의 여러 일에 등한히 할 수 밖에 없었다. 그런데 그게 목사가 보기에는 무척이나 안타까운 일이었다. 부임한지 1년이 채 못된 그 교회 담임목사가 어느 주일 대예배에서 설교시간을 통해 맹 공격을 가했다.

"장로가 되어가지고 새벽기도를 나오나 금요일 심야기도회를 나오나, 이래 가지고도 장로라 할 수 있습니까?"

그러자 그 장로, 그날 예배에 은혜는 고사하고 끓어 오르는 분노로 마음을 다스릴 수가 없이 되었다. 예배가 끝나자 마자 목사님께 달려나가 소란을 피웠다. 그러자 목사도 가만 있질 않았다.

"그래 장로님이 겨우 주일 대예배 참석하는 정도로 그쳐서야 말이나 됩니까?"

말이 난 김에 끝장을 볼 셈으로 장로를 비난했다. 그러자 말로 시작된 이 싸움이 힘싸움으로 발전이 되었다. 목사와 장로가 교인들 보는 앞에서 서로 멱살을 움켜 잡고 싸우기 시작했고 그러는 사이에 목사가 파출소에다 "여기 강패가 와서 행패를 부리고 있다"며 신고를 해서 파출소에서 순경들이 달려오는 사태까지 생겼다. 마침내 이 사건은 노회에까지 올라가게 되었고 전권위원회가 구성되어 조사를 해갔으며, 그 결과 장로는 교회에서 출교처분을 받았다. 싸움은 그렇게해서 일단락이 되었다. 장로는 교회를 떠나게 되었고, 목사는 변함없이 강단에 서서 교인들의 잘못을 질타하는 설교를 계속했다.

한데 문제는 그것으로 끝난 게 아니었다. 교인들 중 절반이 교회를 떠난 것이다. 그런 목사가 있는 교회에서 더 이상 은혜를 기대할 수가 없다는 것이었다. 그러자 남아있던 교인들도 그 목사한테서 등을 돌리고 말았다. 마침내 그 목사도 부임한지 1년만에 그 교회를 떠날 수 밖에 없이 되고 말았다. 1995년 경남 마산의 S모교회에서 있었던 이 사건은, 아무리 좋은 말이라도 전하는 자의 방법이 지혜롭지 못하면 오히려 반대의 결과를 가져올 수 있다는 것을 우리에게 보여준다.

10. 죽으려 했던 사람이

세계적인 부흥사 빌리그레함 목사가 영국에서 집회를 가졌을 때의 일이다. 남편이 설교준비를 하는 동안 부인인 룻 그레함 여사는 잠시 혼자서 쇼핑을 즐기다 어느 서점엘 들리게 되었다. 그런데 그때 점원의 얼굴이 몹시 불안하고 초조하게 보였다. 그래서 그레함 여사가 점원에게 다가가 이런 말을 했다.

"오늘 저녁 이곳에서 빌리그레함 목사의 집회가 열리는데요. 한 번만 와서 들어보고 가세요."

그리고 여사는 그 일을 까마득히 잊고 있었다.

그런데 몇 년 후 빌리그레함 목사의 영국집회가 다시 열리게 되었다. 어느날 저녁 집회를 마치고 나오는데 웬 멋있게 생긴 젊은 청년이 목사님 부부를 찾아 와서는 이렇게 말했다.

"저 사모님 저를 모르시겠어요? 몇 년 전 서점에서 사모님을 만나 뵙고 목사님의 집회에 참석했던 사람입니다. 저는 사실 그 때 자살을 하기로 마음 먹고 있던 중이었어요. 제가 잘못해서 빚을 잔뜩 지게 되었고 그래서 아내가 가출을 해 버렸거든요. 하지만 그날 저녁 목사님의 말씀을 듣고 마음을 바꾸었어요. 열심히 일해서 빚도 갚았구요. 그러자 완전히 사람이 달라지게 됐어요. 그 달라진 제 모습에 아내도 집으로 돌아오게 되었구요. 그래서 이렇게 감사를 드리려고 특별히 멀리서 목사님을 찾아 온 거예요."

"소경이 보며 앉은뱅이가 걸으며 문둥이가 깨끗함을 받으며 귀머거리가 들으며 죽은 자가 살아나며 가난한 자에게 복음이 전파된다 하라"(마 11:5).

이래서 복음이 필요한 것이다.

11. 한경직 목사와 신사참배 죄 고백

　세상에서 받을 수 있는 상 중에서 '노벨상' 만큼 크고 귀한 것도 없다. 상금의 액수로도 그렇겠지만 전 세계적으로 가장 권위가 있는 상이며 정치, 경제, 과학, 문학 등 각 분야에서 세계 최고의 경지에 있는 사람들 중에서 엄선하여 한 사람, 또는 한 팀에게만 주어지게 된다는 점에서 더욱 그렇다. 게다가 "세계의 평화와 인류의 발전에 공헌한 사람에게 수여한다"는 취지가 또한 세계의 그 어느 상보다도 가치를 더해준다. 그래서 이 상은 수상자는 물론 수상자가 소속되어 있는 나라까지도 큰 영광과 자랑으로 여기고 있다.

　1901년에 시작된 이 상은 '다이나마이트'를 발명하여 엄청나게 많은 돈을 번 스웨덴의 화학 연구가 알프레드 노벨이, 평생 모은 재산 3천5백만 크로네를 "세계의 평화와 발전에 공헌한 사람에게 나누어 주라"며 내놓아 제정된 것인데, 정작 그 자신은 결혼도 하지 않은채 평생을 허름한 집에서 최소한의 생활만 하면서 살았다.

　한데 이 노벨상에 버금가는 큰 상으로 '템플턴 상'이란 게 있다. 1971년에 제정된 이 상은 영국계 미국인 실업가 J.M 템플턴이 기존의 노벨상에 '종교부문' 상이 빠진 것을 못내 아쉬워하여 사재를 털어 마련한 상으로 '종교의 노벨상'이라고 불리워지고 있다. 1972년 테레사 수녀를 첫 수상자로 하여 솔제니친, 빌리그레함 목사 등이 이 상을 탔는데, 1994년, 스물한번 째 수상자로 우리나라의 한경직 목사가 이 상을 받게 되었다. 그런데 한경직 목사는 이 상을 받은 뒤 축하예배 장소에서 "나는 일제 때 신사참배를 한 죄인입니다." 라는 고백을 해서 또 한 번 화제가 되었다.

　굳이 하지 않아도 될 고백을 더군다나 온 세계가 부러워하는 상을 받아 축하예배를 드리는 장소에서 이같이 말한 것은 정말 대단한 일이 아닐 수 없었다. 게다가 아직도 많은 수의 성직자들이 신사참배는 죄가 아니라며 오히려 출옥성도들을 향해 '바리새파' 라느니 하면서 손가락질을 하고 있는 것을 보면 더 한층 그렇다.

하지만 왜 좀 더 일찍 그 말을 못했을까 하는 아쉬움도 없지는 않다.

12. 목회자는 머슴

"사도바울은 목회자를 종으로 표현했는데 헬라어의 '둘로스' 는 우리말로 '머슴' 에 해당된다. 교회의 성장과 퇴보는 전적으로 목회자의 책임이다."

1997년 1월, 서울 화평교회에서 열린 한국복음주의협의회 월례발표회에서 서울 명성교회의 김삼환 목사가 한 말이다. 김목사는 여기서 목회자는 엄밀히 말해서 '머슴' 이라며 '머슴목회론' 을 제기해 화제가 되었는데 김목사가 말하는 머슴목회론의 내용은 다음과 같다.

첫째로 머슴은 걱정이 없다. 머슴의 삶은 전적으로 주인에게 달려 있기 때문에 주인의 명령에 순종만 하면 된다. 마찬가지로 목회자는 전적으로 주인되신 하나님께 맡기고 순종만 하면 된다.

둘째로 머슴은 주인의 명령에 절대 복종만 있을 뿐이다. 주인의 명령에 아무런 의의도 달지를 않는다.

셋째로 머슴은 24시간 대기하고 있어야 한다. 언제라도 부르면 뛰어나가 일할 준비가 되어 있어야 한다.

넷째로 머슴은 주인어른은 물론 주인의 전 가족을 주인으로 알고 섬긴다. 목회자 역시 하나님 뿐 아니라 자기에게 맡겨진 교인들까지도 모두 주인으로 알고 섬기며 사랑해 주어야 한다.

다섯째 머슴은 불평이 없다. 예수님은 가룟 유다가 자신을 배반할 것을 뻔히 알고 있었음에도 3년 동안이나 숙식을 같이하며 데리고 다녔다. 골치아픈 교인 몇 명 있다고 목회자가 원망을 하거나 좌절을 하는 것은 있을 수 없는 일이다.

13. 미국가기 힘든 한국의 목회자들

미국은 원래 영국 청교도들에 의해 세워진 기독교 국가다. 그래서 지금도 대통령이 취임 선서를 할 때나 사람들이 법정에서 증인선서를 할 때 성경책 위에 손을 얹고 선서를 하고 있다. 따라서 미국사회에서는 목회자가 가장 존경을 받는다.

그런데 안타깝게도 미국 사람들이 한국의 목회자는 인정을 하지 않는다. 가장 정직하지 못한 사람으로 분류해놓고 있는 것이다. 그 예가 바로 '입국심사' 과정에서의 푸대접이다. 미국 대사관에 입국비자 신청을 할 때 신청자의 나이나 직업, 학력, 재산 정도, 신용 상태, 전과 유무, 건강 상태, 체류 일정, 방문 목적 등 여러 가지 사항들을 자세히 살펴서 비자를 발행하는데, 직업이 '목회자'로 되어 있으면 잘 해 주질 않는 것이다. 한 번 미국에 들어갔다 하면 불법으로 몇 년씩 눌러앉아 버리는 사람들 중에 목회자가 가장 많기 때문이다.

기독교의 나라 미국에서마저도 불신을 당하고 있는 한국의 목회자들. 참으로 깊이 생각해 볼 얘기가 아닐 수 없다.

14 타락한 지도자들
78 대 22의 법칙

1. 소똥만도 못한 사람

"폴 포트는 소똥만도 못한 사람이다. 그래도 소똥은 비료라도 쓸 수 있는데…"

1975년-1978년 사이, 이상적 농민천국을 구현한다는 명목하에 도시인을 농촌으로 강제 이주시키고, 화폐와 사유재산, 종교를 폐지하는 등 폭정을 일삼으면서, 이 과정에서 캄보디아 전 인구의 1/4에 달하는 동족 2백여만 명을 무참히 살해, '킬링필드'라는 유명한 이름을 남겨놓은 악명높은 정치 지도자 폴 포트를 두고, 과거 함께 활동했던 캄보디아 크메르 루주 지도자 타목이 한 말이다.

그런 폴포트도 1998년 4월 16일, 태국 국경 1km 지점의 한 정글속 오두막에서 73세의 일기로 쓸쓸하게 죽어 지옥행이 되고 말았다.

"모든 육체는 풀과 같고 그 모든 영광은 풀의 꽃과 같으니…"(벧전 1:24)라 했다. 죽은 뒤 후세 사람들로부터 이런 소리는 안 듣도록 살아야지.

2. 우리를 슬프게 한 말

"한국이 경제개혁을 제대로 하려면 현직 관료들을 모두 비행기에 태워서 국외로 추방을 해야 한다."

1998년 5월 5-6일, 워싱턴에서 열린 미 경제전략연구소(ESI)의 '글로벌리즘의 장래'라는 주제의 토론회에서 루디거 돈 부시 美 MIT대 교수가 한국에 대해 지적한 말이다. 한국의 경제위기는 지도자들의 무능과 부정에서 왔다는 얘기다. 참으로 부끄러운 얘기가 아닐 수 없다.

3. 클린턴 장난감 클린턴 쿠키

클린턴 대통령이 연방대배심원에서 르윈스키와의 성관계를 "부적절한 관계를 가졌다"는 말로 대충 얼버무리면서 대국민사과성명을 발표한 후 미국에서는 르윈스키 쿠키와 클린턴 쿠키, 힐러리 쿠키 등 과자가 인기리에 팔려나가고 있는가 하면 클린턴 인형, 클린턴 시계, 클린턴 범퍼 등 클린턴을 풍자한 물건들이 경쟁적으로 판매되고 있다는 소식이다.

클린턴 대통령과 르윈스키, 힐러리 등의 얼굴이 새겨진 이 과자들은 지난 8월 19일, 뉴욕 소호거리의 한 제과점에서 만든 것으로 각각 14달러와 20달러에 팔리고 있으며, 10초 간격으로 클린턴의 코가 길어졌다 짧아졌다 하는 그림으로 거짓말하는 클린턴을 꼬집고 있는 클린턴 시계와, 바지가 발목까지 흘러내린 모습의 클린턴 인형, "간통하지 말지어다"라는 문구가 새겨진 셔츠, '클린턴 블루스'라는 이름의 컴퓨터 화면 보호기, '클린턴 탄핵'이란 글자가 인쇄된 범퍼 스티커 등 물건들이 홍수처럼 시중 가게에 쏟아져 나왔다는 것.

"소금이 만일 그 맛을 잃으면 무엇으로 짜게하리요 후에는 아무 쓸 데 없어 밖에 버리워 사람에게 밟힐 뿐"(마 5:13)이라고 했다.

지도자가 범죄하면 다 이와 같이 되는 법이다.

4. 김영삼 대통령과 사고공화국

구포 열차 전복 사고, 격포 앞 바다에서의 여객선 전복 사고, 목포에서의 아시아나 항공기 추락 사고, 건설한지 5년 밖에 안 된 성수대교의 붕괴 사고, 역시 지은지 5년 밖에 안 된 삼풍백화점 붕괴 사고, 다시 또 괌에서의 여객기 추락 사고, 아들 현철 씨의 법정 구속, 그리고 마침내 IMF…….

김영삼 대통령 재임시인 1992년에서 1997년까지 있었던 대형사고 목록이다. 이상하게 대형사고들이 줄을 이어 터져 나와서 심지어 사람들 중엔 김영삼 정부를 '사고공화국'이라고까지 했다. 예수 믿는 사람이 대통령이 되었으면 더 복을 받고 더 좋은 일만 일어나야 할텐데, 오히려 그 정 반대가 되었던 것은 결코 우연이 아닌 것을 우리는 성경을 통해서 다시 한 번 깨닫게 된다.

김대통령이 기독교인인 것은 삼척동자도 다 안다. 그것도 보통 교인이 아니라 기름부음을 받은 장로이다. 게다가 부인 손명순 여사는 권사님이시고 고향의 부친 또한 장로님이시다. 그래서 전국의 기독교인들이 엄청난 기대를 가지고 표를 몰아 주었던 것도 사실이다. 그런데 기대는 대통령 취임선서를 하는 순간부터 무너지기 시작했다. 도무지 기독교인의 냄새가 나지를 않은 것이다. 대통령 취임사에서 성경에 손을 얹지않은 것은 물론 단 한 번도 "하나님께 감사드린다"는 말을 한적이 없었다. 조찬기도회 때면 목사님들을 향해 개혁대상 제1호라고 야단만 치더니 실제로 개혁 제1호는 자기 집안에서 나왔다. 불신자인 박대통령 시절에도 미신타파라 하여 철저히 외면당하던 무속인들이 설치기 시작했으며 큰굿과 고사가 마치 국가의식처럼 성행하기 시작했다. 심지어 한때 청와대에 불상이 없어졌다는 소문이 나돌자 무엇이 그렇게 두려웠던지 서둘러 "아니오 절대 그렇지 않소"하면서 중들을 불러들여 확인까지 시켜주었다. 그 불상은 청와대 안에 있어야 할 필요가 전혀 없는 것으로 마당히 박물관으로 보냈어야 할 물건이었다.

이스라엘 역대 왕들이 그런 일로 하나님의 축복을 받았고 반대로 저주도 받았던 것을 그는 거울로 삼지를 않았다. 재임 중 무릎꿇고 기도하는 모습은 한 번도 보여주질 않았고, 경호를 핑계로 부활절과 성탄절을 제외하고는 교회를 찾아가는 일조차 없었다. 동 시대 미국의 대통령이 주일날 자기 교회를 찾아가 예배를 드리는 것과는 너무도 달랐다.

보통 때는 한 번도 기독교인이란 말을 않다가 일이 잘못되어 국민에게 사과할 일이 있을 때는 또 그렇게 기독교인이란 말을 잘도 써서 오히려 기독교인들을 부끄럽게 했다.

재임 5년, 그 황금과도 같은 기간을, 기독교와 하나님을 위해서는 단 한 가지도 해놓은 것이 없다. 법으로 명시되어 있는 주일 국가고시 하나도 철폐하질 못했다. 이러고도 아무 일 없이 임기를 마쳤다면 그것이 오히려 이상한 일일 것이다.

"자주 책망을 받으면서도 목이 곧은 사람은 갑자기 패망을 당하고 피하지 못하리라"(잠 29:1).

하나님의 말씀이다.

5. 제자를 땅 속에 묻어버린 복싱 코치

제자들이 시합에 졌다고 공동묘지로 데리고 가서 기합을 주다가 아예 학생 하나는 땅을 파고 묻어버린 코치가 있었다. 제주시 N고교의 이모 (28) 복싱 코치. 1998년 5월 18일, 경기도 수원시 경기체고에서 열린 전국체육고교 대항 체육대회에서 기대했던 8강에 들지 못하자, 제자들을 끌고 제주시공설묘지로 가서는 곡괭이 자루로 때리는 등 기합을 주다가 주장인 이모(18)군은 깊이 60cm의 구덩이를 파고 얼굴만 남겨놓은채 흙으로 묻고 그 위에 10kg짜리 돌까지 다섯 개 씩이나 올려놓고 내려갔단다. 다행히 이군은 학생들이 다 돌아간 뒤 15분만에 몸을 움직여 구덩이에서 나오긴 했지만, 공포에 질려 사흘동안을 학교에도 못갔다 한다.

"노하기를 맹렬히 하는 자는 벌을 받을 것이다. 네가 그를 건져 주면 다시 건져 주게 되리라"(잠 198:19).

지도자는 모름지기 감정부터 다스릴 줄 아아야.

6. 여보게 저승갈 때

'여보게 저승갈 때 뭘 가지고 가지'

석용산이란 중이 써서 히트한 책 제목이다. 그 책 내용 중 '땅과 하늘' 이라는 글을 보면,

"하늘 와 보니 억만금의 땅 덩이들, 한 점 눈물 방울만도 못하구나. 부디 땅뺏기 놀이하며 싸우지 말고 욕심 부리지 말려무나…"라고 했다. 그러면서 그는 천국과 지옥에 대해서도 한마디를 했는데,

"하늘에 천당과 지옥이 있다며 여기 저기 찾느라고 야단들인데, 아무리 둘러봐도 그런 거는 없더라…행복도 사랑도 천강도 지옥도 다 네 쬐 그만 그 가슴 속에 있다는 걸 알았으면 좋겠구나."라고 했다.

그런 그가 어느날 사기와 성추행, 등 혐의로 말썽을 일으키고 불교 승적에서도 제명을 당했다. 1997년 11월, MBC TV의 'PD수첩'에 방영된 그의 사기행각의 제목은 "석용산은 저승갈 때 무엇을 가지고 가지?"였다.

7. 타락한 목사의 최후

1923년에서 1925년 사이에 마산문창교회를 시무한 목사 중에 박승명이 라는 이름이 있다. 얼굴이 잘 생기고 화술이 뛰어나 특히 여자 신도들에 게 인기가 많았었다. 무슨 사정이 있었는지 입학한지 17년만에 신학교를 졸업, 40대가 되어서야 목사가 되었는데 어느날 그만 7계를 범했다는 소 문이 나돌기 시작했다. 남편과 사별하고 친정에 머물면서 이 교회에서

타락한 지도자들 · 161

전도사 노릇을 하고 있는 젊은 여성과 어느날 새벽, 어두운 곳에서 껴안고 있는 것이 누군가의 눈에 띄이고만 것이다. 처음엔 모두들 "설마 목사님이" 하면서 그냥 넘어갔는데 날이 갈수록 보았다는 사람의 수가 늘어가고 있었다. 마침내 이 문제로 박목사는 교회에서 쫓겨나게 되었다. 하지만 철저히 목사님을 믿는 교인 32명이 박목사와 함께 나가 교회를 새로 세웠다. 지금의 마산중앙교회가 바로 그것이다.

그런데 이게 웬일인가. 새 교회에서 또 다시 전과같은 일이 벌어진 것이다. 철저히 박목사를 믿고 새 교회를 개척했던 사람들 중에서도 여러 사람이 이 모양을 보게 되었다. 교회가 큰 시험에 빠지게 되었고 마침내 박목사는 그 교회에서 마저 쫓겨나고 말았다.

그런데 얼마 후, 그 문제의 박목사가 평양 모란공원에서 사람들에게 발견되었는데 사주 관상쟁이로 바뀌어져 있었다. 소식을 들은 친구 배운환 목사가 흥분하여 달려 올라가 본즉 실지로 그러했다.

"왜 하필이면 이런 꼴이 되었느냐?"며 부둥켜 안고 울자, "먹고 살 길이 없어서"라면서 자취를 감추었단다.

"네 영화가 음부에 떨어졌음이여… 구더기가 네 아래 깔림이여 지렁이가 너를 덮었도다"(사 14:11).

8. 벤츠6백을 달라고 기도하는 목사님

"그렌저 3천 씨씨의 내 차는…"

" 내 차 그렌저 3천CC는… "

1993년 10월, 어느 교계 신문에 나와 있는 성모라는 목사의 글중 한 대목이다. 추석에 고향에 내려가면서 차가 많이 밀려 고생한 이야기를 글로 써놓았는데 말마다 그렌저 3천 씨씨, 그렌저 3천씨씨 하면서 차 자랑을 해서 보는 이로 하여금 얼굴을 붉히게 했다. 물론 많은 독자들이 신문사를 향해 지탄을 한 것은 당연한 귀결이었다. 하지만 그 목사 오히려 한 수 더 떠서 다음 주 신문과 또 다음주 신문을 통해서 더 많은 궤변과 억지를 늘어놓았는데 그 중 한 대목을 소개하면 다음과 같다.

"어느 교단의 총회장 되시는 분은 왜 굳이 차종까지 밝혀서 말썽을 일으키느냐고 젊잖게 나무라기까지 했다. 그러나 나는 그렇게 생각지 않는다. 어린 시절에 나는 무척이나 가난하게 살았고 스무살부터(?)는 전도와 부흥운동에 몸을 던져 많은 고생을 했다. 그래서 오십이 넘은 지금 최고급 승용차 타는 것은 극히 당연하며 앞으로는 외제 고급차인 '벤츠600'을 타게 해 달라고 하나님께 기도를 드린다. 목사들은 교인들 눈치나 살피는 소심한 행동을 버려야 한다 … 대통령은 왜 최고급 승용차를 타는가? 구라파에서는 목사가 최고급 명사 계급이다. 하늘만큼 소중한 목사의 생명을 보호하기 위해서…"

주제파악을 못하는 목사님들 때문에 한국 교회 성도들이 싸잡아 욕을 얻어먹고 있다.

9. 바닷물로 천연가스를

"바닷물로 천연가스를 만들어 주겠다"는 말로 한 나라의 국왕과 총리에게 사기행각을 벌인 한국인들이 있었는데 이들이 모두 목사와 신학박사라고 하여 더한층 충격적이다. 피해자는 남태평양의 도서국가인 통가공화국의 총리 바에아와 국왕 타우파하우 투포우 4세.

1997년 10월, 호주에서 발간되는 '뉴스레터 퍼시픽 리포트'지에 따르면 이들은 지난 1996년, 바에아 총리가 이끄는 통가 사절단이 한국을 방문했을 때, '한국평화봉사단' '세계평화상위원회' 등 유령단체의 명함을 내보이면서 접근, 자신들은 바다물로 천연가스를 만드는 획기적인 발명을 했다며, 통가에 그 공장을 세우고 싶다면서 설비도면까지 보여주면서 환심을 얻고는, 목사와 신도 등 60여명을 데리고 그곳으로 몰려가 국빈 대우의 초호화판 대접을 받았다는 것이다.

당시 통가측은 이들 사기꾼들에게 공장부지 제공은 물론, 성대한 기공식에다 총리 지시의 카 퍼레이드까지 벌여 주었으며, 그 나라 최고의 인터내셔널 데이트라인호텔에서 일주일동안이나 머물게 했는데, 이들은 그곳에서 국왕 타우 파하우 투포우 4세에게도 접근, 있지도 않은 '세계평화상 하베스트상'을 준다고 속이고는 국왕이 수상식장에까지 가는 헤프닝을 벌이게해 놓고는 줄행랑을 쳤던 것.

심지어 이들은 당국에 불려가 조사를 받는 자리에서까지도, 신의 뜻이면 얼마든지 바다물로 천연가스를 만들 수 있는데 너무 조급히 군다며 눙청을 떨었다 한다.

10. 상습 음주운전으로 삼진아웃 당한 목사

음주운전의 피해가 갈수록 늘어나자 마침내 당국이, 3년이내에 음주운전으로 두 차례 이상 처벌을 받은 사람이 또 다시 음주운전으로 적발돼 혈중알콜 농도가 기준치인 0.05%이상이 나왔을 경우, 무조건 구속 수사를 하는 '음주운전사범 삼진아웃제'를 도입, 1997년 10월 15일부터 단속에 들어갔는데, 첫날 당장 걸려든 사람이 전남 임실의 한 목사였다.

전라도 순창의 모 교회를 담임하고 있는 김충제 목사(53). 평소에 술을 즐겨했던 모양으로, 1993년과 1997년 초, 각각 두 차례씩 음주운전으로 적발돼 처벌을 받았는데, 또 다시 1997년 10월 16일 오후 10시경, 혈중알콜 농도 0.18% 상태에서 승용차를 몰고가다 전남 임실군 강진면 강진 삼거리 앞 도로에서 불심검문에 걸려 구속이 되었단다. 다른 사람들에게 술 마시지 말라고 설교를 해야할 목사가 오히려 음주운전으로 구속이 되다니…, 부끄러운 일이 아닐 수 없다.

미신과 거짓종교
78 대 22의 법칙

1. 너무도 뿌리깊은 미신의존 사상

　설이나 추석, 기일 때 조상에게 제사지내기, 부모가 돌아갔을 때 명당 잡기, 자녀 결혼 앞두고 궁합보기, 자녀 이름 지으면서 작명가 찾아가기, 이사할 때 길일(吉日)잡기, 정초에 점치거나 토정비결 보기, 명절에 지신밟기, 중대사 앞두고 점쟁이나 무당 찾기, 가뭄에 기우제 지내기, 새로 집을 마련했거나 차를 살 때 혹은 무슨 사업을 시작할 때 시루떡과 돼지머리 앞에 놓고 절하며 고사지내기, 자녀 대학 시험 앞두고 불공드리기, 대학 시험 치는 날 남의 학교 대문에 엿과 찰떡 붙이기, 사고나지 말라고 부적 사서 지니고 다니기, 시험치는 날 미역국 마시면 시험 떨어진다고 믿기, 집 지을 때나 묘지 조성할 때 지관 불러 물어 보기, 하관할 때 시간 맞추기, 잡귀신 들어오지 말라고 동네 입구에 '천하대장군'과 '지하여장군'이란 이름의 장승 세우기… 우리나라 사람들이 즐겨 하고 있는 미신의 종류들이다.

　게다가 근래에 와서는 국가에 무슨 일이 있을 때마다 대규모 추모행사에 노제와 굿판까지 예사로 벌어지는가 하면 무당들이 떼거지로 출연, 국태민안 큰굿까지 국가 재정으로 치러지고 있다. 참으로 한심스럽고 불쌍한 민족이다.

2. 인공위성 띄우면서 돼지머리 고사

1995년 12월 12일. 미국 플로리다의 케이프내버럴 공군기지. 우리의 힘으로 만들어진 자랑스런 우리 별 '무궁화 1호'가 대망의 우주를 향해 발사되기 직전이었다. 그런데 이날, 이같은 행사를 앞두고 이곳 공군기지가 생긴 이래 최초의 우스꽝스런 일이 벌어지고 있었다. 최첨단 과학자들과 국가 고위공무원들이 나서서 고사를 지낸 것이다. 거액을 들여 완성한 인공위성이 성공리에 임무를 완수해 달라고, 돼지 바베큐를 앞에 놓고 넙죽넙죽 절을 하는 모습이 너무도 우스워 외국 신문들조차도 이 모양을 크게 사진을 찍어 보도를 했는데, 주최측인 한국통신측이 미 공군 당국에 로비까지 해서 특별히 이루어졌단다. 참으로 국가적 망신이 아닐 수 없었다. 그런데도 우리별 1호는 발사과정에서 문제를 일으켰고 다시 2호를 만들어 발사를 했으니…….

3. 대통령 배출 묏자리 구경

김대중 국민회의 후보가 대통령에 당선되자 경기도 용인에 있는 김대중 대통령의 가족 묘지가 명당 구경을 오는 사람들로 북새통을 이루었다. 용인군 이동면 묘봉1리 산 155번지 일대에 486평으로 조성된 이 가족묘지는 대선을 앞두고 유명한 지관인 고(故) 손석우 씨가 잡아준 것으로, 김대통령의 부모, 아들, 전 부인 등의 묘지가 조성돼 있는데, 대선 전 한 때는 '묘지조성에 관한 법률위반' 건으로 말썽을 빚기도 하다가 당선이 되자 묏자리가 좋아서 그리되었다고 믿는 사람들이 부지런히 이곳을 찾아오고 있으며 근처에 묘지를 마련하려는 사람들이 갑자기 늘어나 경기도 용인군에는 불과 수개월만에 공·사설 묘지만도 3천여평이나 늘어났을 정도다.

한편 이곳에 묘터를 잡아준 지관 손석우 씨는 소문난 사기꾼으로, 한때 중국의 등소평을 비롯, 구 신한국당의 경선후보였던 이회창, 이홍구, 이수성씨 등의 부모 묘터도 잡아 주었노라고 허풍을 떨고 다니다 모 방송의 추적 팀에 의해 모두가 거짓이었음이 탄로가 났으며, 얼마 전엔 충남 예산군 덕산면에 사는 이모씨의 임야 36만평을 거저 먹다시피 하려다 법원에 의해 패소판결을 받기도 했었다.

어찌하여 천주교 신자라는 김대중 대통령과 기독교 장로라는 이희호 여사가 이런 자에게 돈을 주고 묘터를 잡았는지 이해가 안 된다.

4. 호화분묘

1960년대 한 때 우리나라 전체에서 개인소득 랭킹 10위 안에 들었던 사람으로 강석진이라는 거부가 있었다. 부산에서 주로 활동을 했는데 동명목재, 동명산업 등 동명(東明)이란 글자가 들어간 회사는 모두 그 사람의 것이었다. 박정희 대통령 때 세계최고가 승용차인 벤츠를 2대나 사서 한 대는 박대통령께 선물하고 한 대는 자기가 탔다는 일화도 있다.

그런 그가 어느날 갑자기 완전히 망해 버렸는데 그것은 지관의 말을 듣고 초호화분묘를 조성하고 초호화 절간을 만들던서부터 시작이 되었다. 한국 최고의 지관의 말에 따라 부산에서 최고 명당 자리를 골라 초호화분묘를 조성하고는 심지어 아직 죽지도 않은 자신의 묘까지 조성해 놓는가 하면 엄청난 규모의 절간까지 지어 밤낮으로 불공을 드리는 등방정을 떨더니 몇 년이 못 가서 완전히 거들이 나 버렸고 얼마 후 자신도 홧병으로 세상을 떠나고 말았다.

세상에 조상 묘 잘 쓴다고 잘 되고 성공한다면 임금이 왜 망하고 나라까지 남의 나라에 빼앗긴단 말인가?

5. 필자도 지관???

1998년 여름휴가로 필자는 처가가 있는 충북 제천의 한 시골마을을 다

녀왔다. 깊고깊은 산골마을로 밭농사를 주로 하고 소나 개를 키우며 살아가는 동리로써 집들이 여기 한 집 저기 한 집 띄엄 띄엄 떨어져 있는 동리다. 지난 해까지만 해도 빈집이 없었는데 올해는 소값이 폭락하다보니 농사를 포기하고 타지로 옮겨간 사람들이 많아 빈 집들이 여러 채 있었다. 그런데 한 집을 본즉 대문이 집 뒤에 있었고 대문 옆에 커다란 상수리나무가 한 그루 있는데 나무로 인해 집이 너무 왜소해 보였다. 필자가 우연히 그 집을 보면서 처에게,

"상수리나무가 이렇게 커서야 집안에 사는 사람들이 기를 펼 수 있겠나. 가족 중에 큰 변을 당할 사람이 나올 형상이다. 나같으면 나무를 베어 버리고 말겠다." 라고 했다.

그리고 잠시 후 또 한 집 빈집이 눈에 들어 왔는데 그 집은 방향이 서북쪽을 향하고 있었다. 그것을 보고 필자가 또 처에게,

"이 집은 해를 등지고 앉았으니 필경은 범죄자가 나올 수 있는 형상이다. 당장 뜯어서 다시 짓는 게 낫겠다." 고 했다.

그런데 참 이상한 일이었다. 집으로 와서 이야기를 하는 중에 장모님으로부터 그 두 집에 대해 이야기를 들었는데 상수리나무가 있는 집에서는 얼마 전에 주인이 목을 메어 자살을 했는데 그 후 가족들이 뿔뿔이 흩어져 버렸고, 또 한 집 해를 등지고 앉은 집은 총각이 혼자 살았는데 청년들과 함께 도박을 하다가 싸움을 벌인 끝에 칼부림이 나서 교도소에 들어갔다고 했다.

참으로 우연의 일치 치고는 신기한 일이었다. 필자가 무슨 풍수에 '풍' 자나 아는 사람이며 역학에 '역' 자나 아는 사람인가? 그냥 느낌이 좋지 않아 한 마디 해본 것이 이렇게 딱 들어맞은 것이다. 만약에 필자가 무슨 지관이나 역술가가 되어서 이런 말을 했더라면 '족집게' 소리를 듣고도 남았을 것이다. 따지고 보면 세상에 미신이 다 이런 것이다. 소 뒷걸음치다 쥐잡기로 한마디 뱉은 것이, 맞으면 당장에 '족집게' 가 되고

틀리면 그냥 그렇게 유야무야로 넘어가는 것이다. 그래서 무당은 큰소리를 치면 칠수록 더 유명해지는 것이다.

6. 정태수와 미신 숭배

"사업에는 운이 70%를 차지한다." 소위 말하는 '운7 기3론'을 주장한 정태수 한보그룹 총회장. 이 정회장은 유달리 역술가를 가까이 하고 미신을 숭상하며 풍수에 남다른 관심을 갖고 있었단다. 세무공무원이던 그가 1973년, 48세의 나이로 사업에 뛰어든 것부터가 점쟁이의 점괘 때문으로 당시 유명한 역술가 백운학 씨의 권유에 따른 것이며, 본명인 태준(泰俊)을 태수(泰守)로 바꾼 것 역시 그 관상쟁이의 권고에 따른 것이다. 그가 이번 부도의 진원지가 되고 있는 '한보철강'에 굳이 미련을 갖고 있는 것도 "쇳가루를 만지는 사업이 좋다"는 역술가의 말 때문이며 공장을 당진이나 부산에 세운 것도 모두 지관의 말을 너무 믿어서라는 것이다. 심지어 문을 내는 일과 기계를 앉히는 일까지도 지관의 말에 따랐으며 기공식을 1990년 12월 29일로 잡은 것도 무당들이 일러준 날짜가 그 날이라서이다. 정회장이 로비 장소로 서울 종로1가의 종친회 사무실을 주로 이용한 것도 그곳이 명당자리로 지세가 좋다는 이유 때문이란다.

한보그룹이 본사 사옥으로 서울 강남구 대치동의 은마아파트 단지 내의 지은지 19년이나 된 3층 상가건물을 계속해서 쓰고 있는 것 또한 "목수가 제 집을 지으면 망한다"는 점쟁이들의 고사 때문이며 풍수에 일가견이 있는 정회장 자신이 이곳을 명당 자리라고 확신하고 있기 때문이라는데, 정회장의 말인즉 "이곳(은마아파트단지)이야말로 물이 앞으로 들어오는 형상이고 바람의 방향을 제대로 갖춘 명당 중의 명당이다. 새 사옥을 짓더라도 나는 이 건물에 남아서 일하겠다"라는 것.

그런데 지금 그는 어떻게 되었는가?

7. 손재수 예언한 뒤 도둑질한 점쟁이

단골로 점을 보러 오는 여자 손님에게 손재수가 있으니 조심하라고 점 괘를 내어놓고는 그 집에 몰래 들어가 도둑질을 하다가 붙잡힌 점쟁이가 있었다. 서울 강남의 김모(21) 무속인. 이성문제로 수차례 찾아와 점을 보던 임모 여인이 차차 자신의 점괘를 의심하는 눈치를 보이자 하루는 임 여인에게 "며칠 내에 손재수가 있을 것이니 각별히 조심하라"고 점괘를 일러 주고는 며칠 뒤 몰래 임여인의 집 담을 넘어 들어가 도둑질을 하다가 야간주거침입에 절도죄로 붙잡혀 징역 1년에 집행유예 2년, 사회봉사 명령 80시간을 선고 받았었는데 경찰 조사에서 이렇게 말했단다.

"임여인이 최근들어 자신의 점괘를 의심하는 눈치를 보이자 용하다는 소리를 들으려고 그렇게 했다"고.

8. 법대생이 점쟁이 말을 듣고

고시를 준비하던 한 법대생이 여자들의 속옷만 전문으로 훔치다 절도범으로 붙잡혀 구속이 되었는데…

서울 용산2가의 이모(30)청년. 법대를 나온 뒤 고시공부를 하여 시험을 쳤으나 번번히 미역국. 그렇게 연이어 다섯 번을 떨어지자 친구가 한 유명한 점쟁이를 소개해 주었는데 점쟁이가 하는 말이, "여자 속옷을 훔쳐 입고 공부를 하면 틀림없이 고시에 붙는다"는 것. 그래서 점쟁이가 시키는 대로 여자들의 속옷을 몰래몰래 훔쳐 입고 공부를 했는데 합격은커녕 시험을 보기도 전에 경찰서부터 가게 된 것. 1996년 7월 4일, 관악경찰서 형사계에서 이씨가 들은 말은 "법관이 되기 전에 먼저 상식부터 공부하세요."

9. 청동용 이야기

1998년 2월 25일, 김대중 대통령의 새정부가 출범식을 갖는 날. 서울

경복궁에서는 문화체육부 주관으로 구리로 만든 용을 경회루 연못에다 집어넣는 행사를 가졌다.

　사연인즉, 1997년 11월, 경회루 연못에서 준설작업을 벌이던 중, 뜻밖에 청동용 한 마리가 연못에서 나왔는데, 이것은 쇄국정책으로 나라를 망쳐먹은 대원군 때에 열방으로부터 나라를 보호할 목적으로 만들어 넣은 것이란다. 발굴 당시 목부분이 부러져 두동강이 나 있었던 것을 사람들이 건져 올려 박물관으로 가져갔는데 뒤를 이어 IMF사태가 터지자 무속인들을 비롯한 일부 미신숭배자들이 경회루 연못에서 용을 건져내어 이런 일이 생겼다며 입방아를 찧어대었고 그러자 당시 문화체육부장관이 서둘러 지시를 해서 길이 146.5cm 폭 14.2cm 무게 66.5kg의 새 청동용을 제작, 새대통령 취임식날에 맞추어 다시 집어넣기로 약속을 하였고 이것을 이 날 시행한 것이다.

　대망의 21세기를 눈앞에 둔 시점에서 모가지가 부러진 용을 건져내어 IMF사태가 들이닥쳤다는 무속인들의 말을, 정부 고위당국자가 듣고 놀라서 새 용을 만들고 집어넣는 소동을 벌이는 나라가 지구상에 또 있을까? 저들의 말대로 그놈의 구리 용이 그처럼 영험하다면 어찌해서 그놈을 처음 만들어 넣었던 대원군 때에 나라가 망했는가? 설령 그들 말대로 용이 무슨 영물이라고 치자. 그렇다면 목이 부러진 것을 건져내어 주었으니 오히려 고맙다고 은혜를 갚을 일이지 IMF같은 환란을 가져다 줄 일인가? 상식적으로도 이해가 안가는 이런 말을 듣고 그야말로 IMF시대에 정부가 나서서 국민의 세금으로 이런 짓거리를 하다니 이들이 과연 새시대의 새일꾼이라고 믿어도 되는 것일까?

　옛날에도 현명한 군주는 혹세무민하는 무당과 미신숭배자들을 잡아다 벌을 주고 뿌리를 뽑으려 했고 기독교인이 아닌 박정희 대통령도 '미신타파'라 하여 이런 일들은 과감히 정리를 했었다.

　"너희가 하나님을 누구와 같다 하겠으며 무슨 형상에 비기겠느냐 우상은 장인이 부어 만들었고…"(사 40:18-19).라고 했다. 오히려 지난 정권 때에 저질러온 우상숭배죄와 미신을 숭상한 죄를 회개하고 하나님께 부르짖어 도움을 청할 때가 바로 새정부 출범일이 되었어야 했다.

10. 용과 귀신

1997년 한해는 이상하게 국민들 사이에 '용'이란 말이 많이도 나돌았다. KBS 주말연속극 '용의 눈물'이 인기를 끌면서부터 서서히 이런 일들이 일어나기 시작하더니 아예 '용'이란 말이 대통령이나 왕의 호칭처럼 되어 버렸다. 그래서 여러 사람들이 대통령 출마경쟁을 벌였던 한나라당의 대권 후보들을 향해 '7용'이니 '8용'이니 하면서 떠들어 대는가 했더니 '귀신'을 소재로 한 TV드라마들이 경쟁적으로 많이 나온 것도 이 때의 일이다. 특히 MBC에서 방영하고 있는 '이야기 속으로'와 SBS의 '미스테리 극장' 등은 귀신이 정말 있기라도 하는 것처럼 국민을 우롱하더니 월드컵 대표 팀을 응원하는 응원단 이름까지 '붉은 악마'라고 불러대었다.

그래서 필자는 '아세아방송'과 월간고신을 통해 여러 차례 이러면 안 된다고 경고를 했었다. 그러나 귀를 기울여 주는 사람이 많지가 않았다. 그러더니 마침내 IMF사태가 터지고 말았다. 그래도 사람들은 똑같은 짓들을 되풀이하고 있고 성도들 중에도 오히려 필자를 너무 과민반응이라고 말하는 사람도 있다. 그러나 성경은 "입의 열매로 인하여 복록을 누리거니와…"(잠 13:2)

"입술의 열매를 짓는 나 여호와가 말하노라"(사 57:19)라고 분명히 말하고 있다.

"큰 용이 내어 쫓기니 옛뱀 곧 마귀라고도 하고 사단이라고도 하는 온 천하를 꾀는 자라 땅으로 내어 쫓기니 그의 사자들도 저와 함께 내어쫓기니라"(계 12:9).

용이니 귀신이니 하는 것들은 사탄의 이름이다. 우리의 입술로 늘 하나님 이름만 불러도 모자랄 판에 용, 용 하면서 사탄의 이름만 불러대어서야 이어찌 화를 부르는 일이 아니겠는가?

11. 월드컵 본선에서 1승도 못한 진짜 이유는

'오도방정'이라는 말이 있다. 몹시 경망스럽고 주책스런 짓을 해서 될 일도 오히려 안 되게 할 때 쓰여지는 말이다. '98프랑스 월드컵' 본선 출전을 위한 출국을 앞두고 모재벌기업이 도깨비 문양의 부적팬티를 만들어 대표팀 선수들에게 입히도록 했는가 하면 멕시코와의 1전을 눈앞에 둔 1998년 6월 13일 저녁 서울 모방송은 스튜디오에 무당들을 잔뜩 데려다놓고 점을 치게 했으며 신문도 덩달아 무당들의 엉터리 점괘를 큼지막하게 싣는 등 법석을 떨었다. 게다가 응원단 이름도 굳이 '붉은 악마'였다. 이러니 하나님이 돌아앉을 수밖에. 선제골을 넣고도 어이없는 퇴장을 당하는 뜻밖의 사태까지 발생하고 말았다. 오도방정을 떨어서 될 일도 안 되게 하는 짓이란 바로 이런 일을 두고 하는 말인 것이다.

12. 거짓의 자식들

효녀로 소문난 탤런트 김청이 최근 결혼을 했는데 불과 13일만에 이혼을 하고 말았다. 그런데 그녀가 결혼을 하기 전 서울의 한 유명한 무속인을 찾아가 궁합을 봤는데 당시 무당 왈, "합이 하나만 들어도 좋은 궁합인데 두 사람 사이엔 합이 세 개나 들었다. 대단히 좋은 사주다"라고 극찬을 했단다.

98프랑스 월드컵 본선 첫 시합인 대 멕시코전을 앞두고 SBS의 '데이트라인'(주병진 진행)에서는 소문난 무당들을 떼거지로 스튜디오에 모셔다놓고는 점을 치게 했는데 한결같이 우리가 이긴다고 큰소리를 쳐댔다. 우리는 운이 불(火)이고 멕시코는 나무(木)라나 하면서. 한데 결과는 3:1로 분패. 게다가 선취골을 넣고도 퇴장을 당하는 어처구니없는 일까지 생기고 말았다. 그러자 이번엔 또 서울 마포구 신수동의 김일례(44.)라는 무당이 신문지상을 통해 "내가 멕시코한테는 진다고 했다"면서 "네델란드전에선 2:1 아니면 3:1로 이기고 벨기에한테는 2:0으로 진다"고 헛소리 늘어놓았다. 그러나 결과는 완전한 엉터리. 이긴다던 네델란드한테는 5:0으로 완패하고 진다던 벨기에전에선 1:1 무승부였다.

"너희는 너희 아비 마귀에게서 났으니 이는 저가 거짓말쟁이요 거짓의 아비가 되었음이니라"(요 8:44).

맞으면 '쪽집게'니 '도사'니 하면서 유명세를 누리고, 틀리면 아무도 시비하는 사람이 없으니 아무 소리나 지껄여놓고 보는 것이 아니겠는가. 때리는 시어머니보다 말리는 시누이가 더 밉다고, 부추겨대는 신문과 방송이 더 한심스럽다.

13. 심진송의 엉터리 예언들

한때 김일성의 사망을 미리 알아맞혔다 해서 매우 유명하게 된 무당 심진송. 그 여세로 '신이 선택한 여인'이란 이름의 책까지 내어 베스트 셀러가 되었었다. 1996년 9월호 모여성지에 11가지 새로운 점괘를 내놓았는데 단 한 가지도 맞아 떨어지는 게 없다. 그때 그 여성지에 소개되었던 그녀의 점괘 몇가지를 소개해 보면,

① 내각제 개헌 1997년 초에 반드시 이루어지고 정계 원로 J씨가 초대 수상이 된다. ② 특이한 성을 가진 사람이 차기 대권후보로 YS의 낙점을 받는다. ③ DJ에게는 대권을 줄 천운이 따르지 않는다. ④ 김정일은 현재 극도로 악화된 건강 때문에 음력으로 1996년 6-7월이면 모든 것에서 손을 떼게 되고 96년 말로 정치 수명이 끝나 제3국으로 망명을 갈 것이다. ⑤ 1996년 미 대선은 클린턴이 패배하고 밥돌이 승리한다.… 등등.

얼마나 황당한 엉터리 점괘인가?

14. 자기 앞도 모르는 족집게 도사

E여대 무용과의 목모 교수가 거액의 돈을 받고 예능계 학생들을 부정입학한 사실이 드러나 세상이 떠들석한 일이 있었다. 1991년 5월에 있었던 문제의 이 사건은 부산의 모 무속인으로부터 일어났다. 족집게 도사라는 별명을 가진 이 유명한 여자 무당에게 딸이 하나 있었는데 목모 교수에게 거액의 돈(2억원)을 주고 부정입학을 시켰던 것. 얼마 후 목교수 인솔하에 모스크바에 연수를 갔다가 그만 불행히도 교통사고를 당해 목숨을 잃고 만 것이다. 수억원의 돈을 들여 입학을 시킨 딸이 오히려 사고로 목숨까지 잃게 되자 그 유명한 족집게 무당, 본전생각이 났던지 E여대의 목모 교수를 찾아가 협박을 하다가 마침내 당국에 고발까지 한 것이다.

그녀가 그렇게 '족집게'처럼 사람의 운명을 알아맞히는 사람이라면, 무엇 때문에 자기 딸을 부정입학까지 시켜가면서 E여대를 보냈으며 비싼 돈 들여가며 러시아엔 보냈는가? 무당, 점쟁이들이 다 이와 같이 엉터리인 것이다.

15. 죽은 남편 부활 믿고 9년간 시신과 동거

이단에 빠져 있던 한 50대 여인이 남편이 죽자 다시 살아날 것이라 믿고 무려 9년 동안이나 시신을 방안에 보관, 함께 동거해 온 사실이 드러나 충격을 주었다. 경기도 부천시 소사구 송내동의 서태수(34)씨에 의해 밝혀진 것으로 1998년 5월 4일, 어머니 이원봉(59)씨가 뇌출혈로 숨져 장례를 치른 뒤 집으로 돌아와 안방에 들어가 보니 아버지 이석현(사망 당시 55세)씨의 시체가 바짝 마른채로 있어 경찰에 신고를 했는데 시신 곁에 '89년 7월 30일 사망, 91년 9월 28일 촬영'이라고 쓴 어머니 이씨의 친필 메모지가 함께 놓여 있었다는 것. 전하는 바에 의하면 어머니 이씨는 전도관의 신도였다는 것으로 잘못된 신앙의 결과에서 나온 것.

16. 제물들이 반란을

회교축제가 절정에 달해 있던 1998년 4월 6일의 일이었다. 회교국인 레바논에서는 짐승을 잡아 제사를 지내는 회교 축제 에이드 알 아드하에 쓸 제물로 2백여 마리의 양과 소를 준비해놓고 있었는데, 도살 직전 뿔이 다섯 개가 달린 양이 발견되어 도살을 중지 "내 일생에 그런 양은 처음 봤다. 다섯 개의 뿔이 눈에 들어오는 순간, 칼 든 손에 힘이 쫙 빠져 나가 칼을 내 던졌다."

도축업자 파디 압달라의 말이다.

또 한편 같은 시기, 성지순례행사가 한창인 사우디 아라비아에서는, 제물로 쓰려고 매어두었던 소 한 마리가 갑자기 입에 거품을 물고 날뛰며 담장을 뛰어넘어 사람을 뿔로 받으며 거의 필사적으로 탈출을 시도해 한바탕 큰 소동이 일어났는데, 마침내 경찰이 쏜 총과 물세례를 받은 끝에 사살이 되었다. 이 장면이 TV를 통해 온 세계 안방에 생생히 중계되었는데 사람들은 이런 일들을 두고 "말 못하는 짐승들이 회교가 참 종교가 아님을 알고 반란을 일으켰나?" 라고 한마디씩 했단다.

17. 방생

기독교의 10계명처럼 불교에도 신도5계, 사미10계, 보살48계 같은 많은 종류의 계율들이 있는데 공통된 내용이 도적질하지 말 것, 음행하지 말 것, 술을 마시지 말 것 등이며 이 중에서도 "살생을 하지 말라"는 말은 불교의 어떤 계율에서나 첫번째 계명으로 되어 있다. 이 살생하지 말라는 계명을 자세히 읽어보면 "공중에 날아다니는 것이나 땅에 기는 것, 보잘 것 없는 곤충에 이르기까지 목숨이 있는 것은 무엇이라도 죽여서는 안 되며 내 손으로 죽이는 것은 물론 남을 시켜 죽게 하거나 꾀를 써서 죽이거나 죽이는 것을 보고 즐겨서도 안된다."고 되어 있다. 그러니까 파리나 모기, 바퀴벌레 한 마리라도 죽여서는 안 되며 파리약이나 농약 등을 제조하거나 뿌리는 일도 해서는 안 된다.

얼마 전 서울 한강의 상류지점인 북한강 부근에서 불교의 소위 방생법회라는 것이 열려 TV에 비쳐졌는데 이것이 바로 그 첫째 계율을 지키자는 행사이다. 그런데 그 하는 모습을 가만히 지켜보노라면 이것이 정말 고기들을 살리려고 하는 행사인지 골병을 들여서 죽이자는 행사인지 분간이 안간다. 한강에서 어부들이 잡아놓은 물고기를 돈을 주고 사서는 물에 넣어 주는데 한 번 방생한 물고기를 다시 어부들이 그물로 잡아서 또 팔고 그리고 신도들은 다시 방생을 하고 또 잡아 팔고 또 방생을 하는 것이다. 그래서 몇 차례 거듭하다 보면 거의 모든 고기들이 지치고 골병이 들어 죽고마는 것이다. 게다가 방생에 쓰여지는 물고기들은 모두 외국에서 사들인 수입물고기로써 우리 나라 생태계에 적지 않는 피해를 줄 수도 있다.

게다가 불교 신자들은 그 수입 물고기의 등에다 자기의 소원과 이름 등을 쓴 쪽지를 붙여서 물에다 놓아주고는 소원을 빌기까지 하는데 이것이 어찌 방생이라 할 수 있는가? 자신의 소원성취를 위한 일종의 미신행위일 뿐인 것이다. 방생이라는 허울좋은 이름 때문에 오히려 고기에게 고통을 주며 죽게 하는 이런 행사는 오히려 없애는 게 더 옳지 않을까?

18. 산은 산이요 물은 물이다

"일생동안 남녀의 무리를 속여서, 지은 죄가 하늘을 넘치고 수미산을 지나쳐, 산채로 무간지옥으로 떨어지니, 그 한이 만갈래나 되는구나…" 1981년, 대한불교 조계종 종정에 취임, 무려 12년간을 불교계 최고의 지도자로 공인하던 이성철 승려가 1993년 11월 4일, 합천 해인사 퇴설당에서 숨을 거두면서 유언으로 남긴 말이다.

"산은 산이요 물은 물이로다" 라는 말로 유경한 그는 경남 진주가 고향으로, 원래 결혼하여 처와 자식까지 거느린 몸이었으나, 결혼한지 5년만에 홀연히 젊은 부인과 네 살짜리 어린 딸 자식을 버려두고 출가해 중이 되었으며 그 후로 처와 자식들을 단 한 차례도 만나주지 않을 만큼 지독한 중이었다. 그는 해탈하여 부처가 되기 위해 16년간을 생식만 하고 살았으며, 8년 동안을 장좌불와(長坐不臥 즉 눕지 않고 앉아서 자는 것)를 했었다. 사람들을 만나지 않기로도 유명해서 그를 보기 원하는 사람들에게 해인사 대웅전에 있는 불상 앞에 3천번 절을 하고 오라고 했는데 이것은 그가 그 자신이나 다른 많은 사람들이나 똑 같은 사람으로서 자기를 만나봐야 아무 유익이 없다는 뜻에서였다고 한다.

마침내 두고온 딸도 자라 고등학교를 나온 뒤 절로 들어가 비구니가 되었으며, 딸과 남편을 모두 절에다 뺏겨버렸던 아내마저 집을 나와 중이 되어 수도생활을 하다가 87년에 외로이 세상을 떠났단다.

그렇게 철저히 불도를 신봉했던 그가 마지막 숨을 거두기 직전, 그가 살아온 길을 되돌아보며 탄식을 한 것이다. 자기는 일생동안 많은 사람들을 속여서 그 죄가 하늘에 닿고 마침내 지옥으로 떨어지게 되었으니 그 한이 만갈래나 된다고.

"다른 이로서는 구원을 얻을 수 없나니 천하 인간에 구원을 얻을 만한 다른 이름을 우리에게 주신 일이 없음이니라"(행 4:12).

19. 천주교인 88% 제사 지내

1998년 2월, 창간 71돌을 맞은 가톨릭신문이 우리나라 천주교인 1046명을 대상으로 설문조사를 했는데, 우리나라 가톨릭신자 중 88%가 제사를 지내는 것으로 나타났으며, 33.2%가 토정비결을 보고, 27.4%는 사주, 관상을 보며, 택일과 작명을 하는 사람이 16.5%, 궁합을 보는 사람이 13.5%, 굿을 하는 사람도 2.4%나 된다고 나타났다. 또한 교리나 사상면에 있어서도, 불교를 선호하는 사람이 36.3%나 되어 오히려 같은 하나님을 믿는 기독교를 선호하는 사람 12.4%에 비해 훨씬 많은 것으로 나타났단다.

20. 진화론 인정한 로마교황 요왕 바오로 2세

성경의 창조론에 정면으로 위배된채 기독교의 진리를 무참히 짓밟아 온 찰스 다윈의 '진화론'을 1996년 11월, 로마교황 요왕 바오로 2세가 "이미 가설의 영역을 넘어 서 있고 가톨릭의 가르침과 모순되지 않다"며 공식적으로 인정을 하고 나섰다. 그런 그 로마 교황이 미국의 시사주간지 '뉴스위크'지가 선정한 '영향력 있는 인물 1백인'에 뽑혔다는 소식이다. 역시 넓은 문이 좋기는 좋은건가?

"좁은 문으로 들어가라 멸망으로 인도하는 문은 크고 그 길이 넓어 그리고 들어가는 자가 많고…"(마 7:13).

불교도 좋고 회교도 좋고, 석가도 좋고 마호메트도 좋고…, 하는 것이 천주교라 하지만…….

21. 정체불명의 고신교단들

예장 서울고신(총회장 오세택 목사), 예장 고신합동(총회장 양복석 목사), 예장 고려개혁(총회장 신원삼 목사), 예장 고신개혁(총회장 이일우 목사)… 1998년 3월 21일자 '기독교공보'(발행인 조용목)의 부활절 축하광고란에 난, 소위 한국개신교단협의회 소속 교단 중 일부의 이름들이다. 여기에다 어떤 교계주소록을 보면 예장 고려연합(총회장 이춘명 목사), 개혁장로회 고려파(총회장 유돈식), 예장 고신개혁(총회장 박한규 목사)이라는 이름들도 있다. 대관절 고신 교단이 언제 이렇게 여러 갈래로 갈라져 나갔길래 이런 많은 이름들이 버젓이 지면을 장식하고 있단 말인가? 게다가 그들 이름이 거명된 인사들 중에는 고신대학교 신학대학원이나 그 전신인 고려신학교 구경도 한 적이 없는 사람들이 대부분을 차지하고 있다. 그런데도 이들 중에는 심지어 전화를 해 보면 자기네가 고신 교단의 원조라는 말까지 하면서 사람들을 기만하고 있다. 도대체 이런 사람들이 어떻게 감히 '고신'이나 '고려'란 이름을 교단명으로 쓸 생각을 했는지 알 수가 없다.

타락한 종교인들이 하나님의 뜻과는 상관없이 교단을 만들고 신학교를 만들어 학생들을 모집하고 목사를 양산해내는 일들이 비일비재한 요즘, 우리는 사이비종교에 사이비 교단까지도 감시를 하면서 살아야할 판이다.

22. 아버지는 신이 아니다

"아버지는 전지전능한 신이 아니라 여러분이나 나와 같은 보통 사람이었을 뿐입니다."

1998년 7월, 홍콩에서 사진전시회를 개최한 덩샤오핑(鄧小平)의 장녀 덩린(鄧琳)이 아버지에 대해 한 말이다.

얼마 전 박태선의 아들도 자기 아버지는 신이 아니라 평범한 사람이라고 한 TV 프로에서 증언을 했는데, 어리석은 사람들이 지금도 박태선 교주를 신으로 믿고 그의 무덤 가에서 부활의 날만 고대하고 있으니…

23. 떼죽음과 사교집단(邪敎集團)

1978년 11월, 남미 가이아나에서는, 밀림 속의 비밀 신앙촌 '존스 타운'에서 집단생활을 하고 있던 사이비종교집단 '인민사원'의 신도 9백여 명이 교주 짐존스와 함께 독약을 넣은 음료수를 마시고 집단으로 자살을 한 사건이 있었다. 레오 라이언 美 하원의원 일행이 인권문제 조사차 이곳을 찾아오자 의원 일행을 모조리 사살하고, 사원 광장에 신도들을 모은 다음 '함께 죽는다'는 선언과 함께 이같이 처절한 죽음의 제전을 벌였던 것이다.

비슷한 사건이 1993년 4월, 텍사스주의 소도시 웨이코에서도 발생했다. 종말론에 빠져 함께 모여 집단생활을 하던 사교집단 '다윗파' 일행 90여 명이 51일 동안이나 경찰과 대치하다가 마침내 창고에 불을 지르고 함께 떼죽음을 당한 것이다.

1994년 9월 5일에도 비슷한 사건이 멀리 스위스와 캐나다에서 벌어졌다. '재림예수'를 자처하면서 신비주의와 종말론을 주장하는 벨기에 출신의 뤽 주레가 이끄는 '태양의 사원파'에서 신도 50여 명이 처소에 불을 질러 떼죽음을 한 것이다. 외신에 따르면 9월 5일 스위스 셰이리마을의 한 농가 지하실에서 23명이, 남부 그랑즈 쉬르 살방 산장에서 25명이, 그리고 캐나다 몬트리얼 북부 모린 하이트의 한 저택에서 2명이 불에 그을린 시체로 발견이 되었는데, 무슨 의식을 치른 듯 머리는 모두 바깥 쪽으로 향한채 원형을 이루며 반듯이 누워 있었는데 장미와 십자가가 그려진 그들 특유의 예복을 입고 있었으며 요한계시록에 나오는 네 짐승의 형상이 새겨진 메달을 목에 걸고 있었다 한다.

그런데 이런 일이 우리나라에서도 일어났다. 그 유명한 '오대양 사건'이다. 종말론과 예수 재림을 강하게 주장하며 사이비종교의 교주 노릇을 하던 박순자(당시 48세) 여인이 32명의 추종자들과 함께 경기도 용인에 '오대양산업'이란 공장을 세워놓고 집단생활을 하던 중, 80여억원의 빚을 지고 경찰에 쫓기다 공장의 식당 천정에 추종자들을 모은 다음 함께 극약을 먹고 떼죽음을 한 것이다.

사이비 종교는 이렇게 사람들의 재산을 빼앗고 고생을 시키다가 마침내 영혼은 물론 목숨까지도 무참히 뺏아가는 것이다.

24. 왕국회관 화재 사건

1992년 10월 4일, 강원도 원주에 있는 왕국회관에 대형화재 사건이 터졌다. 24명이 중화상을 입고 14명이 불에 타 죽는 끔찍한 화재였었다. 방화였는데 범인은 그 교회 신도인 신성숙(33)씨의 남편 원언식(35)씨였다. 부인 신씨가 이곳 '왕국회관'에 빠져 가정을 전혀 돌보지 않는데서 일어난 일이었다. 늙은 시어머니에 아직 제 앞가림도 못하는 어린 자식들이 둘이나 있는 여자가 6개월 동안을 거의 하루도 빠지지 않고 '왕국회관'에만 나가서 살았다는 것이다. 아무리 사정을 하고 매달려 봤지만 소용이 없었다 한다.

"여보 제발 부탁이오. 내 말 좀 들어봐요. 교회에 나가지 말란 말은 아니오. 병든 어머님에다 철 없는 어린 것들까지 있으니 가정도 좀 지켜가면서 다니라는 말이오. 어저께만해도 아이들이 저희들끼리만 놀다가 불장난을 해서 저렇게 화상을 입지 않았소. 불에 데어 뚱뚱 부어 있는 우리 정은이가 불쌍하지도 않소."

그날 아침도 원씨는 아내 신씨를 붙잡고 이렇게 사정을 했었지만 소용이 없었다. 오히려 남편을 향해 사단이라고까지 하면서 회관으로 나가 버렸다. 아침밥도 제대로 먹지 못한 채 회사로 나간 원씨. 일이 손에 잡힐리 없었다.

"도대체 종교가 뭐냔 말야. 가정보다도 자식보다도 소중한 그런 종교라면 세상에 무슨 유익이 있단 말야."

마침내 원씨는 조퇴를 하고 집으로 돌아왔다. 오는 길에 가게에 들러 소주 한 병을 사 단숨에 마셔 버린 원씨는 주유소에 들려 휘발유를 한 통 사서는 미친듯이 회관으로 달려가서는 회관에다 휘발유를 뿌리고 불을 질러 버린 것이다. 순식간에 회관 안은 아수라장이 되고 말았고 수많은 사람들이 목숨을 잃고 중경상을 입었다. 물론 원씨도 방화죄로 붙잡혀 구속이 되었고.

국토방위의 의무도, 거부하고 수혈까지도 금하며, 가정은 완전히 무시된 채 주부들을 불러내어 파수대, 깨어라 등의 책들을 팔게 하는 등 오직 자신들의 포교에만 급급해 하는 이단들의 폐해가 마침내 이런 끔찍한 사건을 불러들인 것이다.

25. 여호와의 증인 무엇이 문제인가?

사이비종교집단 '여호와의 증인'은 1872년 미국인 럿셀(Charles Taze Russell)에 의해 창설되었으며 우리나라에는 1912년 R.R 홀리스터 부부에 의해서 들어왔는데 국가를 부정하고 수혈을 거부하는 등 엄청

난 해악을 사회에 끼치고 있는데 몇 가지 주요 문제점을 열거해 보면,

첫째로, 이들은 예수 그리스도를 하나님이 아니고 하나님이 창조하신 최초의 인간이라며 예수님의 신성을 전면 부인하고 육체의 부활과 삼위일체론 등을 모두 부인하며, 영원한 심판도 지옥도 존재하지 않는다고 주장하고 있다.

둘째로, 이들은 시한부종말론을 주장, 한때 1975년 10월 초에 아마겟돈 전쟁이 일어나 지구가 멸망하고 그때부터 자기네들만을 위한 천년왕국이 시작되어 14만4천명의 여호와의 증인 신도들이 왕노릇하며 살 것이라고 선전을 했다가 불발로 끝이 났는데 오히려 이들은 이 후부터 모이는 장소를 '왕국회관' 이라 부르며 더한층 열렬히 포교를 하고 있다.

셋째로, 이들은 세상의 국가와 정부를 사단의 조직이라며 국가체제를 부정하고 병역의무와 집총을 거부하고 있다.

넷째로, 이들은 레위기 17장 14절의 "피를 먹지 말라"는 말씀을 왜곡하여 수혈을 거부하여 충분히 목숨을 건질 수 있는 사람도 죽음으로 내몰고 있다.

다섯째로, 이들은 가정을 지켜야 할 여신도들을 거의 매일같이 왕국회관으로 불러내서는 교리를 가르치고 가정을 돌아다니며 '파수대' '깨어라' 등의 포교용 책자를 팔게 하고 있는데, 이 때문에 가정이 엉망이 되고 아이들이 사고를 당하는 등 문제가 발생하는데, 남편이나 가족들이 자제를 요청하면 가족들을 '사단' 이라며 아예 상대조차 하지 않는다. 1992년 10월, 원주에서 있었던 '왕국회관 방화사건' 도 바로 여기에서 비롯된 것이다.

26. 영생교와 조희성

자신을 가리켜 하나님, 이긴 자, 정도령, 동방의 메시아, 구세주, 생미륵불 등 벼라별 이름을 다 갖다 붙이면서 영생교 승리제단이라는 사이비

종교단체를 만들어놓고는 기독교 불교 잡교 등 모든 종교인들을 대상으로 포교활동을 하다가 마침내 붙잡혀 감옥살이를 하고 있는 천하의 사기꾼 조희성(63).

그는 본래 1931년, 경기도 김포에서 찢어지게 가난한 농부의 아들로 태어나 자랐으며 육군 중위로 군복무를 마친 뒤에는 사업을 벌였으나 실패하자, 부천시 소사동의 신앙촌으로 들어가 박태선에게서 수법을 익힌 다음, 1981년 8월 이탈자들을 규합, 신앙촌을 빠져나와 부천시 역곡동에다 '영생교 승리제단' 이란 간판을 내걸고 사이비 교주 노릇을 시작, 온갖 감언이설로 사기행각을 벌여 오다가 마침내 12년만인 1994년 1월 10일 오후1시, 서울시내 R호텔에서 경찰에 붙잡혔다.

그는 1백31개 항목으로 된 소위 '자유율법' 이란 것을 만들어 자신을 신격화하는데, 사진까지 조작하여 집회 때마다 회중에 이슬이 내려지는 것처럼 만든 사진을 신도들에게 보여주면서 '이슬성신' 을 받아야 영생을 할 수 있다는 등 사기를 쳐서 돈을 뺏아왔었다. 그는 또한 "이 세상의 모든 재물은 하나님인 자신의 것이므로 신도들은 몸, 마음 재산을 다 자기에게 맡겨야 한다"고 속여 사람들로 하여금 재산을 정리하고 가족을 떠나 영생교 울타리 안으로 들어오게 하고는, '근화실업' 이라는 봉제공장을 차려놓고 "열심히 일해 하나님인 조희성에게 충성하면 영생을 할 수 있다"며 일반 산업체 공원들의 20분의 1도 안 되는 2만9천5백원 정도의 임금으로 노동을 착취해 왔다.

그런 다음에는 도망을 치거나 집으로 되돌아 갈 수 없도록 감시조와 처단조 등을 두고는 이탈자들을 붙잡아 쥐도 새도 모르게 죽여 생매장까지 시켰는데 그 결과 1982년이후 15명 이상이 영생교 집단에 의해 납치 실종되어 행방이 묘연하며 이곳 저곳에서 신도의 것으로 보이는 시체들이 발견되고 있다.

얼마나 허황된 말을 하고 있는지 참고로 그가 한 말들을 한 번 들어보자.
"사람 몸에서 마귀 피를 제거하면 연탄가스를 마셔도 안 죽고 쥐약을 마셔도 괜찮으며 차에 받혀 두개골이 부서져도 살아날 수 있다." "지금 내게 1백만 원만 헌금하면 나중에 9억원씩 되돌려 주겠다" "암이나 불치병도 단시일에 고쳐준다" "구름도 비도 내 손에 달려 있다. 태풍도 내가 비켜가게 한다" "김일성도 내가 죽게 했으며 미국 대통령도 내가 당선시킨다." 등등.

27. 시한부 종말론자들

이미 지나간 일이지만 1992년 한때 '시한부 종말론'으로 온 나라가 발칵 뒤집힌 적이 있었다. 난데 없이 1992년 10월 28일 밤 자정에 주님이 공중에서 천사들과 함께 나타난다며 주님과 함께 하늘로 올라가고 싶으면 직장과 재산 등 모든 것을 정리하여 자기들과 함께 집단생활을 해야 한다며 사람들을 미혹케했는데 엄청 많은 사람들이 그들을 따라 갔다가 재산 뺏기고 가정 잃고 직장 잃고 학업 중퇴하는 등 낭패만 당했었다. 이장림의 '다미선교회'를 비롯 3-4개의 집단들이 이런 짓을 벌였는데 이장림 일당이 가장 큰 집단이었다.

당시 이들 중에는 책가방을 내던지고 그리로 달려간 학생들이 있었는가 하면 임산부들이 아기를 유산시키고, 가정 주부가 가정을 버리고 가장 몰래 돈을 훔쳐내어 그곳으로 달려가고, 심지어 국가공무원과 대기업체의 고위 간부들까지도 가산을 정리하여 집을 뛰쳐나가 산속에 있는 그들의 집단거주지로 달려가 혼숙을 하면서 날마다 밤마다 격렬한 몸짓과 노래로 반미치광이 노릇을 하며 살아가고 있었다 심지어 이들 중에는 "10월 28일에 휴거가 안 되면 우리는 모두 죽어버릴 것입니다" 라는 말까지도 서슴치 않아 여차직하면 미국의 인민사원사건이나 우리나라의 오대양사건 같은 일들이 재연되지 않을까 염려도 했었는데 다행히 당국이 나서서 이장림을 사기 혐의로 붙잡아 교도소로 보내었고, 약속한 10월 28일이 지나가도 아무 일이 없자 흐지부지 되었다. 하지만 지금도 일부 광신자들은 한 곳에 모여 제2의 휴거를 기다리고 있다 한다.

　이런 일은 비단 우리나라 뿐 아니다. 1744년 사이비 종파인 '케이커교'의 교주 '앤리'는 1787년이 되면 세상이 끝이 나고 천년왕국이 시작된다며 많은 사람들을 미혹케 하여 세상을 어지럽혔는데, 그때도 그는 사람들에게 재산의 공동소유를 주장하여 추종자들로 하여금 재산을 빼앗고 가정과 사회를 떠나 집단생활을 하게 했는데, 부부간의 정상적인 성생활마저도 죄악이 된다며 금하는 한편 괴상한 음악과 격렬한 몸짓의 춤을 추게 하는 등 미친 짓거리만 일삼다가 약속한 1787년이 지나도 세상이 끝나지 않자 자중지란을 일으켜 자기들끼리 칼부림이 나는 등 큰 소란을 피우다가 그 막을 내렸다.

　"그러나 그 날과 그 때는 아무도 모르나니 하늘의 천사들도 아들도 모르고 오직 아버지만 아시느니라"(마 24:36).

　이렇게 분명한 말씀을 두고 왜 그렇게 소란을 떠는 것인지 알다가도 모를 일이다.

28. 이장림의 사기행각

　1992년 10월 28일 휴거설로 수많은 사람들을 미혹케 했던 '다미선교회'의 이장림(44)씨. 한동안 세상을 떠들석하게 하더니 마침내 '외환관리법' 위반 혐의로 구속, 교도소생활을 했다.

　그는 원래 모 기독교출판사에서 외국 서적을 번역하는 일을 하다가 필시콜레의 저서에 빠졌고, 이후 '다가올 미래를 대비하자'는 뜻의 '다미선교회'를 창시, '92년 10월 28일 휴거설'을 세상에 퍼뜨리면서 "세상의 모든 물질과 욕심을 버리고 진실한 믿음으로 함께 모여 오실 주님만 기다리고 있으면 오는 10월 28일 밤 자정에 주님께서 공중재림하셔서 하늘로 데려올라간다"며 사람들을 미혹케 해 재산을 갈취하고는 막상 자신은 1백평이나 되는 대저택에서 초호화판 생활을 즐기며 살았던 것으로 수사결과 드러났었다. 그는 신도들로부터 갈취한 수십억원의 재산을 직접 관리하면서 투기까지 했는데, 심지어 휴거 이후인 93년 5월 만기의 수억원짜리 환매채까지 사들여 침대 밑에 숨겨놓은 사실이 수사관에 의해 밝혀졌다.

그러나 막상 1992년 10월 28일, 많은 사람들이 밤을 지새며 기다렸지만 공중에서 흰옷입고 온 다던 천사들은 커녕 참새새끼 한 마리 어른거리지도 않은채 날이 밝았고 그들의 휴거 사기는 한바탕 소동으로 끝이 나고 말았지만 그들에게 속아서 갖다바쳤던 그 많은 돈과 파괴된 가정은 되찾을 길이 없으니…

사이비 종교의 피해가 이렇게 엄청난 것임만 입증이 되었다.

29. 김일성과 어버이

오래 전 있었던 남북이산가족 만남의 장에서 천주교의 지학순 신부가 본래 같은 천주교 신자였던 누이를 붙잡고 "교회는 다니느냐?"고 묻자 "어버이 수령께서 잘 해 주시는데 무슨 하나님이냐"고 답하는 것이 TV에 비쳐졌었다. 북한 사람들은 모두가 김일성 수령을 향해 '어버이 수령'이라며 '어버이'로 부르게 한다. 그러면서 한편으론 '충성'이란 이름으로 온갖 감시와 착취속에서 노예처럼 살고 있다. 심지어 인간의 가장 기본인 종교를 가질 수 있는 자유조차도 허락되지 않고 있다. 세상에 무슨 이런 어버이가 있는가?

30. 문선명과 참부모

사이비 종교단체의 교주 문선명도 통일교 신도들에게 자신과 자신의 처 한학자를 가리켜 '참부모'라고 부르게 하고 있는 것이 김일성을 닮았다. 김일성을 무척 좋아하더니 그 김일성한테서 배웠던 모양이다.

첫째 아담은 선악과를 따 먹음으로 실패를 했고, 둘째 아담인 예수는 십자가에 못박혀 죽음으로 또 다시 실패를 해서 자기가 세 번째 아담으로 세상에 왔다며, 세상 모든 인류가 사단의 피를 받아 태어난 거짓 생명과 거짓 혈통

이므로 참 부모요 참 감람나무인 문선명 부부에게 접붙임을 받아야 한다는 기상천외한 논리를 펴, 혼음의식인 피갈음을 실시, 수많은 가정들을 파괴하고 있는데, 오늘날 그들이 자행하고 있는 이른바 합동결혼식이 바로 그것이다.

세 번씩이나 결혼과 이혼을 거듭하다 나이 40에 17세 처녀 한학자와 네 번째로 결혼을 한, 도덕도 윤리도 없는 인간 문선명. 한편으로는 어린 아이들에게 껌팔이를 시키고, 그래서 모은 돈으로 공장을 지어 대재벌의 총수노릇을 하면서, 신도겸 종업원인 그들에겐 충성이란 이름으로 월급조차 제대로 주지 않고 일을 시키는 파렴치한이 참 부모요 참 감람나무라니, 세상 어디에 이런 어버이가 있다는 말인가?

31. 통일교 행사인 합동결혼식

사이비종교인 통일교 행사 중에 '합동결혼식' 이라는 것이 있다. 많은 사람들이 이것을 무슨 가난한 사람들을 위해 베풀어지는 자선행사로 알고 지켜보고 있지만 사실은 보통 사람들이 아는 결혼식과는 전혀 다른, 사이비 종교집단의 돈벌이 행사이다. 통일교의 모든 교리는 '원리강론'에 근거를 두고 있는데 이중에 소위 '복귀원리' 라는 것이 있어 이것을 따름인데 이 복귀원리는, 인간 최초의 타락을 아담과 하와가 선악과를 따 먹은 데 있는 것이 아니라 하와가 하나님 아닌 뱀과 성관계를 가졌기 때문에 일어난 일이라며, 그래서 인간은 모두 사단의 피를 물려받은 사단의 후손이요 그 가정 또한 사단의 가정임으로 참어버이인 문선명과 한학자의 피로 피갈음을 하여 새로운 가정으로 태어나야 한다고 가르치고 있는데 이것이 바로 그들이 말하는 '합동결혼식' 인 것이다.

따라서 그들이 말하는 합동결혼식이란 그들 집단의 사이비 종교행사로, 순수한 처녀 총각이 만나 결혼식을 하는 것이 아니라 이미 결혼을 하여 가정을 가진 사람도 그 옛 가정을 버리고 문선명 일당이 짝지어 주는 사람과 새로 결혼식을 하여 새가정을 갖게하고 있다. 이 합동결혼식은 배우자 선택에서부터 철저히 본인의 의사와는 상관이 없으며 문 교주가 짝지워주는대로 해야하며 심지어 말도 통하지 않고 생활풍습이 전혀 다른 외국인끼리 맺어져 금새 파탄이 나는 경우도 허다하다. 뿐만 아니라 이들은 결혼식을 위해 반드시 일정액 이상의 헌금을 해야하는데 액수가 너무 커서 심지어 이를 위해 도둑질까지 하는 사례도 허다한 실정이다.

혼례식 또한 그들이 정한 형식이 있어 철저히 이 형식을 지켜야 하는데 첫날 밤은 신부가 신랑을, 신랑이 신부를 몽둥이로 세 번씩 때리는 소위 '탕감행위'만 하면서 자야 한다. 그 후에도 일정 기간은 함께 동침을 할 수 없으며 성행위시에도 여자가 남자 위에서 세 번, 남자가 여자 위에서 세 번씩 하는 등 규칙을 지켜야 하고 이를 어겼을 경우 심한 벌을 면치 못한다.

한데 이같은 사이비 종교의 사이비 행사에 국가 공공 기관이 참석, 축하연주를 해 준 기막힌 사건이 있었다. 1994년 8월 25일, 잠실올림픽 주경기장에서 치러진 통일교의 합동결혼식장에 우리 경찰악대가 참여해 축하연주를 해 준 것이다. 이들 경찰악대는 행사가 시작되기 한 시간 전부터 대오를 갖추고 서서 문교주가 연단에 오르내릴 때마다 팡파레를 울리며 분위기를 고조시키는 등 문교주의 시녀노릇을 톡톡히 해 내었다. 국가의 공복인 경찰이 이같은 사이비 종교 행사에, 더군다나 불과 얼마 전 밀입북하여 김일성을 만나 '민족의 태양' 운운 하면서 아첨을 떨고 온 범법자로서 붙잡아다 교도소에 쳐 넣어도 부족한 그 문선명을 위해 축하연주를 해 주다니 참으로 기가막혀 말문이 막힐 일이었다.

32. '통일가정연합'으로 이름바꾼 통일교

교주 문선명과 그의 처 한학자를 참 부모라 부르며 세계도처에서 수십만 쌍 합동결혼식을 열어 큰 재미를 보고 있는 사이비집단인 통일교가 1997년 6월을 기해 교단 명칭을 '세계기독교통일신령협회'에서 '세계평화통일가정연합(통일가정연합)'으로 바꾸고, '참가정실천운동본부'(본부장 황선조)라는 단체를 만들어 '범국민 참가정 실천운동'이란 이름으로 대대적인 서명운동까지 벌이고 다녔다.

1997년 6월 8일 열린 통일교 세계지도자회의에서 공식 발표된 이 명칭 변경에 대해 문교주는 "종교가 개인과 사회 구원에 이바지하던 시대는 끝났다. 종교가 아닌 가정을 통한 구원의 시대를 열어가겠다"라며 너스레를 떨었다.

그런 한편 이들은 최근 통일교 재단인 '일화'에서 나오는 음료수 등 제품에 '일화'라는 상표를 사용하지 않고 회사명만 주소 등과 함께 아주 작은 글씨로 눈에 띄지도 않게 표시해 자세히 살피지 않으면 속게끔하고 있다.

"너희는 너희 아비 마귀에게서 났으니 이는 저가 거짓말쟁이요 거짓의 아비가 되었음이니라"(요 8:44)라는 말씀대로 이들이 이제는 내어놓고 사람을 속이고 있는 것이다.

33. 오우무 진리교

1995년 4월 18일 아침 8시 출근 시간, 도쿄 시내 18개 지하철역 구내와 차내에 '샤린'이란 이름의 독가스가 살포되어 5천5백 명이 크게 피해를 입고 이들 중 10명은 목숨을 잃은 끔찍한 사건이 일어났는데 수사결과 사이비 종교단체인 '오우무진리교'의 짓임이 밝혀져 세상을 또 한 번 경악케 하였다.

이 교의 교주인 아사하라 쇼꼬는 앞못 보는 장님으로 당시 나이는 40세였다.

마스모토 치즈오가 본명인 그는 1955년 규수의 구마모토현에서 7남매 중 4남으로 태어났는데, 선천성 녹내장으로 여섯 살 때 실명, 구마모토현립 맹인학교를 나온 뒤 침술을 배워 치바현에서 약국을 경영했으나 가짜 약을 만들다 체포돼 감옥살이를 했었다. 22세 때 요가에 빠져들면서 종교에 입문하였고, 이후 한동안 종적을 감추었는데, 히갈라야산속에서 해탈을 했다며 1986년 홀연히 도꾜에 나타나 포교활동을 시작, 1989년엔 종교단체로 등록을 했으며 1990년에는 '진리당' 이라는 이름의 정당을 만들어 골수신자 25명을 중의원 선거에 출마시켰으나 모두 낙선했다. 후지산 중턱의 가미구이시키 일대 17Ha에 집단 수용시설을 간들어놓고 집단생활을 하면서 대규모 독가스공장을 차려 살인무기를 만들고 있었는데, 종말론을 내세워 사람들을 미혹해 '보시' 라는 이름으로 재산은 물론 예금통장, 퇴직금까지도 바치게 한 뒤 '수행' 을 해야 한다며 독가스공장에서 혹사를 시키고 있는데, 말을 듣지 않으면 밥도 주지 않고 매일 아침 뜨거운 물을 10L씩 강제로 마시게 하는 등 고문을 가하고 심한 경우 가스로 질식사까지 시켜 매장을 하는 것으로 조사결과 드러났다.

파괴의 신(神)인 힌두교의 '시바'를 주신으로 삼고 우주의 창조, 유지, 파괴를 뜻하는 '오우무'를 주문으로 외우는데, 서기 2천3년에 핵전쟁이 일어나 인류의 종말이 온다며 자기들과 함께 집단생활을 하고 있으면 핵전쟁에서도 살아남게 되며 절대자유와 절대행복을 누릴 수 있다며 사람들을 속이고 있다. 재산몰수에 가족의 면회까지도 허용하지 않으며 한번 들어가면 다시는 나올 수도 없는데 최근들어 이탈자가 생기는 등 문제가 발생하자 수차례 납치사건을 저질러 오다가 정부당국을 겁주는 한편 자신의 종말론이 사람들에게 보여지게 하기 위해 대규모 독가스 사건까지 획책한 것이다.

34. 음주운전에 뺑소니까지 친 목사

목사가 술을 마시고 음주운전을 하다가 사람을 치어놓고 뺑소니까지 치다가 붙잡혀 구속이 되었다면…

다락방 전도총회의 류광수 목사. 그 일로 법원으로부터 1년 징역에 2년 집행유예형까지 받게 됐는데 회개는커녕, 1991년 오히려 자신을 징계

한 합동측 노회를 탈퇴하고는 탈법적으로 고신교단에 들어오려다가 거절을 당하자 적반하장으로 기성교회는 99%가 썩었다며 비난을 가하면서 자신의 죄를 숨기고 부인하면서 추종자들을 모아 다락방전도총회라는 교단까지 만들더니 마침내는 성경까지 왜곡해 11개 교단으로부터 이단으로 지목이 되었다.

1998년 8월, 자신의 요청으로 열린 횃불회관 대성전에서의 공청회에서 자신의 음주운전과 관련해서 "87년 겨울, 목사님 집에서 포도주를 마셨고…" "청학시장을 지나가는데 어떤 사람이 스쳐지나갔는데 조금 있으니 뺑소니라고 순경이 쫓아와…" 등으로 변명만 늘어놓았고 "요즘도 한 잔씩 한다고 들었는데…"라는 최삼경 목사의 질문에 "솔직히 말해서 목사님들끼리는…"이라는 아리송한 말까지 해서 평신도들을 놀라게 했다.

35. 자기 눈에 들보는 안 보고

"…하나님의 일을 한다면서 하나님 대신 인간을 앞세우며 복음을 좇는 것이 아니라 사람을 좇는 일들을 벌이고 있는 경우가 종종 있다. 자신의 갈급함을 해결해 주었다는 모사역자를 마치 예수 그리스도의 대리인인양, 모든 메시지의 통로가 그 사역자인 것처럼 그래서 현장에서 발이 닳도록 뛰어 다니는 다른 사역자들을 무시하면서, 결국은 한 사역자를 중심으로 그룹이 형성되고 있는 염려스러운 모습이 눈에 띄고 있다… 예수 그리스도 대신 바울과 바나바가 높여져서는 절대로 안 될 일이기에…"

다락방 전도총회가 펴내는 '전도총회신문'에 실린 기사중 한 대목이다. 너무도 지당하고 옳은 말이다. 한데 우리가 보기엔 류광수 목사 자신이 바로 그런 말을 들어야 할 바로 그 사람이라는 것을 왜 모르냐는 것이다. "기성교회의 98%가 시험에 들어있고 마귀에 사로잡혀 있다"고 기성교회와 목회자들을 싸잡아 비난했고, 그들 류 목사 집단 목사들이 류광

수 한 사람만을 예수님처럼 떠받들고, 그래서 그 한 사람을 중심으로 그룹을 만들고, 교단까지 형성하고, 류목사 한 사람의 설교만이 전지전능의 메시지인양 주말마다 전국의 목회자들이 몰려가 메시지를 받아 와서는 자기 교회에 돌아가 설교를 대신하는 웃지 못할 일들이 벌어지고 있으니 말이다.

참으로 자기 눈에 들보는 보기가 그렇게 어렵고 남의 눈에 티는 쉽게 보여지는 것인가???

화제의 인물들
78 대 22의 법칙

1. 토니 블레어 영국 총리

'금세기 최연소 영국 총리' '2차대전 이후의 최대 압승'

대처 수상의 뒤를 이어 대영제국의 수상이 된 토니 블레어를 두고 하는 말이다. 1997년 5월 5일, 블레어 영국 총리가 새 관저로 이사를 하는 날, 몇 가지 이야기가 화제가 되었는데,

첫째로, 그는 다른 총리와는 달리 다우닝가 10번지의 총리관저로 가지 않고 재무장관 관저인 11번지로 바꾸어 간 것이다. 물론 10번지의 수상 관저엔 독신인 재무장관 고든 브라운이 옮겨갔고. 10번지의 총리관저가 다섯 식구가 살기에는 좁았기 때문이라는데, 대영제국 최고의 수상 관저가 다섯 식구 살기에도 좁다니 상상이나 가는가? 이것이 선진국 영국의 모습이다.

둘째, 부인 셰리 부스와 외동딸 캐서린(9), 두 아들 유안(13)과 니콜라스(11)가 직접 이삿짐을 옮긴 것이다. 나이도 어린 신임 수상의 자녀들이 침대랑 옷가지, 인형, 컴퓨터, 자전거 등 자기 물건들을 직접 옮겨싣고, 관용차가 아닌 부스여사 친구의 승용차를 타고, 이삿짐 차의 뒤를 따르는 모습을 TV를 통해 온 세계 사람들이 지켜 보면서 역시 민주주의는 이런 것이구나 하고 감격해 했다.

셋째, 이삿짐을 옮긴 다음날인 6일이 블레어 총리의 44번째 생일이었는데, 아무런 잔치도 벌리지 않은 것이다. 언론사 기자에게 한 총리의 말인즉 "생일날 무슨 파티가 있는지는 총리 개인의 문제지 총리실에서는 아무런 신경도 쓸 필요가 없다."

넷째, 나이 어린 세 자녀를 위해 총리가 보여준 부성애의 모습이다. 지난 5일 신임 총리는 언론사에다 한 장의 진심어린 편지를 보냈는데 내용인즉 "우리 아이들을 보통 아이들과 같이 평범하게 키우고 싶습니다. 아직 어린 학생인 세 아이들에게 정상적인 학교생활이 이루어질 수 있도록, 등하교 길에서 취재를 자제해 주십시오. 이런 편지를 보내는 부모의 마음을 이해해 주실줄 믿습니다."

이래서 영국은 선진국인가 보다.

2. 주먹대신 이빨로

마이크 타이슨. '핵주먹'이라는 별명을 갖고 있을 정도로 주먹이 센 선수다. 1986년 당시 20세의 나이로 권투사상 최연소 세계 챔피언이 되었고, 곧 이어 권투사상 최초로 WBA, WBC, IBF 등 3타이틀을 완전히 석권했으며, 26연속 KO승, 1회 KO승 20회 등 기록을 남긴 유명한 권투선수다.

그런 그가 1997년 6월 29일, 미국 라스베이거스 MGM그랜드호텔에서 벌어진 WBC 헤비급 타이틀 매치에서 도무지 있을 수 없는 짓을 벌여 권투계 퇴출 등 중징계를 당했다. 시합 도중 두 번씩이나 이빨로 상대 선수 귀를 물어뜯은 것이다. 지난 해 빼앗긴 챔피언 벨트를 되찾기 위해 벌어진 이 날 경기에서 홀리필드가 예상외로 치고 빠지는 전법을 구사해 주먹이 전혀 먹혀들질 않자 3회전에서 그만 홀리필드의 귀를 물어뜯은 것이다. 주심이 1차 경고를 하고 다시 시합을 속개했는데 또 다시 귀를 물어 홀리필드의 귀가 반쯤 잘려나가게 되자 주심은 즉각 경기를 중단시켰고, 마침내 타이슨에게 실격패를 선언한 것이다. 그래서 시합은 3회전에서 끝이 났고, 이 일로 타이슨은 다시는 링에 설 수 없도록 중징계를 당하고 말았다.

"경기하는 자가 법대로 경기를 하지 아니하면 면류관을 얻지 못할 것이며…"(딤전 2:5).

3. 살아 있는 사람을 죽었다고 보도해

멀쩡하게 살아있는 사람을 죽었다고 보도해 온 미국을 발칵 뒤집어놓은 사건이 있었다. 전설적인 미국의 코미디언 밥 호프. 올해 95세. 1998년 6월 5일, AP통신이 미리 작성해 놓았던 부음기사를 그만 실수로 인터넷 사이트에 올려버려 일이 벌어졌던 것. 제일 처음 기사를 발견한 사람은 공화당의 하원 원내총무인 딕 아메이. 때마침 회의 중이던 밥 스텀프 공화당의원에게 이를 전달하면서 하원회의장에서 이를 공표할 것을 지시해 즉석에서 추모행사까지 가졌는데, 때 마침 국회를 취재하던 C-스팬방송이 전국에 생중계를 해 버린 것.

그 시간 밥 호프는 멀쩡하게 살아서 캘리포니아 자택에서 아침식사를 즐기고 있었는데, 조의를 표하러 갔다가 정중히 사과만 하고 되돌아 왔단다.

십 몇 년 전인가? 우리나라에서도, 멀쩡히 살아 있는 김일성을 죽었다고 보도해 소동이 있었지만……

4. 제자에게 살해된 재벌 아들 스승

대재벌 회장의 아들이, 주어진 부와 명예를 과감히 떨쳐 버린채 고등학교 교사가 되어 뉴욕의 한 흑인고등학교에서 학생들을 가르치던 중, 자신이 가르친 제자의 손에 의해 살해를 당한 사건이 1997년 6월 4일, 미국에서 있었다. 태프트고등학교의 조나단 레빈(31) 교사. 미디어의 황제라 불리우는 제럴드 레빈 타임워느사 회장이 그의 아버지. 하지만 아버지가 어머니와 이혼, 딴 여자와 새살림을 차리자 과감히 집을 나와 어머니와 함께 살다가 1988년 코네티컷주의 트리니티대학을 졸업, 한때 보험회사에서 일을 하기도 했으며, 1995년 봄, 뉴욕대 교육대학원에서 석사학위를 받고는 사람들이 꺼리는 뉴욕 할렘가인 브롱스의 흑인학교인 태프트고등학교의 교사로 들어가 영어를 가르쳐 왔다.

그는 학생들에게 "아버지의 돈이지 내 돈이 아니다"라며 "여러분의 장래는 여러분 스스로가 만들어야 하는 것"이라고 가르쳐 왔으며 실제로 그는 살해되던 순간까지 방 한 칸짜리 싸구려 아파트에서 자취를 하며 살았다. 살해된 후 밝혀진 그의 재산이라곤 봉급을 쪼개서 쓰고 남은 약간의 은행예금과 책들, 그리고 얼마 전부터 기르기 시작한 강아지 한 마리가 전부였었다.

스스로 문제아가 많은 이 학교를 지원한 레빈 교사는, 봉급을 털어 가난한 학생들에게 옷도 사 주고 식당으로 데려가 저녁을 사 주기도 했으며 아이들이 성적이 올라가면 뉴욕 양키즈의 야구 구경도 시켜 주면서 학생들에게 자신감과 미래에 대한 희망을 일깨워 주는데 최선을 다했었다. 학생이 무단으로 학교를 빠지면 일일이 전화를 걸어 안부를 물었으며 "무슨 일이 있더라도 나한테만은 꼭 얘기해 달라"며 겁도없이 학생들에게 집 전화번호까지 일러 주었는데 이것이 화근이 되어 목숨을 잃게된 것이다. 마약 밀매로 얼마 전 학교에서 퇴학을 당한 코리 아서가 선생님 집을 찾아가 테잎으로 손을 묶고는 은행카드를 빼앗고 흉기로 스승을 살해한 것이다.

그러나 그의 죽음이 헛되지가 않았다. 살해 사실이 알려지자 태프트고등학교에서는 슬픔을 가누지 못한 학생들이 무더기로 실신, 병원으로 실려가는 사태가 발생했으며 울분을 참지 못한 한 학생은 주먹으로 벽을 치다가 손가락이 부러지기까지 했다. 뉴욕타임스는 레빈 교사의 사망 소식을 전하면서 "이것은 그가 레빈 회장의 아들이기 때문이 아니라 가난한 학생들을 위해 헌신봉사한 참 스승이었기 때문"이라며 이례적으로 개인의 죽음을 애도하는 사설까지 썼다.

"그 아이가 하는 일은 내가 하는 일보다 수백배 중요한 것이다."라면서 늘 칭찬을 아끼지 않던 아버지 제럴드 레빈은 거액의 돈을 희사해 아들의 이름으로 그 학교에 장학재단을 만들었단다.

5. "영광은 짧고 고뇌는 길었다."

김영삼 전 대통령이 1998년 2월 20일, 퇴임을 5일 앞두고 고별간담회를 하면서 했던 말이다. 이 자리에서 그는 "이제 며칠 뒤면 청와대를 떠나 상도동으로 돌아간다. 5년 전 부푼 꿈과 희망을 안고 이땅에 문민정부를 출발시켰다. 나름대로 최선을 다했지만 국민의 기대에 부응치 못했다. 특히 IMF체제로 국민 여러분께 큰 고통을 안겨드리게 되어 어떻게 죄송스러운 말씀을 드려야할지 참으로 안타깝다." 면서 "앞으로 저는 평범한 한 사람의 시민으로 돌아가 조국의 번영과 국민의 행복을 위해 매일 간절히 기도할 것입니다."라는 말과 함께 "영광의 시간은 짧았고 고뇌의 시간은 아주 길었다."라고 했다.

취임초 90%가 넘는 인기를 얻었던 김 전 대통령이 안타깝게도 이제는 0%에 가까운 인기에다 자식마저 교도소로 보내야할 지경에 이르고 말았으니 실로 권력무상이 아닐 수 없을 것이다.

"모든 육체는 풀과 같고 그 모든 영광이 풀의 꽃과 같으니 풀은 마르고 꽃은 떨어지되 주의 말씀은 세세토록 있도다"(벧전 1:24, 25).

6. 세상 인심

김대중 대통령이 취임도 하기 전부터 인기가 90%에 이르고 있으며 대통령의 고향인 하의도가 새로운 관광지로 떠오르고 있는가 하면, 심지어 대선기간 중에는 산림법 위반으로 용인시로부터 고발까지 당했던 김대통령 일가의 묘자리까지도 명당자리로 각광을 받고 있다.

한데 물러나는 김영삼 전 대통령은, 한때는 인기가 98%까지 치솟기도 했으나 지금은 경제정책 실패로 인기가 바닥권을 헤매는데다 '직무유기'로 고발(자칭 국민명예협회)까지 당했으며 심지어 그림값을 주지 않는다며 법원에 소장(訴狀)까지 내는 사람(박재완 한국화가)에, 상도동 집의 공사비를 내라며 시위를 벌이는 사람들까지 있다.

참으로 냉정하고 허무한 것이 세상의 인심이다.

7. 세상 인심(2)

1998년 8월 15일, SBS의 '데이트라인'(주병진)이 해방50돌을 맞아 '우리나라 건국50년 역사에 가장 오점을 남긴 인물과 가장 빛나는 인물'에 대해 조사 발표를 한 바 있는데, 가장 빛나는 인물로는 현직 대통령 김대중 씨가 단연 1위이며, 가장 오점을 남긴 인물로는 3위가 노태우, 2위가 전두환, 1위가 김영삼으로 되어 있었다. 그리고 김현철 씨도 오점을 남긴 인물 중에 끼어 있었다.

IMF사태에 대한 국민의 감정이 얼마나 좋지 않은가를 잘 보여주는 일이다. 그러나 이것은 어디까지나 지금의 감정이지 영원한 것은 아니다. 만약에 이같은 조사를 5년이 지난 뒤에나, 혹은 10년쯤 지난 뒤 다시 실시한다면 완전히 다른 결과도 나올 수가 있을 것이다. 잘못하면 그때는 오늘 오점을 남긴 1위의 사람이 빛나는 인물 1위로, 오늘 빛나는 인물 1위가 오점을 남긴 인물 1위로 뽑힐 수도 있다. 역사도 돌고 인심도 돌고 지구도 빙빙 돌아가는 것이어늘.

"너는 내일 일을 자랑하지 말라 하루 동안에 무슨 일이 날는지 네가 알 수 없음이니라"(잠 27:1).

8. 소 판 돈 훔친 소년 소 몰고 금의환향

1998년 6월 1일, 소 5백마리를 앞세우고 고향인 이북땅을 찾아갔던 정주영 현대그룹 명예회장, 18세 되던 해 아버지의 소판 돈 70원을 훔쳐내 온 것을 갚으러 갔다고 했다. 1915년 강원도 통천군 송전면 아산리의 한 농부의 8남매 중 맏이로 태어난 그는, 가난이 싫어서 18세 되던 해 아버지의 소 판 돈 70원을 훔쳐서 서울로 달려왔고, 이후 그는 노동판과 쌀가게 점원을 전전하던 끝에 이제는 세계적인 거부가 되었는데, 훔친 소의 5백배를 가지고 고향땅을 밟게 된 것.

"앞도 뒤도 안 보고 그저 죽자고 일을 했더니 쌀가게 주인이 되었고, 또 정신없이 일만 했더니 건설회사도 만들게 되었고, 그렇게 평생을 살다보니까 오늘에 이르렀다. 빚을 갚는 심정으로 고향산천을 찾아간다.". 분단이후 최초로 판문점을 통한 방북에 성공한 82세의 노기업가의 말이다.

우리도 이와 같이 죽도록 충성하면 금강산보다 수천배 더 좋은 천국땅으로 금의환향 하게 될 것이다.

9. 소 60마리 끌고 모잠비크로

아프리카에는 전통적으로 신부를 데려오면 양이나 소 등으로 신부 집에다 값을 치르는 풍속이 있는 곳들이 많다. 그래서 부자는 여러 명의 신부를 데리고 살지만 가난한 사람은 단 한 명의 신부도 데리고 살지 못하는 경우가 허다한 실정이다. 얼마 전 결혼한 넬슨 만델라 남아프리카공화국 대통령 또한 모잠비크의 전 대통령 미망인인 그라사 마셸 여사와 재혼을 하면서 이런 관례에 따라 여사의 고국인 모잠비크에 암소 60마리를 선물로 보냈단다. 암소 60마리라면 결코 적은 것이 아닌데 이에 대해 만델라가 속한 템부족의 족장 부엘레카야 즈벨리반지는, "마셸여사는 1백만 마리의 소를 보내도 모자랄 만큼 귀한 분"이라며 극찬을 했단다.

그러나 우리를 신부삼기 위해 자신의 목숨까지 버려 주신 주님의 사랑에 비하면 아무 것도 아니다.

10. 82초만에 영웅에서 죄인으로

"영웅은 2분이 채 못돼 역적이 돼 버렸다."

우리나라 '월드컵 본선 사상 최초의 선취골'을 뽑아내고도 뜻밖의 백태클로 퇴장을 당한 하석주 선수를 두고 AFF통신이 전한 말이다. 1998년 6월 14일 새벽, 프랑스 리용의 제롤탕경기장에서, 축구의 강국 멕시코를 맞았으나 종횡무진 활약, 경기 시작 21분만에 금쪽같은 프리킥을 얻자 주특기인 왼발슛을 성공 선취골을 뽑아내는데 성공을 시키자 열광하며 영웅으로 불렀는데, 그러나 잠시 후 어이없는 백태클로 레드카드를 받아 퇴장을 당하고 그 때문에 우리가 3:1로 패하자 어느새 이제는 역적 소리까지 듣게 되었는데, 골인에서 백태클까지 걸린 시간이 불과 82초였다는 것이다.

참으로 알 수 없는 것이 사람의 운명. 전혀 백태클을 할 이유가 없는 데서 백태클을 한 하석주도 그렇지만, 앞서 있은 8게임에서 여러 차례 백태클이 나왔지만 퇴장까지 당한 선수는 하석즈가 처음. 이를 두고 AFF통신은 "하선수가 첫 골을 넣고 너무 기쁜 나머지 아드레날린이 주체할 수 없을 정도로 나와서 생긴 일"이라고 코멘트를 했지만…

"사람팔자 시간 문제"라더니, 참으로 사람의 운명은 예측할 수 없는 것.

11. 역적에서 영웅으로

'98프랑스월드컵' 최고의 영예는 축구의 나라 브라질을 3:0으로 꺾고 월드컵 사상 최초의 우승을 차지한 개최국 프랑스 팀에게로 돌아갔다. 그 결과 프랑스팀의 예매 자케 감독과, 결승전에서 혼자 두 골을 성공시킨 지네

딘 지단 선수가 일약 프랑스의 영웅이 되었는데…

　그 지단 선수 역시 이번 월드컵 경기에서, 결승전에 임하기까지는 단 한 골도 넣지를 못했고, 하석주 선수처럼 레드카드를 받고 퇴장까지 당했던 불운한 선수였다. 결승전에서의 명쾌한 두 골이 아니었으면 영웅은 커녕 역적 소리까지 들을 수 밖에 없었던 사람이었다.

12. 골프여왕 박세리

　1998년 5월 18일 '98매도날드 LPGA챔피언십' 우승, 최연소, 최저타 세계챔피언 등 기록수립, 이어 7월 7일 세계최고의 'US여자오픈골프' 우승, 다시 7월 12일 '98제이미 파 크로거 클래식골프대회' 우승, 연이어 7월 28일 '98자이언트 이글 클래식'에서 또다시 우승…

　98년 5월서부터 7월까지, 불과 두 달여만에 프로골프 4관왕의 자리에 오른 골퍼여왕 박세리의 우승 행진 기록이다. 이로써 박세리는 우리 국민들에게 영웅이 되었다.

　그러나 그 박세리 선수의 오늘이 있기까지엔, 호랑이보다 무서운 아버지와 그 아버지를 전적으로 믿고 따랐던 착한 딸이 있었으므로 가능했다는 것이다. 오로지 자식을 골프 스타로 만들고 말겠다는 집념의 아버지. 중학생 밖에 안 된 어린 소녀를, 영하 10도를 오르내리는 한겨울에도 새벽 5시에 기상, 15층 아파트 계단을 5번씩이나 뛰어서 오르내리게 했으며, 하루에 1천번이 넘는 스윙과 퍼팅 연습을 시켰고, 그마저 스윙이 쉬원치 않은 날은 저녁밥을 굶기기까지 했다. 담력을 기르기 위해 공동묘지에서 집까지 혼자 걸어오는 지옥훈련에 몸을 부드럽게 하기 위해 요가훈련과 산악훈련까지 강행해 왔었던 것인데 그것을 그 딸 또한 두말 않고 해 내었다는 것이다.

13. 신발 벗은 박세리

　골프 스타 박세리가 양말을 벗고 물속으로 들어가 샷을 해내는 모습이, '정부수립 50주년 기념 캠페인 광고'에 나오게 되었다. 1998년 7월 7일, 화제의 경기였던 US여자오픈골프대회에서 탁세리는 태국의 신예 슈아시리폰과 힘겨운 접전 끝에 연장전까지 갔었는데, 하필이면 18번 홀에서 드라이버 샷이 워터해저드(수렁) 경사면 러프에 떨어져 위기에 빠진 것. 이때 박 선수 차분히 양말을 벗고 물 속으로 들어가 공을 쳐 내었고 성공을 시켜 우승을 차지하게 된 것이다. 이때 박세리 선수의 모습이 마치 사상최악의 경제적 위기에 처한 우리의 처지와 너무도 같았고, 그래서 전 국민이 손에 땀을 쥐고 쳐다보고 있었는데, 그것이 우리의 바램대로 성공을 거둔 것을 보고, 우리도 하면 되겠구나 하는 용기를 가져다 준 것이다. 그래서 그 장면을 광고 캠페인에 담기로 한 것이다.

14. 아직 3라운드나

"아직 3라운드나 남았는데요."

1998년 7월, 세계최고의 여자 골프대회에서 연일 우승행진을 보이고 있던 박세리 선수에게, 1라운드 성적이 부진하게 나온 어느 경기에서 "걱정되지 않느냐"고 기자가 묻자 박세리가 한 말이다. 우리가 모두 이런 여유만 가지고 산다면 어떠한 역경도 헤쳐갈 수 있을 것이다.

15. 자랑스런 한국인

박세리가 골프로, 박찬호, 선동열이 야구로 각각 국제무대에서 한국인의 긍지를 심어주고 있던 때에 두뇌로, 사업으로 한국을 빛낸 젊은이가 있어 화제다. 재미교포 벤처기업가 김종훈(37)씨. 1992년 창업한 벤처기업 '유리시스템스'를 불과 5년만에 6천1백만 달러의 매출을 올리는 대기업으로 성장, 1998년 비즈니스 위크지가 선정한 초고속 성장 1위의 기업으로 기록이 되었고, 마침내 세계 최대 통신장비업체인 '루슨트 테크놀러지'에 10억 달러(약 1조4천억원)에 매각 합병하고 동시에 이 회사의 사업담당 사장으로 취임을 한 것이다.

　서울 출생으로 14 때인 지난 1975년 미국으로 건너가 존스홉킨스대학을 나오고 메릴랜드대학에서 박사학위를 취득한 후 곧 바로 벤처기업을 창설, 이렇게 깜짝 놀랄 성공을 이뤄낸 김종훈 씨. 1998년 4월 28일자 워싱턴 포스트지에 실린 그의 성공비결은 "서투른 영어와 피부색 때문에 친구들로부터 따돌림을 당하면서도 1주일에 1백20시간씩 공부해 성공을 일궈낸 동양인"이라는 것. 다른 말로 하면 다른 사람에 비해 수십 배 더 많이 땀을 흘렸다는 것.

인간승리 이야기
78 대 22의 법칙

1. 죽었다가 살아난 애기 하디

'테스'로 잘 알려진 '더어빌가의 테스'를 쓴 토다스 하디(영국. 1840-1928)는 세상에 태어나면서 울지도 않고 눈도 뜨질 않으며 숨도 쉬질 않아서 죽은 줄로만 알고 산실 한 구석에 버려져 있었다가 나중에 살아있음이 확인되어 생명을 잇게 되었다 한다.

2. 98세 할머니의 고교졸업장

1백세를 불과 두해 앞둔 98세 할머니가 증손자뻘인 청소년 학생들과 함께 고등학교를 마쳐 졸업장을 받아 화제가 되었다. 미국 보스턴 플레전트베이 요양원에서 살고 있는 유진 가사이드 할머니. 일찍이 소녀가장이 돼 11명의 동생들을 돌보느라 초등학교 3학년을 중퇴해야 했는데, 일생을 통해 배움에 대한 갈망을 버리지 못하다가, 2년 전 인근 케이프코드고등학교 교장의 배려로 이같은 일이 이루어지게 되었고, 1998년 6월 14일 미 매사추세츠주의 이 고등학교에서 휠체어에 의지한채 졸업장을 받게 되었다.

"눈마저 어두워 글도 잘 읽지 못할 때 10대의 동급생들이 좋은 친구이자 스승이 되어 주었다"며 눈시울을 적시는 98세 할머니 고교졸업생. 뜻이 있으면 반드시 길도 있는 법이란 걸 배우게 해 준다.

아무리 살기가 어려워도 98세 할머니가 고등학교에 다니는 것보다야…

3. 81세 노인이 킬리만자로를

맨몸으로 가만히 서 있기만 해도 힘에 겨운 81세 노인이 아프리카의 최고봉인 킬리만자로(해발 5천6백85미터)를 정복해 화제가 되었다. 서울 마포구 노고산동의 정우용 할아버지. 1996년 11월 22일 0시, 얼음가루를 동반한 강풍 속에서 산악인 오인환(49)씨와 함께 키보산장을 출발, 6시간 30분의 사투 끝에 정상에 우뚝 선 것.

이날 등정에는 특히 40대, 50대의 젊은 등산객들도 여럿이 따라 나섰으나 중간에서 모두 포기해 버렸고 오씨와 할아버지 두 분만 정상정복에 성공을 했단다. 더군다나 이곳은 산소량이 평지의 50%밖에 안 되는 곳인데다 정우용 할아버지는 처음으로 도전장을 내었던 사람이다.

"술과 담배를 하지 않고 채식 위주의 음식을 소식하였으며, 신앙생활을 하면서 평소에 늘 걸어다니기를 즐겨하는 것"이 건강의 비결이었다는 정우용 할아버지는 현재 1남 3녀의 자녀를 모두 출가시키고 혼자 서울 인사동에서 골동품점을 하면서 살아가고 있단다.

4. 전형적인 낙제인생이 대기업 회장으로

연간 매출 1조원에 종업원 3만명의 거대기업인 주식회사 '교세라'의 창설자이자 사장인 이나모리 가즈오 씨. 성공한 기업의 대표적 케이스로 꼽히고 있는 이 회사는 1959년 창설 당시만 해도 자본금 3백만엔에 직원 이래야 고작 일곱 명이었다.

그런데 이 이나모리 씨는 시험만 치면 떨어지기만 하는 전형적인 낙제생으로, 어릴적 중학교 시험에 두 번이나 떨어졌고 대학교도 한 번 떨어진 뒤 비명문대학인 가고시마대를 간신히 들어갔다. 졸업 후 취직 시험에서도 번번히 미역국만 마시다가 그를 아끼던 우치노 교수의 추천으로 간신히 들어간 쇼후공업사마저 월급을 제 때에 주는 일이 없었다. 그래서 기업을 일으킨 것이 1959년, 일곱 명의 친구들과 기숙사 단칸방에서 모여 회사설립의 결의를 다졌는데 그때 이들은 어떠한 일이 있어도 이나모리의 곁을 떠나지 않겠다며 혈서로 맹약을 했다는 것이다. 그런데 그는 하루 24시간을 연구실 안에서만 살면서 연구에 골두했고 그 결과 마침내 1965년, 아폴로 계획에 쓸 부품의 납품권을 따내게 되었으며, 66년엔 IBM에 컴퓨터 부품 1억4천9백만엔을 납품하게 되었는데 이것이 계기가 되어 오늘에 이른 것.

낙제생, 재수생, 명퇴생 여러분 어떠한 경우에도 좌절을 모르는 불굴의 투지와 믿음만 잃지 않으면 누구나 오뚜기처럼 일어설 수 있답니다.

5. 구족화가 오순이

동양화가 오순이. 얼굴은 예쁜데 팔이 없는 여자다. 그래서 발로 그림을 그리는 소위 구족화가이다. 세살 때 언니들과 철로가에서 놀다가 달려오는 열차에 치여 그만 그렇게 되고 말았다. 마을 바로 앞으로 진해행 철길이 놓여 있는 창원시 소계동, 순이양이 세 살적인 1960년대만 해도 농사만 짓고 사는 전형적인 농촌 마을이었다. 가난한 농부의 5남매 중 넷째로 태어난 순이양은, 남달리 얼굴이 예쁘고 성격이 밝고 명랑해서 어느 누구와도 잘 어울리고 잘 뛰어 놀았는데 어느날 그만 언니들과 놀다가 그렇게 된 것이다.

그때부터 순이 양은 손이 하는 모든 일을 발로 하며 살아야 했다. 옷도 발로 입고 밥도 발로 먹고 눈물이 흘러도 발로 닦아야 했다. 학교에도 남들보다 1년이나 늦게 들어갔다. 신체장애자라고 입학통지서가 나오지 않았던 것을 언니가 교장을 찾아가 사정사정해서 겨우 들어갔다.

순이양이 화가로서 새출발을 하게된 것은 초등학교 4학년 때 노상인 선생님을 만나게 되면서이다.

"글씨를 아주 예쁘게 잘 쓰는구나. 그럼 그림도 잘 그릴 수 있겠네."

사군자를 전공한 동양화가였던 노상인 선생님이 순이양을 보고 그런 말을 하면서 순이양에게 그림공부를 시키기 시작한 것이다. 이때부터 순이양은 열심을 다해 그림공부를 했다. 잠시도 쉬지 않고 그림을 그려대는 순이양에게 선생님이 말했다.

"대단한 노력가야 넌 반드시 유명한 화가가 될 거야."

선생님의 이 말이 순이양에겐 엄청난 힘이 되었고 마침내 결실을 가져다 주었다. 온 몸이 성한 사람도 못 타는 큰 상을 여러 번이나 탔다. 제일여고 시절에는 홍익대학교에서 주최하는 전국고등학교 미술대회에서 동양화 부문 최우수상을 탔고 단국대학교 회화과에 4년간 등록금 전액을 면제받는 장학생으로 입학을 했다. 두 팔이 없어도 못 하는게 없었다는게 함께 공부한 대학생 친구들의 말이다. 체육시간이면 친구들과 어울려 운동까지 했단다.

"중요한 것은 가지를 뻗는 일이 아니라 뿌리를 내리는 것이라고 하나님이 제게 가르쳐 주었습니다."

아름답지만 팔이 없는 미의 여신 비너스를 닮고 싶다는 천재 화가 오순이 양이 환하게 웃으며 사람들에게 한 말이다.

6. 불우했던 대통령

1992년 3월, 46세의 젊은 나이로 백악관의 주인이 되었던 빌 클린턴 미국 대통령. 사실 그는 빌 클린턴이 아닌 빌 블라이드가 되었어야 했던 사람이었다. 2차대전 직후인 1946년, 미국 전역에서 두 번째로 못 산다는 남부 아칸소주의 한 작은 시골 마을에서 태어난 클린턴. 떠돌이 장사꾼이었던 친아버지 윌리엄 블라이드는 빌이 태어나기 석달 전 교통사고로 세상을 떠나 버렸고, 그래서 어머니 버지니아는 다른 남자와 재혼을 했는데 이내 헤어졌으며 이후 네 번씩이나 더 결혼을 했었다. 그때마다 새아버지와 새 형제들 사이에서 남모를 눈물을 삼켜야 했던 빌. 게다가 성을 물려준 두 번 째 아버지 로저 클린턴은 술 주정꾕이로서 하루도 거르지 않고 술에 취해 들어와 어머니와 싸움을 벌였고 화가 나면 온 가족들을 닥치는 대로 두들겨 패기까지 했단다.

그는 실망하거나 포기하질 않았고 열심히 공부해서 장학생 자리를 뺏긴 적이 없었다. 오히려 더 오뚜기처럼 일어섰고 마침내 고3 때는 우수학생으로 뽑혀 백악관에 들어가는 영광을 얻었었는데 이때 그는 대통령 케네디와 악수를 하면서 자신도 장차 이 집의 주인이 될 것을 꿈꾸게 되었다 한다.

세계적 명문인 예일대와 옥스포드대학을 다니게 되었으며 마침내 32세의 젊은 나이로 아칸소주 지사가 되고 대망의 미국 대통령의 자리에까지 앉게 된 것이다.

7. 재벌 총수 오빠를 만나고보니

고향이 이북인 정옥영 부인. 강원도 통천군 송전면 아산리가 고향인데, 20세 때 함경남도 청진에서 인쇄소를 하던 둘째 오빠네 집에 있다가 민족의 비극인 6.25를 만났고 1.4후퇴 때 고향으로 가려고 원산행 배를 탄 것이 그만 잘못돼 부산으로 내려와 버린 것이 온갖 고생의 시작이 되었다. 아는 사람 하나 없는 낯선 땅 부산에서 천혜고아가 되어 버린 그녀. 살기위해 온갖 험한 일을 다해야 했는데 심지어 처녀 몸으로 미군부대에서 막노동까지 하다가 같이 막노동을 하는 최 총각을 만나 결혼을 했으나 조금 형편이 나아지니 남편이 그만 중병에 걸려 버렸다. 그 결과 고생 끝에 마련한 가게마저 정리를 해야했고 남편의 약값을 대기위해 식모살이까지 하다가 마침내 김해 화훼단지에서 농사일을 하면서 살아가고 있었다.

그런 그녀에게 정말 꿈같은 일이 벌어지게 되었다. 1985년 11월 15일, 꿈에도 생각지 못했던 오빠가 나타난 것이다. 그것도 예사 오빠가 아닌 대재벌의 총수. 정주영 현대그룹 명예회장이 그녀의 사촌 오빠였던 것이다. 혈육인 오빠를 만난 것만 해도 예삿일이 아닌데 대재벌 총수 오빠라니, 정여인의 고생은 이제 끝났다. 아들 최기인(당시 28)씨가 우연히 '직장인'이란 월간지에서 정주영 현대그룹 회장의 고향이 어머니의 고향과 같은 것을 보고 정회장에게 편지를 보낸 것이 이렇게 되었는데 그날부로 정여인의 운명은 완전히 달라졌다. 당장에 아들이 현대그룹에 중견간부로 들어가게 되었고, 남편은 큰 병원에서 치료를 받게 됐으며 정여인은 서울의 고급 아파트에서 새살림을 차리게 되었다. 어제까지의 일이 꿈만 같이 된 것이다.

우리 성도들도 이와 같은 것. 세상에서 아무도 의지할 데 없이 사는 것 같지만 마침내 주님이 우리를 찾아 오시면 우리의 형편은 완전히 달라지는 것, 정여인의 새아파트와는 비교도 안 될 천국집에서 영원히 새삶을 누리며 살게 되는 것이다.

8. 장님 재상 헨리 포셋

영국에 헨리 포셋트라는 사람이 있었는데 앞을 보지 못하는 장님이다. 어린시절 동무들과 함께 전쟁놀이를 하며 놀다가 한 친구가 실수로 잘못 쏜 새총에 맞아 두 눈을 잃고 말았던 것이다. 병원에서 의사가 이 아이는 평생 앞을 볼 수 없게될 것이라는 말을 들었을 때 어머니 아버지는 너무도 기가막혀 아들을 부둥켜 안고 소리를 내어 울었다. 그러자 오히려 아들이 엄마 아빠에게 이렇게 말하며 위로를 했다고 한다.

"제가 비록 두 눈을 잃고 소경이 되었지만 제 머리가 그대로 있고 온 몸이 성하며 영혼이 맑게 개어 있는데 무슨 걱정입니까?"

과연 그 아이는 훌륭하게 자라서 대학을 졸업하고 영국의회 의원이 되었으며 글랏스톤 총리시절에는 체신부 장관이 되어 장님재상 포셋트란 말까지 듣게 되었었다.

위인들의 일화 모음
78 대 22의 법칙

1. 물론 스승이지

어떤 사람이 아리스토텔레스에게 물었다.
"선생님께서는 부모님과 스승 중에 어느 쪽을 더 존경하십니까?"
그러자 아리스토텔레스 이렇게 말했다.
"그야 물론 스승이라네."
제자들이 영문을 몰라 선생님의 입만 쳐다보고 있으려니 선생님 왈,
"부모님은 나에게 피와 살을 주셨지만 스승은 나에게 생명을 주었다네."

2. 잘못된 일

제자들이 어느날 공자에게 묻기를,
"온 세상 사람들이 모두 선생님을 좋아한다면 선생님은 기분이 어떠시겠습니까?"
그러자 공자 이렇게 말했다.
"그야 물론 잘못된 일이지."
제자가 다시 묻기를,

"온 세상 사람들이 모두 선생님을 나쁘다고 한다면 선생님은 기분이 어떠시겠습니까?"

공자 다시 말하길,

"그것 또한 잘못된 일이지."

3. 홀로 웃노라

다산 정약용 선생이 유배지 강진에서 쓴 시 중에 '홀로 웃노라'란 제목의 시가 있는데 내용을 소개하면 다음과 같다.

"양식이 있으면 먹어줄 자식이 없고/아들이 많으면 주릴까 근심하네/높은 벼슬 한 사람 어리석기 마련이고/재주 있는 사람은 그 재주 펼데 없네/한 집안엔 완전한 복 드문 법이고/지극한 도(道) 언제나 무너져 버리네/애비가 검소하면 자식이 방탕하고/아내가 영리하면 남편이 어리석네/달이 차면 구름을 자주 만나고/꽃이 피면 바람이 불어 날리네/모든 사물 이치가 이와 같은데/아는 사람 없음을 홀로 웃노라."

"전도자가 가로되 헛되고 헛되며 헛되고 헛되니 모든 것이 헛되도다." 성경말씀이다.

4. 물러날 줄도 알아야

한(漢) 고조 유방이 나라를 세우는데 있어서 최고의 공신은 누가 뭐래도 단연 장량(장자방)이다. 하지만 전쟁이 끝나고 유방이 나라를 세워 임금이 되자 한사코 벼슬을 마다하고 낙향하여 농사를 짓고 살았다. 그러나 그는 죽는 날까지 나라의 원로로서 수시로 부름을 받고 대우를 받으며 살았다. 그러나 함께 나라를 세우는데 큰 공을 세운 사령관 한신은 장량의 권유를 무시한 채 벼슬에 연연하다가 얼마 가지 않아 역적으로 몰려 참수를 당하고 말았다.

"인생살이에도 밀물일 때와 썰물일 때가 있다. 밀물을 탈 때는 행운이 찾아오고 썰물을 탈 때는 불운이 찾아온다. 이것을 무시할 때 인생항로가 암초에 부딪혀 불행으로 끝난다." 시저의 말이다.

"연회 때나 마찬가지로 인생에서도 과음하기 전에 물러나야 한다." 아리스토텔레스의 말이다.

사람은 누구에게나 나설 때와 물러날 때가 있는 법이다. 이것을 잘 알고 행동을 해야 큰 불행을 맞지 않게 되는 것이다. 이것을 잘 모르거나 알고도 때를 놓쳐서 불행하게 되는 사람이 너무도 많다.

5. 자네가 나의 스승이야

중종 때의 학자 조광조가 17세 때의 일이다. 그의 스승 김굉필이 어느 날 아주 귀한 꿩 한 마리를 구해서 어머니께 보내드리려 했는데 그만 하인이 잘못 간수하여 고양이밥이 되고 말았다. 화가 난 김굉필이 하인을 불러서는 야단을 치는데 말중에 너무 지나침이 있었다. 듣고 있던 조광조가 어린 나이에 감히 스승에게 말했다.

"부모를 모시는 마음은 한이 없사오나 군자는 말에 있어서 할말과 안할 말을 가려서 써야 하지 않겠습니까?"

참으로 무엄하기 짝이 없는 말이었다. 그러나 김굉필은 조광조의 손을 잡으며,

"나 자신도 이제 내가 너무 했구나 하고 뉘우치고 있던 참이네. 자네가 이렇게 나를 깨우쳐주니 부끄럽게 알고 명심하겠네. 스승은 내가 아니라 바로 자넬세."

이런 일이 있은 후 조광조는 더욱 김굉필을 존경하게 되었다.

잘못을 깨닫고 시인할 때 사람은 훨씬 더 아름다워지는 것이다.

6. 세 살버릇이 여든까지

"아주머니 아주머니 어제 밤에요- 저어기 저 산에서 토끼가 나타나 호

랑이를 꿀꺽했대요-"
"대끼 이놈아 호랑이를 잡아먹는 토끼가 어디 있다고!"
 어릴적부터 이렇게 아주 거짓말을 잘 해대는 아이가 있었다. 학클베리 핀의 모험, 톰 소여의 모험 등으로 우리에게 잘 알려져 있는 미국의 소설가 마크 트웨인이다. 초등학교도 들어가기 전인 다섯 살적부터 동리 아줌마들에게 진짜같이 거짓말을 죽 늘어놓곤 했는데 동리 사람들은 그런 줄을 알면서도 그의 이야기에 귀를 기울이고는 아주 재미있게 얘기를 들어주곤 했었다.
 심지어 이웃에 사는 한 아주머니가 마크의 어머닐 보고,
"댁에서는 마크의 얘기를 어디까지 곧이 듣나요?" 하고 묻자,
 그러자 마크의 엄마 이렇게 대답할 정도였다.
"그 애의 말이라면 저는 90%는 세일을 해서 듣지요."
 세 살 버릇이 여든까지 간다고, 어릴적 나쁜 습관을 가진 아이도 잘만 가르치면 훌륭한 사람이 될 수도 있는 법. 주일학교 교사들은 생각해 볼 일이다.

7. 적을 친구로

 젊은 변호사 링컨이 다른 유능한 변호사들과 함께 한 큰 사건을 맡아 법정으로 들어서고 있는데 한 노련한 변호사가 링컨을 보고 손가락질을 하면서 이렇게 말했다.
"저런 원숭이같은 녀석은 왜 여기 들어왔지? 자존심 상해서 함께 일하겠나."
 참으로 굉장한 수모가 아닐 수 없었다. 하지만 링컨은 들은 체도 하지 않고 자리에 앉아서 자기를 힐난하던 그 유능한 변호사의 변론을 열심히 들었다.
 이윽고 법원을 나설 때 링컨은 말했다.

"역시 그분은 대단한 분이야. 나는 고향에 돌아가 법률공부를 다시 해야겠어."

몇 년 후 링컨은 대통령이 되었다. 젊은 시절 링컨을 비방했던 그 변호사는 링컨의 정책을 신랄히 비판하는 비판자가 되었다. 하지만 링컨은 그 사람을 아꼈다. 마침내 장관 자리가 하나 비었을 때 링컨은 서슴없이 그 변호사를 그 자리에 앉혔다. 자신을 그처럼 맹렬히 비난해 온 그 미운 사람을 링컨은 미워하지 않고 자기 사람으로 만든 것이다.

링컨이 훗날 암살을 당했을 때 세상에서 가장 슬퍼한 사람은 바로 스텐톤. 그 사람이었다.

성도들의 이야기

1. 하나님의 뜻을 중요하게 생각하여

1997년 11월 19일, 미국 아이오와주의 감리교 의학센터에서 세상에 그 유례를 찾아볼 수 없는 일이 일어났다. 한 젊은 부인에게서 한꺼번에 일곱 쌍둥이가 태어난 것이다. 칼리슐 출신의 재봉사 보비 매코이(29) 부인이 화제의 주인공으로 남자 넷, 여자 셋을 차례로 분만했다.

정상 분만시점인 40주까지 가기엔 너무 무리가 따라, 9주 빠른 31주 만에 제왕절개수술로 아기를 출산했는데, 다행히 산모와 아기 모두 건강상태가 양호한 것으로 전해졌다.

이들 부부가 일곱 쌍둥이를 분만한 사실은 임신 3개월 때 초음파검사로 알게 되었다는데, 이들 부부의 말이 사뭇 감동조이다.

"처음엔 무척 당황하고 놀랐습니다. 병원에서는 여러 차례에 걸쳐 산모와 아기를 위해 몇 명의 건강한 아기만 낳고 나머지는 유산시키자고 제의를 했었죠. 하지만 하나님께서 주신 아이를 어떻게 저희들 마음대로 지울 수가 있겠어요? 결국 하나님의 뜻을 존중하여 아이들 모두를 낳기로 했어요."

남편 케니 맥코이(27)는 회사 경리사원으로 수입이 얼마되지 않는데다 이미 두 살 배기 딸 하나를 두고 있어, 여덟 명의 자녀를 키우기란 너무도 어렵겠지만, 모든 것을 하나님의 뜻에 맡기고, '하나님의 뜻'을 사람의 생각보다 우선하여 용감하게 일곱쌍둥이를 출산한 것이다.

2. 금메달보다 귀한 것

"죠나단, 다시 한 번 잘 좀 생각해 봐. 이번 경기는 자네 일생을 좌우할 만큼 중요한 대회란 말야!"

"어쨌던 감독님, 전 이번 경기엔 나갈 수가 없어요!"

"운동선수가 시합을 마다하다니, 그게 대체 말이나 되는 일이야!"

"감독님 저는 선수 생활은 포기할 수 있어도 하나님의 계명은 어길 수가 없어요!"

삼단뛰기에서 만큼은 세계 최고로 꼽고 있는 유명한 영국의 육상선수 죠나단 에드워드. 1992년 세계올림픽대회에서 당당히 금메달을 획득한 선수이다. 그러나 그는 주일 만큼은 세상에 없는 좋은 경기가 있다 해도 출전을 하지 않고 교회에 나가 예배 드리고 안식을 취하는 믿음의 사람이었다.

1966년 영국 런던에서 목사님의 아들로 태어난 그는 어릴 때부터 주일학교를 열심히 다녔는데 그 결과 이렇게 확고한 믿음을 가지게 된 것이다. 그는 또한 기도의 사람이었다. 시합에 나갈 때마다 먼저 하나님께 기도를 드렸고 시합에서 좋은 점수를 낼 때마다 그 자리에 꿇어앉아 기도부터 드렸다. 때문에 그는 금메달이 확실한 1991년의 세계선수권대회도 포기해 버리는 등 손해도 많이 봤지만 결코 그것을 손해라고 생각지 않았다. 하나님을 진짜 사랑하는 사람은 자신에게 비록 큰 손해가 되더라도 하나님 말씀에 위배되는 일은 하지않는 것이다.

3. 새벽에 길에서 돈가방을 주운 성도

충남 당진군 당진읍에 사는 강정규 성도. 하루도 빼놓지 않고 새벽기도를 다닐만큼 신앙이 좋았는데 어느날 새벽, 기도를 마치고 오는 길에 수천만원이 든 돈가방을 줍게 되었다. 1997년 3월 30일 새벽의 일이었다. 아이들 밥해 줄 생각에 옆도 돌아보지 않고 열심히 집으로 돌아오는데 툭하고 뭔가 발에 채이는 것이 있었다. 엄청나게 많은 돈이 들어 있는 돈가방이었다. 1만원권 현금 뭉치만도 19개나 되었으며 어음에다 수표까지 해서 억대나 되었다.

주위에 사람은 아무도 없었다. 들고 가서 쓰기만 하면 내 돈이 되는 것이었다. 그러나 강성도는 그럴 수가 없었다. 사람은 보지 않지만 하나님이 보고 계신 것을 알았기 때문이었다. 강성도는 든가방을 들고 파출소로 향했다.

그리고 얼마 후 가방의 주인인 대우건설의 김모 소장이 나타나 돈가방을 찾아갔다. 김소장은 사례비조로 1백만원을 주려했지만 강성도는 이마저도 강력히 사양을 하다가 기어이 떼미는 바람에 받긴 했지만 교회에 헌금으로 다 바쳐 버렸다.

"그러므로 누구든지 나의 이 말을 듣고 행하는 자는 그 집을 반석 위에 지은 지혜로운 사람 같으리니"(마 7:24).

믿음은 말에 있는 것이 아니라 행함에 있는 것.

4. 자기 몸을 실습 도구로 남겨 주고 간 교수

하나 밖에 없는 자신의 몸을 해부용 실습 사체로 후학들에게 주고 간 의학교수가 있다. 서울대 의대의 이광호 박사. 독실한 크리스천으로 서울 독산동 구산교회의 장로이기도 한 그는 평소, "내 한 몸 불살라 뜻 있는 삶을 살아야 한다."는 말을 가훈처럼 해 왔는데 1992년 7월 25일, 급성 신장암으로 세상을 떠나면서 자신의 몸을 "의학발전을 위해 써 달라"고

유언을 한 것이다.

　1932년생으로 1955년 서울대 의대를 졸업한 후 모교에서 평생을 해부학 교수로, 의대학장으로 봉직해 왔는데, 최근들어 실습용 사체 공급이 급격히 줄어들어 학생들의 해부학 실습이 어려움을 겪게되자 자신이 직접 '사체기증유언서'를 작성, 신분증과 함께 늘 몸에 지니고 다녔으며 마침내 그대로 실천한 것이다.

　현직 의학교수가 사후에 자기 몸을 맡긴 것은 국내에선 처음 있는 일로써, 이날 낮 12시 반부터 장남이 지켜보는 가운데 해부에 들어가 안구 2개를 앞을 못 보는 배 모씨(30)에게 이식하고 폐, 간, 심장 등 장기는 암세포가 번져 후학들에게 암의 발병에 관한 연구로 쓰여지게 되었다.

　"너희가 나의 행하는대로 행하면 곧 나의 친구라"(요 15:14).

5. 머리를 천만번 숙여도

　1940년대, 평양남감리교회에 김영선이라는 이름의 권사가 있었다. 평양 서문거리에 대영서점과 대영여관을 갖고 있는 재력가인데다 공부도 많이 한 지식인이었다. 그런데 이 권사님은 어른이든 아이든 사람만 보면 90도로 허리를 굽혀 인사를 하는 버릇이 몸에 배어 있었다.

　재헌국회에서 국무총리 서리를 지낸 이운영 씨가 당시 그 교회의 목사로 있었는데 어느날 신도들 몇 분과 함께 심방을 갔다. 심방을 간 사람 중에는 젊은 여자 집사도 있었고 아이들도 있었다. 아니나 다를까 권사님이 심방을 온 모든 사람에게 90도로 허리를 굽혀 인사를 하는데 보기가 심히 민망했다. 그래서 목사님이 한 마디 충고를 했다.

　"속장님 신분에 너무 그러시면 체신이 떨어집니다."

　그러자 그 권사님, 껄껄 웃으며 말을 했다.

　"머리를 천번을 숙여도 사람 자체가 낮아지는 것은 아니랍니다." 라고 해서 주위를 놀라게 했다.

6. 한 번만 하다가 영원히 간 사람

 1993년 10월 10일, 위도섬을 떠나 격포항으로 가던 서해 페리호가 전북 부안 앞바다에서 돌풍을 만나 바다에 침몰, 3백여 명이 목숨을 잃은 초대형 해상사고가 있었다. 마침 휴일인 주일 아침이어서 정원의 두 배나 되는 사람들을 태우고 있어서 더 많은 사고가 일어난 것이었다. 그런데 그 배에 대전 모 교회의 집사님 한 분이 타고 있었다. 성가대 지휘까지 맡아있는 중직자였다.

 토요일 오후 집으로 돌아온 남편이 급히 바다낚시 채비를 차리는 것이 수상해서 부인 집사님이 꼬치꼬치 캐묻고 힘써 말렸지만 끝내 뿌리치고 갔다는 것이다. 회사에서 간부들이 모조리 가는 거라면서 딱 한 번만이라며 기어이 집을 나섰는데 그만 그것이 이 세상에서의 마지막이 되고 말았단다.

 "만일 일깨지 아니하면 내가 도적같이 이르리니 어느 시에 네게 임할는지 네가 알지 못하리라"(계 3:3).

 성도는 언제나 죽을 준비를 하면서 살아야 한다.

7. 감나무를 들어서 쓰시는 하나님

 1998년 현재 서울 서초동교회를 시무하는 오윤표 목사님, 원래는 서울 영천교회의 집사님이었다. 결혼하여 가족도 있고 부모님도 모시고 직장생활을 하며 재미있게 살고 있는데 어느날 뜻 밖이 친구인 송학성 목사(당시 전도사)로부터 전화가 걸려 왔다. 내용인즉 "당신을 찾는 교회가 있으니 빨리 교역자로 나가라"는 것이었다. 처음엔 물론 말도 되지 않는 소리라고 일축해 버렸다. 신학을 한 적도 없는데다 직장까지 얻어 잘 살고 있는데 전도사로 나가라니 이 무슨 말이냐 싶었다. 그러나 생각은 안 해볼 수 없었다. '주님은 나 위해 십자가까지 지셨는데…' 생각이 거기까지 미치자 그냥 모른체하고 있을 수만은 없는 일이었다.

마침내 "한 번 가 보기는 하지요."라고 대답을 했다. 그러자 송 목사는 기다렸다는듯이, "당신 허락했어요."라면서 거창 어디라는 메모지를 남겨두고 훌쩍 떠나가 버렸다. 토요일 아침 일찍이 친구가 일러준 곳으로 물어물어 갔다. 고속버스를 타고 김천으로 가서 다시 완행버스를 탔다. 비포장 산골길을 3시간을 달려 메모지에 있는대로 거창으로 갔더니 터미널에 50대 여집사님이 기다리고 있었다. 여집사님을 따라 다시 완행버스로 2시간을 가니 메모에 그려진 거창북상교회가 나왔다. 오양간을 개조하여 만든 15평 정도의 함석지붕 예배당에 30여 명 교인이 기다리고 있었다. 서울에서 8시간이나 걸리는 작은 시골교회, 봉급은 쌀 한 가마니 값도 안 되는 1만5천원, 희망보다는 실망이 훨씬 더 컸다.

그런데 그때 교회당 옆에 서 있는 감나무가 눈에 들어왔다. 잎진 감나무에 발그라니 익은 감들이 주렁주렁 달렸는데 그게 그렇게 아름다울 수가 없었다. 그는 그만 그 자리에 주저앉고 말았다.

"잎 피고 꽃 피워 붉고 단 열매 맺다가 늙어가는 한 그루의 감나무. 나도 한 그루 감나무가 되리라."

감나무를 보면서 그런 생각이 들었다. 그는 그 길로 전도사 생활로 들어서고 말았다.

한 그루의 감나무, 그 하찮은 한 그루의 감나무를 통해서 하나님은 오집사를 오목사로 만드는 계기로 삼으신 것이다.

8. 교회 개척하다가 목사가 된 장로님

광주 하남 은광교회의 손종기 목사님. 그도 처음엔 목사가 아닌 장로였다. 그런 그가 나이 40이 넘어서 목회의 길로 들어 선 데는 남다른 하나님의 뜻이 있었다. 손목사는 한때 월남에서 살았는데 거기서 사람들이 너무도 허무하게 총을 맞고 죽어가는 것을 보면서 예수를 믿게 되었다. 귀국 후에는 부산에서 사업을 하면서 부산 동상교회에서 신앙생활을 했는데 얼마나 열심이고 모범적이었던지 불과 몇 년단에 장로가 되었다. 그런데 우연히 고향에 갔다가 교회 개척을 시작한 것이 목사가 되게 된 동기가 되었다.

　명절에 고향에 갔다가 1천 명이나 되는 마을에 교회가 없는 것을 보고 전도를 시작한 것이 얼마 안가 30명의 결신자를 얻었고, 그래서 자비로 교회당 공사를 시작했다. 부산서 광덕리까지는 천리길이었지만 토요일만 되면 고향을 찾아가 공사를 지휘하고 예배를 인도했다. 그 결과 반년만인 그해 8월 1일, 감격의 설립예배를 하나님께 드렸다. 전북 남원의 광덕교회이다.

　그런데 다시 제2의 교회 개척을 시작하게 되었다. 제2의 고향인 전남 곡성에 교회가 없는 것이다. 초등학교 4학년 때부터 살았던 추억의 고장에 많은 영혼들이 죽어가고 있다니, 마음이 아파 견딜 수가 없었다. 그래서 이번엔 곡성을 오가며 전도를 시작했고 마침내 그곳에도 교회당을 지었다. 1980년 10월 헌당한 전남 곡성의 칠성대교회이다.

　그러자 이번엔 누님이 살고 있는 곡성의 운교리마을에 교회가 없는 것이 눈에 들어왔다. 누님을 지옥 가라고 버려둘 수가 없었다. 그런데 이 마을은 지독한 우상의 마을로 무당이 1천여 주민들의 선지자 노릇을 하고 있었다. 이런 세력과 싸울려면 먼저 기도부터 있어야 했다. 몇몇 믿음의 동지들과 함께 산으로 올라가 사흘 밤 사흘 낮동안 금식기도를 드린 후 내려와 전도를 시작했다. 그리고 그곳에도 교회당을 지었다. 1982년 9월 1일에 입당예배를 드린 곡성군 겸면 운교리의 구름다리교회이다. 그러는 사이에 사업은 점점 기울어만 갔다. 기업을 하는 사람이 딴데 정신을 팔고 다니니 사업이 될 리가 없었다. 그러자 그때 하나님의 음성이 들려왔다. 이제는 아예 목사가 되라는 것이었다. 마침내 손장로는 나이 40에 신학교로 들어 갔다. 그때 마침 자신이 세운 칠성대교회의 담임 교역자가 갑자기 세상을 떠나 교역자를 찾고 있던 중이었다. 손장로가 직접 그 교회를 맡아 교역자 생활을 시작했다. 이렇게 해서 교회를 개척하다 목회자의 길로 들어선 것이다. 그러면서도 교회 개척은 계속 이어졌다. 그때부터는 많은 사람들의 도움을 받기 시작했다. 추진은 손장로가 하고 돈은 여러 사람들이 대었다. 특별히 광주 은광교회 조재태 목사님의 도움이 컸고 서울시민교회와 등촌교회 등의 도움도 컸다. 아무튼 이렇게 해서 손장로가 교회를 개척하고 교회당을 세운 것은 무려 아홉 개. 곡성군 겸면 괴정리에 괴정리교회. 곡성읍내에 곡성은광교회. 곡성군 오산면에 연화교회. 곡성군 겸면 면소재지에 겸면중앙교회. 남원 시내에 남원시민교회. 그리고 광주시 월곡동에 하남은광교회.

지금은 그가 아홉번째로 교회를 개척해 세운 하남은광교회에서 담임목사로 섬기고 있는데 교회 설립 4년만인 1997년 현재, 성도수 5백 명의 교회로 성장을 하였다.

"나를 사랑하는 자들이 나의 사랑을 입으며 나를 간절히 찾는 자가 나를 만날 것이니라."

9. 주일성수 해서 복받은 목사님

일제의 신사참배 강요로 교회에서 쫓겨나 깊은 산골로 들어가 농사꾼이 되었던 목사님이 있었다. 오종덕 목사.

1938년 8월 10일, 섬기던 풍천교회를 쫓겨나 산골로 들어갔고 천수답을 사서 농사를 지으며 성경연구에 몰입했다.

엎친데 덮친 격으로 산골로 들어간지 4년만인 1942년에는 극심한 가뭄이 온 나라를 삼켰다. 봄에만 약간 비가 왔을 뿐 계속 가뭄이었다. 논마다 벼들이 바짝바짝 타 들어가는게 여간 걱정이 아니었다. 하나님을 모르는 사람들은 기우제와 산신제를 지내는 등 법석을 떨었다.

그러던 어느 주일 아침이었다. 그렇게 학수고대하던 비가 내리기 시작했다. 얼마나 반가운 비인지 몰랐다. 온 동리 사람들은 기뻐 뛰며 다투어

논으로 나가 물을 대기에 여념이 없었다. 그러나 오 목사는 꼼짝도 하지 않은 채 가족들을 모아놓고 주일예배만 드렸다. 논 근처에도 나가지 않았다. 제4계명을 어기지 않기 위해서였다. 그 결과 다른 모든 사람들의 논에는 물이 그득하였지만 오목사의 논에는 물이 한 방울도 없었다. 다른 사람들의 논에선 벼가 시퍼렇게 자라고 있는데 오 목사의 논에선 벼가 다 말라 죽고 말았다. 사람들이 오목사에게 미련한 사람이라고 손가락질을 했다. 마침내 오목사는 낫을 들고 논으로 가서 말라죽어가는 벼를 모두 베어내 버리고 그대신 논에다 메밀을 심었다.

그런데 가뭄은 다시 계속되었다. 마침내 물을 대었던 논에서마저도 곡식들은 다 타서 말라죽고 말았다. 그해 가을이었다. 다른 모든 논에서는 아무 것도 없는데 오 목사의 논에서만 하얗게 메밀꽃이 피어 익어가고 있었다. 메밀은 물이 없어도 잘 자라는 곡식이었다. 그러나 다른 사람들은 이미 때가 늦어 메밀마저도 심지를 못했다. 벼가 자란다고 바라만 보다가 메밀을 심을 시기조차 놓쳐버린 것이었다.

그 때에 도에서 지사가 오목사가 있는 산골동네로 시찰을 나왔다가 이 광경을 보고는 비상시국에 지혜로 가뭄을 이긴 사람이라며 상까지 내렸다. 오목사는 계명 잘 지켜 하나님께 충성하고 농사 잘 지어 창고에 곡식이 있게 하였으며 상까지 받게 되었으니 실로 이중삼중의 복이 아닐 수 없었다.

10. 70세에 운전면허증 따낸 정판술 목사

고신교단 총회장을 역임하고, 부산 사직동교회를 시무하다 1997년말로 정년퇴임한 정판술 목사가 정년퇴임을 앞두고 70고령에 자동차운전면허증을 따내어 화제가 되었다. 그것도 필기에서부터 실기와 주행 전 과정을 단 한 번만에 합격한 것. 젊은 사람들에게 무언가 보여주고 또 은퇴후 남의 신세를 지지않기 위해서 이같은 일을 시도했다고 했다.

평소에 유머가 풍부하고, 남 대접하기를 항상 즐기며, 언제나 희망적인 설교만 하는 목사로 '인화단결'을 목회 철학으로 삼고 있는 정목사는 그 나이에 운전면허증을 따 낸데 대해서, "나이가 많다고 늙은 것이 아니다. 마음이 젊으면 젊은 것이다. 젊은 후배들에게 무언가 보여주고 싶었고, 그리고 은퇴 후 아무에게도 신세를 지고 싶지 않아서"라면서 "열 번 스무번씩이나 시험을 치고도 떨어지는 사람이 있는데 어떻게 단번에 따내었느냐?"는 물음에는 "마음을 비우면 두려움이 없어지고 두려움이 없어지면 어려운 문제도 쉽게 보여진다. 이것이 비결이라면 비결이랄까"라면서 미소를 지었다.

11. 기도중에 산삼을

전주시 중화산동의 전등교회(담임목사 황인석. 45). 앞으로 한 달만 있으면 교회를 비워주던가 아니면 전세보증금을 올려주든가 양단간에 하나를 골라야 하는데, 세를 올려 주자니 돈이 없고 이사를 나가자니 마땅한 곳이 없어 이래저래 고민이 보통이 아니었다. 개척한지 불과 2년밖에 안 된 교회로 교인이래야 학생들까지 합쳐 겨우 35명밖에 안 되는 작은 교회였다. 목사님 혼자 이리 뛰고 저리 뛰고 애를 써 보았지만 소용이 없었다. 할 수 있는 것은 기도 뿐이었다. 그래서 목사님이 전교회적으로 40일 작정기도를 드려도 보았지만 40일이 다 지난 이날 아침까지만 해도 희망이라곤 구름 한 조각 보이질 않았다.

"목사님 이젠 정말 어떻게 해야 하나요?"

교인들이 걱정스레 목사님께 묻는다.

"기도 뿐이지요. 하나님의 집이니 하나님이 준비를 해 두셨겠지요. 오늘부터 저는 강천산으로 산기도를 갈 것입니다."

새벽기도가 끝나자 목사님은 가방을 챙겨들고 산으로 올라갈 준비를 하고 있었다.

"저희들도 함께 가지요."

몇몇 집사님들이 목사님을 따라 산으로 올라갔다

그런데 거기서 기적이 일어났다. 기도를 마치고 산을 내려가던 황목사의 눈에 산삼이 발견된 것이다. 산 중턱 쯤 왔을 때 바위 밑에서 빨간 산삼 꽃 한 송이가 황목사를 바라보며 미소를 짓고 있었다. 산기도를 시작한지 하루만의 일이었다.

"산삼이다~ 산삼!"

교인들이 놀라서 목사님 곁으로 몰려왔다. 정말로 산삼이 틀림이 없었다. 그것도 아주 오래된 큰 산삼이었다. 일천만원은 거뜬히 받을 성 싶었다. 문제가 절반은 해결이 난 듯 싶었다. 한데 기적은 거기서 끝난 것이 아니었다.

다음날 기도를 마치고 내려오는 길에 세 뿌리나 되는 산삼이 또 나온 것이다. 그리고 다음날, 또 네 뿌리가 더 발견 되었다. 모두 합해 여덟 뿌리, 수십년 산삼만 캐고 다닌 심마니들에게도 일어나지 않는 일이 일어난 것이다. 게다가 감정결과 한결같이 최고의 것이었다. 심지어 길이가 1백20센티에 몸통 둘레가 42센티나 되는 것도 있었다. 산삼을 감정한 전주 우석대 한의대의 윤용갑 교수는 "이렇게 큰 산삼은 생전 처음 보았다. 3백년도 더 된 것이다." 라면서 한 뿌리에 천만원은 받을 수 있을 거라고 했다. 1993년 10월, 전주에서 일어난 이 일은 참으로 여호와 이레의 하나님을 보여주신 일이었다.

12. 물이 변하여 포도주 되고

1997년 2월 어느 저녁 무렵이었다. 서울 어느 교회의 장로인 박모 교수는 여늬때와 다름없이 충무로역에서 전철을 탔는데 그날따라 전철 안은 발디딜 틈이 없을 정도로 사람이 많았다. 앉을 자리는 커녕 편히 서 있을 자리마저 찾아보기 힘든 지경이었다. 그런데 그때 맞은 편 도어 쪽에 몇 사람이 앉아도 될만한 자리가 비어 있는 것이다. 박교수는 얼른 그쪽으로 옮겼다. 그런데 그만 박교수는 그 자리에 멈춰 서고 말았다. 어떤 술 취한 사람이 토해놓은 더러운 오물이 바닥에 가득 쌓여져 있었다. 박교수는 얼른 처음 서 있던 곳으로 되돌아 오고 말았다.
"어떤 못된 녀석이 그래 이런 짓을 해 놓았단 말야?"
박교수는 투덜거리며 코를 막고 서 있었다. 그런데 바로 그때였다. 웬 낯선 신사 한 분이 그리로 와서는 그 더러운 오물을 치우기 시작한 것이다. 분명히 그 전동차의 청소부나 직원은 아닌데. 그 사람은 그 더러운 오물을 손으로 신문지에다 퍼담아서는 다음 정거장에서 내려 쓰레기통에다 집어넣고는 다시 차를 탔다. 너무도 감동적이어서 박교수는 다가가 누군지를 알아 보았다.
안양시 평촌동에 사는 이창우(42)씨. 안양일심교회를 나가고 있는 성도였다. 그러나 아직 집사도 세례교인도 아닌 초신자였었다. 교회에 출석한 지 겨우 1년. 그러니까 1996년 2월 이전만해도 교회하고는 거리가 먼 사람이었다. 당시 그는 너무도 많은 빚 때문에 실의에 빠져 있었고 아내와도 이혼을 할 단계에 이르러 있었다. 그런데 그때 그를 아는 몇몇 사람들이 하나님을 믿어야 문제가 해결된다고 말을 해 주었고 이것이 계기가 되어 교회에 발을 디디기 시작했다. 그런데 첫날부터 엄청난 변화가 그에게 찾아왔다. 첫날 교회에 나가서 목사님의 설교말씀을 듣는 순간부터 웬지 모르게 마음이 새처럼 가벼워지면서 하염없는 눈물이 흘러 내린 것이다. 그리고 예수님이 믿어지기 시작한 것이다. 처음부터 그는 교회가 너무나 좋았다. 일주일에 주일이 다섯, 여섯 번씩 있었으면 싶었다. 마치 지금까지 자기를 기다리고 있었던 것만 같았다. 그래서 수요일과 새벽기도회는 물론 금요철야기도회까지도 빠짐없이 나갔다.
빚이 그렇게 많아도 걱정이 되지 않았다. 그렇게 보기싫던 아내가 좋아지기 시작했고 그렇게 좋아했던 술, 담배는 보기조차 싫어졌다. 당장에 술 담배를 딱 끊어 버렸다. 자연히 가정문제가 해결이 되었고 한숨과 원망만 나오던 입에서 찬송과 기쁨의 소리만 흘러나왔다. 그러면서 차츰 그 많던 빚문제도 해결이 되었다.

그러자 세상에서 더러운 것이 없어졌다. 좋은 일, 착한 일이 하고 싶어 견딜 수가 없이 되었다. 교회에서 청소도 자원해서 했다. 그래서 이날도 그 더러운 오물을 눈 하나 깜박 않고 치워낸 것이었다.

박교수는 집으로 돌아와 글을 썼고 몇몇 신문사에다 쓴 글을 보냈다. 마침내 1997년 5월, 이창우 성도는 서울특별시장으로부터 '자랑스런 서울시민상'을 수상하게 되었다. 물이 변하여 포도주가 되는 역사가 일어난 것이었다.

13. 전부를 바친 사람

가야성안교회 유년주일학교에 60이 훨씬 넘은 할머니 교사가 한 분 있다. 임옥성 권사님. 40세에 처음으로 교사 직분을 받고는 지금까지 그 일을 천직으로 알고 섬기는데 그 열심이 아무도 못 따라갈 정도이다. 주일학교가 시작되기 한 시간 전에 집을 나서서 자기 반 아이들 집을 찾아 다니며 데리고 가는 것이다. 임권사에게는 지금 선교사로 나가 있는 아들도 있다. 강병호 선교사, 임권사의 맏아들이다. 맏아들을 멀리 타국땅에 보내놓고도 늘 감사하며 살아간다.

임권사가 예수를 믿기 시작한 것은 열아홉살 적. 구원의 확신으로 기쁨에 넘쳐 교사도 했는데 불신 부모들이 그녀를 불신자한테 시집을 보내 버렸다. 그러나 교회를 다녔다. 교회에 가서는 눈물이 마를 날이 없을 정도로 하나님께 매달려 기도를 드렸고 닳아서 못볼 정도로 성경을 읽으며 살았다. 마침내 권사님의 눈물의 기도가 응답이 되었다. 핍박만 하던 남편이 예수를 믿게 되었다. 하지만 남편은 하나님을 영접한지 3년만에 먼저 하늘나라로 떠나 버렸다. 그때 임권사에게는 다섯 명의 자녀와 함께 부산시 주례동에 대지 2백40평짜리 공장이 하나 있었는데 이것은 생활의 전부였다. 여기서 나오는 세로 자녀들 공부 시키고 생활을 해 나간 것이다.

그런데 공장 자리에 교회가 들어온 것이다. 주례제일교회(김영도 목사 담임)가 개척을 하면서 하필이면 이곳에서 시작을 한 것이다. 물론 임권사가 출석하는 교회는 아니었다. 하지만 교회로 빌려주고 세를 받는다는 것은 마음에 걸렸다. 기도를 하는 중에 그 공장을 하나님께 바치기로 했다. 그리고 즉시 공장을 주례제일교회에다 바치고 말았다. 아무런 조건도 붙이지 않은 채였다. 그 때 한창 아이들이 자라 대학에 들어갈 때인데 자녀들과 자신의 생활 전부를 하나님께 맡겨 버린 것이었다.

그러자 "믿음대로 되라"(마 9:20)는 하나님의 말씀대로 참으로 하나님이 권사님과 아이들을 책임져 주셨다. 자녀들이 모두 장학생으로 대학을 나왔고 훌륭히 자라 성공적인 삶을 살아가고 있는 것이다. 장남 병호 씨는 목사가 되어 선교사로 나가 있으며 둘째는 의사로, 셋째는 고등학교 교사로, 딸들은 대기업 이사 부인으로 하나같이 남부럽지 않게 살아가고 있으며 임권사 자신은 70을 바라보는 나이에 40대 청년 못지 않는 건강을 누리며 주일학교 교사로 헌신을 하고 있는 것이다.

14. 먼저 하나님께

"큰일 났어. 정말 어쩌면 좋지?"

서울 경향교회(담임목사 석원태)의 이충섭 집사님. 벌써 여러 날째 땅이 꺼져라 하고 한숨만 쉬고 있었다. 집장사가 직업인데 벌써 몇 달째 지어놓은 집들이 한 채도 팔리질 않는 것이다. 은행 돈도 끌어대고, 여기저기서 빚도 많이 얻어다 지어놓은 집들인데 이렇게 전혀 팔리질 않으니 예사일이 아니었다. 그러던 어느 날, 마침내 아내 윤종숙 집사의 권유로 목사님을 찾아갔다. 목사님께 어려운 사정을 이야기하고 해답을 찾아보자는 것이었다.

그런데 그때 나온 목사님의 대답은 전혀 뜻밖이었다. 이번에 교회에서 러시아 선교를 시작했으니 돈 있으면 이 일부터 먼저 참여하라는 것이었다. 그러자 이집사는 당장 그 자리에서 1천만원을 선교헌금으로 바치고 말았다. 마침 통장에는 비상금으로 쓸 돈 일천만원이 있었는데 그것을 몽땅 찾아서 하나님께 바친 것이다. 그리고는 식음을 전폐하고 하나님께 모든 것을 맡기며 기도만 드렸다. 그런데 정말 기적이 일어났다. 이때까지 한 채도 팔리지 않던 집들이 팔리기 시작하더니 불과 몇일 사이에 다 팔린 것이다. 한 푼도 없던 통장엔 수억원의 돈이 들어와 쌓였다. 빚을 다 갚고도 4억원이 남았다.

그러나 이제 집장사는 더 이상 하기가 싫었다. 적당한 곳에 집을 사 목욕탕이나 하면서 편하게 살아야겠다는 생각이 들었다. 그런데 그때 마침 토개공에서, 광명시 하안동에 목욕탕 부지를 공매한다는 광고가 나왔다. 이집사도 그때 경매에 참여했다. 그러나 경쟁이 너무도 치열했다. 30:1이었다. 자신이 없었다. 그런데 그게 이집사님 손으로 들어오게 되었다. 돈이 턱없이 부족했다. 땅값이 10억인데 통장엔 달랑 4억원 뿐이었다. 고민 끝에 다시 목사님을 찾아가 경위를 보고하고 도움을 청했다. 그러자 목사님은 또 생각밖의 말만 했다. 이번에 문산에 신학교를 세우기로 했는데 이집사도 먼저 헌금을 하라는 것이다. 그야말로 혹 떼러 갔다가 혹 하나 더 붙인 격이 되었다. 하지만 이집사는 목사님 말씀대르 즉석에서 5천만원을 건축헌금으로 내어 놓았다. 하나님 일이 우선이라는 믿음 때문이었다.

그러자 또 다시 기적이 일어났다. 돈이 생긴 것이다. 여기저기서 사람들이 집과 땅들을 담보로 내어주어 은행에서 거액의 돈을 빌리게 된 것이었다. 하나님께 감사하면서 다시 5천만원을 더 하나님께 바쳤다. 그러자 또다시 기적이 집사님께 나타났다. 목욕탕 부지에서 온천이 나온 것이다. 불하받은 땅에 우물을 파려고 땅을 파 내려 갔는데 1백미터나 파도 물이 나오질 않았다. 그래서 그냥 포기해 버릴까 하다가 조금만 더 파 보자며 파내려갔더니 1미터도 파지않아서 물이 펑펑 솟는데 색갈이 이상하고 냄새가 나는 뜨거운 물이었다. 하도 이상해서 관계기관에 검사를 의뢰했더니 뜻밖에도 그것이 온천수라는 것이었다. 그것도 최고 양질의 온천수인데다 수량 또한 엄청나다는 것이 관계기관의 판정내용이었다. 거기다가 그것이 딱 한 곳 이집사님 땅에서만 나오는 것이었다. 이웃에서 너도 나도 땅들을 파내려 갔지만 찬물 밖에는 나오질 않는 것이다. 참으로 기적중의 기적이 아닐 수가 없었다. 어느날 갑자기 이집사 부부는 돈방석 위에 올라앉게 되었다.

그러자 이집사는 목사님을 찾아가 경위를 설명하면서 이렇게 말했다.
"분명 이것은 하나님이 주신 것입니다. 저는 이것을 제 것이라 하지 않을 것입니다. 앞으로 여기서 나오는 수입의 절반은 반드시 하나님께 바쳐드릴 것입니다."

석원태 목사님을 증인으로 세우고 서약을 했다. 그리고 변함없이 실천하며 살고 있는데 지금은 경향교회에서 장로가 되었다.

15. 호두과자 할머니

천안의 명물 호두과자. 이 호두과자를 제일 처음 개발한 사람이 천안 성심교회의 심복순 권사님이다. 1997년 현재 82세의 이 할머니의 호두과자는 너무도 유명해서 천안에서는 물론 멀리 일본, 중국, 미국에 수풀까지 하고 있다. 광고도 하지 않았는데 어떻게 알고들 주문을 해 온단다. 이 심권사는 돈을 벌어 절반은 하나님을 위해 쓴다. 1997년 현재 단독으로 벌써 교회당을 일곱 개나 지었다. 20년 전 어렵게 살 때 하나님께 "평생에 혼자 힘으로 교회당을 일곱 개만 짓게 해 주십시오." 하고 기도를 했는데 그것이 지금 이렇게 이루어졌단다.

심권사는 앞으로 하나님이 부르실 때까지 계속할 것이라 한다.

심권사가 예수를 믿게된 것은 일곱 살 때였다. 동무들과 함께 주일학교를 다닌 것이 그 시작이었다. 하지만 불행하게도 결혼을 잘 못했다. 지독한 미신숭배자에 불교신자였던 부모님이 "시집을 잘 보내면 일찍 죽는다"는 무당의 말을 믿고 가난하고 무식한 총각을 골라 시집을 보내 버린 것이다. 남편은 가난하고 무식한데다 지독한 바람둥이에 노름꾼이었다. 게다가 심권사를 교회 문앞에도 못가게 핍박을 하더니 마침내 10년만에 회개하고 주님을 영접하고는 병이 나서 먼저 세상을 뜨고 말았다.

남편이 죽기 전 심권사님은 "제발 우리 남편 건강 회복시켜 주셔서 주님의 전을 짓는 건축가가 되게 해주십시오" 하고 간구를 했단다. 그러나 남편은 세상을 떠나 버렸고 심권사는 그일을 자기가 하기로 결심을 하였다. 권사님이 호두과자를 개발하게 된 것은 남편 덕분이었다. 남편이 총각 때 돈을 벌러 일본에 건너가 과자공장에 다녔었는데 그때 배운 기술을 이용해서 호두과자를 개발한 것이다.

옛날부터 천안에는 호두가 많은 곳으로 그것을 최대한 이용한 것이다. 그런데 그게 히트를 치기 시작했다. 하나님이 사업을 번창케해 준 것이라고 심권사는 믿고 있다.. 돈을 벌자 권사는 하나님께 서원을 했다.

"하나님 저는 결코 혼자가 아닙니다. 하나님과 함께 동업을 하는 것입니다. 지금부터 제가 버는 돈의 절반은 하나님의 것으로 믿고 하나님을 위해 사용할 것입니다."

그리고 이때부터 모든 수입의 절반은 하나님께 바쳤다. 이런 심권사에게 하나님은 재물을 쏟아부어 주셨다. 그때부터 권사님은, "누구의 도움도 받지 않고 교회당을 일곱 개남 짓게 해 달라."고 기도한 것이 생각나 돈이 모이면 어려운 교회를 찾아 교회당을 지어주는 일에 물질을 쏟아부었다.

심권사가 만드는 호두과자 봉지에는, "주 예수를 믿으라…"는 성경말씀이 인쇄되어 있다. 그리고 가끔씩 간증을 나가는데 절대로 사례비는

받지를 않는다. 도무지 뿌리칠 수 없을 때는 사례비 전액을 그 교회에 헌금해 버린다. 그러나 이제는 건강이 허락지 않아 간증을 하러 다니기도 벅차서 아예 생각끝에 간증문을 모아 한 권의 책으로 펴냈다. 책 이름은 '다윗왕보다 행복합니다' 이다. 온갖 어려움을 다 겪고 살았지만 할머니는 누구보다도 행복하게 살았다는 것이다.

"네가 네 하나님 여호와의 말씀을 삼가 듣고 내가 오늘날 네게 명하는 그 모든 명령을 지켜 행하면 네 하나님 여호와께서 너를 세계 모든 민족 위에 뛰어나게 하실 것이라."

신명기 28장 말씀은 심복순 권사님이 제일 좋아하는 성경말씀이다.

16. 대신 나가 주었다가

경상남도 함안군 가야면 산서리의 산서교회. 1954년 봄, 박기수, 김이도 등 두분 집사님과 함께 산에서 나무를 베어다가 교회를 세우고는 제일 맏형으로서, 목회자 노릇까지 하면서 살아갔던 분이 있다. 이만수 집사님. 그런데 그는 예수를 매우 늦게 믿은 분으로 40이 넘어서야 예수를 믿게 되었는데 믿게된 동기가 재미 있고 특이하다

원래 그는 거기서 한 삼십리쯤 떨어진 함안군 군북면 장사골에서 태어났다. 종손으로 태어나 조상제사를 비롯해 집안의 여러 일들을 도맡아 하고 살았는데 결혼을 하면서 대산면 산서리로 이사를 간 것이다. 그런데 그때부터 이름도 모르는 병에 걸려 자리에 눕게 되었다. 이상하게 기운이 없고 귀도 들리지 않는데 의원도 소용없고 백약이 무효였다. 부인 되는 강순임 집사(당시엔 집사 아님)가 의원이란 의원은 다 찾아 다녔고 무당을 데려다 여러 차례 큰 굿도 벌였으며 절을 찾아가 시주도 하고 불공도 드렸다. 심지어 무당의 말을 믿고 한 겨울 이른 새벽에 찬물에 목욕하고는 영험이 있다는 느티나무를 찾아가 빌기도 수십차례나 했고 마침내는 왜색 종교인 천리교까지 다녔다.

그러던 중 어느날 멀쩡하던 막내동생이 병이 나서 죽게 되었는데 뜻밖에도 형수를 불러놓고 "형수님도 한번 예수를 믿어보세요." 라고 유언을 했단다.

그때까지 교회에 대해서는 관심조차 없었지만 막내 시동생의 유언을 생각해서 강여사는 혼자서 교회로 나가기 시작했다. 그런데 이상하게도 이집사님의 병이 조금씩 낫기 시작했다. 강여사는 더욱 열심히 교회를 다녔다. 한데 어느날 강여사가 교회를 빠질 일이 생겼다. 집안에 무슨 일이 있어 다니러 갈 일이 생겼던 것이다. 그때 이집사의 마음에 아주 이상한 생각이 들어왔다.

"교회를 빠지다니, 이거 큰 일 났군. 대신 나라도 나가주어야 겠지" 하는 생각이 머리에 가득 들어온 것이었다. 그는 주섬주섬 옷을 챙겨입고 몸을 추스려 교회로 나갔다. 그때는 아직 산서교회가 세워지기 전이어서 십리길을 걸어서 함안제일교회(당시는 함안역전교회)에까지 나가야 했는데 그 길을 혼자 걸어서 교회로 나간 것이다. 가서는 살짝 뒷자리에 앉아서 예배만 드리고 올 생각이었는데 그렇지가 못했다. 예배가 끝나기가 무섭게 교인들이 쫙 둘러서서 반갑다고 인사를 하는바람에 미안해서 한 주일만 나가고 말 수가 없었다. 그래서 얼마동안만 더 나가주기로 하고 계속해서 몇 주일 더 교회를 나가는데 기적이 일어났다. 어느 날 갑자기 꽉 막혀 있던 귀가 뻥 하며 뚫어진 것이었다. 그동안 아무 것도 들을 수 없던 사람이 온갖 세상의 소리들을 다 듣게 되었다. 목사님의 설교 말씀도 들려오게 되었다. 그러자 기적이 또 하나 일어났다. 육신의 귀와 함께 영의 귀까지 열려진 것이다. 하나님의 말씀이 믿어지는 것이었다. 그래서 십리나 되는 먼길을 주일은 물론 수요일 밤과 금요일 밤, 새벽기도회까지 빠지지 않고 다녔고, 곧 이어 조상제사도 다 때려치우고 종가집 종손의 자리를 사촌동생들에게 넘겨주고 말았다.

늦게 배운 도둑질이 밤 무서운 줄 모른다더니 그렇게 해서 집사님은 예수를 믿고 집사가 되었으며 꽃밭등 동리에 교회도 세우고, 그 교회를 목사처럼 섬기다가 55세 되던 해에 하늘나라로 가셨는데 자식들이 아직 어렸었는데도, 부인에게 들려준 마지막 말씀이 "아무 염려 없다 하나님이 다 책임져 주실 것이다." 였는데 과연 말씀대로 자손들이 모두 크게 복을 받았다.

17. 믿음으로 내린 결정

그 이만수 집사에게 어느날 중매쟁이가 찾아왔다. 그때만 해도 처녀 나이 십칠 팔세가 되면 혼인을 시켰는데 마침 그 때 집사님께 열여덟살 난 딸이 하나 있었던 것이다. 이름이 현선인데 하나밖에 없는 딸로 매우 영리하고 효성이 지극한 착하고 좋은 딸이었다. 혼처는 의령군 지정면 마산리 의령마산교회의 임영석 총각이었다. 신랑 또한 착하고 머리 좋고 신앙도 좋은 훌륭한 총각이었다. 그러나 3대 외동아들로 집안에 남자는 혼자 뿐이고 과부 어머니에 시집 안간 여동생이 넷씩이나 되는데다 재산이라고는 하나없는 가난뱅이였었다.

그런데 며칠 뒤 다른 사람으로부터 중매가 또 들어왔는데 공교롭게도 같은 의령마산교회의 박모 총각이었다. 재산도 넉넉하고 식구도 단출한데다 부자였었다. 당연히 조건이 좋은 박총각에게 시집을 보내도록 결정을 할 일이었다. 한데 이집사님은 그러지를 않았다. 먼저 이 문제를 놓고 하나님 앞에 여러날을 두고 기도를 드렸다. 그리고는 딸을 불러 이렇게 말을 했다.

"결혼이란 물론 인륜지대사다. 시집 한번 잘못가면 평생을 고생하고 시집 한번 잘 가면 평생을 편히 살게 된다. 그러나 우리 믿는 사람은 그런 기준으로만 혼사를 정할 순 없다. 하필이면 두 총각이 모두 같은 교회를 다니는데 두 집이 너무 차이가 나는구나. 조건이 좋은 쪽이야 우리말고도 얼마든지 중매자리가 나오겠지만 돈없고 조건이 나쁜 임총각에게야 누가 쉽게 시집을 오려 하겠니. 그래서 말인데 내 생각으로는 네가 임총각에게로 갔으면 좋겠다마는…"

참으로 이상한 아버지가 아닐 수 없었다. 조건이 나쁜 쪽으로 딸을 보내겠다니. 그러나 놀라운 것은 딸 현선이까지도 순순히 아버지 뜻을 따르기로 한 것이다.

그 결과 이집사님은 세상에 하나밖에 없는 딸 현선을 가난뱅이 3대 외동아들인 임총각에게로 보냈었다.

그러자 하나님은 그런 이집사님과 딸 현선에게 복을 쏟아부어 주셨다. 신랑 임영석은 다른 사람과 달리 공부벌레였는데 공브를 해서 그곳 마을에 중학교가 들어서자 학교에 서무과장으로 들어갔고 그때부터 재산이 불어나기 시작하여 지금은 마산과 의령에 각각 집이 세채며 논 밭이 수십마지기다. 게다가 3대독자 집안에서 아들 셋, 딸 셋 6남매를 주셨는데 자녀들이 한결같이 착하고 영리해서 부모들의 뒤를 착실히 따라가고 있다. 그리고 교회에서도 장로와 권사가 되어 주의 몸된 교회를 열심히 섬기고 있다.

이만수 집사 또한 하나님 앞에 설 때까지 믿음의 사람으로 잘 살다가 갔으며, 아들은 둘인데 하나는 목사로, 하나는 장로로 교단 본부에서 주님의 일을 하고 있다.

"가라사대 내가 반드시 너를 복주고 복주며 번성케하고 번성케 하리로다" (히 6:14).

사람의 생각보다 하나님의 뜻을 중히 여기는 사람에게 하나님은 결코 버려두지 않는 법이다.

18. 불신결혼과 순교적 신앙

경기도 분당시에 살고 있는 임성미 집사. 장로 아버지와 권사 어머니의 지극한 만류에도 불구하고 불신 청년과 결혼을 하고 말았다. 물론 결혼을 앞두고 부모들의 반대가 극심하자 신랑이 잠깐 교회에 다녔고 세례까지 받았으나 결혼에 성공하자 다시 교회에 발길을 끊고 말았다.

그런데 남편인 김경순은 마음씨가 너무 착하고 또 요즘 세상에 보기드

문 효자였다. 예수 믿지않는 것 말고는 나무랄 데가 없는 모범청년이었다. 형이 있는데도 월급의 30%가량을 부모님께 갖다 드렸고, 아버지가 세상을 떠나자 어머니를 모시겠다는 형에게 아버지의 유산인 40평짜리 아파트 한 채를 고스란히 넘겨주고 말았다. 그러나 형과 형수가 어머니를 제대로 모시지 않고 구박을 하는데다, 불신자인데도 돌아가신 아버지의 제사도 제대로 모시지 않는 등 불효를 저지르자 마침내 1997년 새해를 맞아 아버지 제사를 자기가 지내겠다며 엉뚱한 일을 벌렸다. 예수 믿는 아내가 협조를 할리 없었고, 그러자 직접 시장을 보아다가 제사상을 차리고 제사지낼 준비를 했다. 마침내 아내와 싸움이 벌어졌다. 아내인 임집사가 절대로 자기 집 안방에서 제사상이 차려지는 것을 볼 수가 없다며 달려들어 제사상을 엎어 버린 것이다.

남편 또한 이런 일에는 참을 수가 없었다. 불신자인 그가 보기엔 이만큼 중요한 일도 없었던 것이다. 그래서 임집사에게 폭력을 휘둘렀고 임집사는 병원에 입원까지 하는 신세가 됐다. 절대로 이번 만큼은 물러설 수 없다는 것이 임집사의 결심, 죽으면 죽으리라는 각오로 끝까지 버텨내어 마침내 남편으로부터 항복을 받아내었다. 임집사는 퇴원하자, 중풍으로 똥 오줌까지 받아내야 하는 시어머니를 집으로 모셔왔다. 아무런 보상도 요구하지 않은채. 형네 집에서 학대받던 시어머니를 집으로 모셔와 정성을 다해 섬기며 받들었다. 진짜 효도가 무엇인가를 보여주기 시작한 것이다. 마침내 한때 무당노릇까지 하던 시어머니가 예수를 믿기 시작했고 예수라면 십리나 달아나던 남편도 교회를 나가기 시작했다. 참된 신앙은 말에 있는 것이 아니라 십자가를 지는 희생이 있어야 하는 것이다.

이 임집사가 바로 앞에서 소개한 이만수 집사님의 외손녀이자 임영석 장로와 이현선 권사의 둘째 딸이다.

건강과 장수 이야기
78 대 22의 법칙

1. 건강을 잃으면

"돈은 빌릴 수 있어도 건강은 빌릴 수 없다. 사업은 실패를 해도 다시 설 수 있지만 건강을 잃으면 모든 것을 잃는다."

거액의 뇌물과 부도 사건으로 97년 신년벽두부터 온 나라를 발칵 뒤집어놓은 정태수 한보그룹 총회장이 구치소에서 한 말이다. 올해 74세로 고혈압, 당뇨, 심장협심증, 부정맥 등 4-5가지 질병을 고질적으로 앓고 있는 것으로 전해지고 있는 그는 구치소에서까지도 꽁보리밥에 시금치국, 과일로만 차려진 건강식을 하루 세끼 집에서 날라다 먹고 있으며 하루 1만5천보 걷기운동도 하고 있다는데…….

그러나 진짜 비결은 마음을 비우는 것.

2. 세 할머니의 장수비결

중국 강서성에 세 자매가 모두 1백세 이상을 건강하게 살고 있는 마을이 있어 화제. 1997년, 국제자연의학회가 세계 다섯 번째 장수마을로 찾아낸 곳으로, 강서성의 바마 야오족 자치현에 살고 있는 이들 세 할머니들은, 첫째 루디화 할머니가 1백10세, 둘째 루디샤 할머니가 1백3세, 막내 루디메이 할머니가 1백세인데, 세 자매 모두 머리가 백발인 것을 제외하고는 식사도 잘하고, 땔감 모으기와 밭일 등 가사노동을 정상적으로 하고 있으며 오관이 단정하고 치아도 깨끗한데다 기억력까지도 매우 양호하단다.

이들 할머니들의 건강비결인즉, 첫째는 결코 과식을 하지 않으며, 술 담배를 일체 하지 않고, 신 것과 매운 것을 먹지 않는 것이며, 둘째는 어릴적부터 화목하고 명랑한 성격에 타고난 근면성으로 잠시도 일을 쉬지 않고 있다는 것. 여기에 이 지역 특산물인 식물성 기름 화마유를 주로 섭취한 것도 한 몫을 하고 있다고 신화사통신이 전하고 있다는데…….

③. 냉수 한 잔과 새벽기도

이른 아침 공복에 냉수 한 잔을 들이키는 것이 건강에 매우 좋다는 연구결과가 나왔다. 그동안 말로만 전해지던 이 건강비결은 고려대병원 가정의학과 홍명호 박사에 의해 확인이 되었다는데 박사에 의하면, 아침에 일어나자마자 시원한 냉수를 두 컵 정도 마시면 변비가 치료되고 심장병이나 뇌졸증, 협심증의 예방에 큰 효과를 볼 수 있단다.

"갓난 아기는 체중의 80% 이상이 수분이지만 성인이 되면 60-70%로 줄어들고 노인이 되면 50% 이하로 떨어진다. 노인이 잘 걸리는 뇌경색, 심근경색 등은 아침에 잘 걸리는 병으로 오랜 기간 체내에 수분이 잘 공급되지 않아 노폐물의 배설이 약화되는 등 신진대사가 원활치 못해 일어나는 병이다. 이른 아침 자리에서 일어나자마자 신선한 냉수를 두 컵 정도 마시면 밤새 위벽에 붙어 있던 노폐물이 깨끗이 씻겨나가게 되며 위장이 나쁜 사람은 위장이 좋아진다." 라는 것이 박사의 말이다.

거기다 새벽기도나 새벽 산책을 겻들이면 그야말로 금상첨화.

4. 신앙과 동정심

1998년 6월 8일, 미국노인의학연구소장 레너드 푼 박사는 신앙심과 동정심, 긍정적인 사고가 장수의 비결이라고 발표를 했다. 푼 박사팀은 그동안 1백세 이상 장수하는 사람 3백50명을 상대로 10년 동안 조사를 했는데 "장수하는 사람 중에 유전이나 음식 등과는 아무런 관계가 없고 다른 점이 있다면 성격이 낙관적이고 동정적이며 신앙심이 강하고 생활에 만족을 느끼며 살고 있는 것 뿐"이라 했다. 조사대상자 중에는 중노동을 하며 사는 사람들이 있는가 하면 실내에서 책상에 앉아서 일을 하는 사람이 있었으며, 부모나 조부모 중에 장수하는 사람이 없었다는 것이다.

5. 물의 고마움

사람을 비롯하여 동물의 몸은 그 종류와 노소의 정도에 따라 다소 차이가 있긴 하지만 그 구성요소의 60-70%가 물로 되어 있다. 그래서 사람은 밥을 먹지 않고는 한달 정도까지 살 수가 있지만 물을 마시지 않고는 단 3-4일도 살 수가 없다는 것이다. 이와 같이 물은 태양, 공기 등과 함께 잠시라도 없어서는 안 될 소중한 물질이다.

우리 하나님은 이같이 소중한 것들을 돈 한 푼 안 받고도 먹고 마시게 해 놓았으니 참으로 큰 사랑이 아니고 그 무엇이겠는가?

6. 많이 걷는 것

"오래 살고 싶으면 많이 걸으라."

미국 버지니아의대 생체통계학과의 아미 A 하키 교수팀이 최근, 세계적인 의학잡지인 '뉴잉글랜드 저널 오브 메디신'지를 통해 내놓은 연구결과이다. 이들은 최근 하와이주 호놀루루섬에 사는 61-81세 사이의 노인 7백7명을 대상으로 매일 1.6km이하를 걷는 사람과 3.2km 이상을 걷는 사람에 대해 조사를 벌였는데 1.6km 이하를 걷는 사람의 사망율이 3.2km

이상을 걷는 사람에 비해 50%나 더 높았던 것으로 나타났다며, 그 이유로 산책 정도의 가벼운 운동이 혈액순환을 좋게하며 피를 맑게하여 뇌졸중이나 협심증 등의 심혈관질환 등을 예방하기 때문이라는 것.

그러나 "심장에 부담을 주는 무리한 운동은 심근경색 등을 일으켜 오히려 위험할 뿐더러 실천력도 떨어진다."며 천천히 걷는 산책 정도가 가장 좋다는 아미 교수팀은 "하지만 흡연자는 제외"라고 했다. 아무리 부지런히 걷기운동을 해도 담배를 피운다면 이것은 건강에 더 큰 악영향을 준다는 것이다.

부지런한 자에게 하나님은 복을 주시되 건강의 복까지 덤으로 주신다.

은혜 Best Seller

더욱 뜨거워진 펜사콜라
부흥의 불길

플로리다 서부에 불어 온 부흥의 불길

최악의 도시가 최고의 부흥을 일으키고 현재까지도 멈추지 않는 성령의 부흥을 소개합니다.

일본 리바이벌 신문 취재반 편/
김병수 역/신국판

전도용 Best Seller — 정말 지옥은 있습니다

이 책은 신자든 아니든 자기 삶을 진지하게 생각하여야 한다는 것이다. 지옥은 분명히 있으며 지옥으로 간 후에는 아무리 뉘우쳐도 그곳을 벗어 날 수 없다고 성경에는 기록되어 있다. 이책은 진정한 자기 회개를 통해 구원을 받게 하는데 그 목적이 있다. 지금이 바로 당신이 구원을 선택 받을 시간이다.

메어리 캐더린 저/김유진 역/신국판

은혜 Best Seller — 예수님의 보혈

"안녕 하세요 성령님"에서 베니 힌 목사는 성령님과의 친밀한 인격적연 만남을 통해 기적을 일으키는 하나님의 능력을 소개해 주었다면 이 책에서는 오랫동안 베일에 감추어져 있었던 보혈의 놀라운 능력과 실체를 여러분에게 하나하나 열어서 설명해 주고있다. 보혈을 통한 구원의 섭리를 깨닫게 할 것이다.

베니 힌 저/오복수 역/신국판

은혜 Best Seller — 어서오세요 성령님

"안녕 하세요 성령님"의 저자 베니 힌 목사의 저서로 전편 "안녕하세요 성령님"의 후편으로 전편의 진한 감동을 후편 "어서 오세요 성령님"에서 완성하십시오.

베니힌 저/오복수 역/신국판

은혜 Best Seller — 누구십니까 성령님

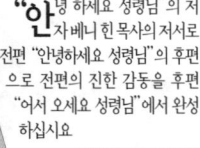

창세 전부터 활동해시고역사하신 강력한 성령의 하나님! 지금도 여러 현장에서 성령님의 은혜는 비처럼 내리고 있음을 느낀 저자가 강렬하게 활동하시는 성령님의 모든 기록을 성경을 통해 체험적으로 증명하였다. 관심있는 목회자나 평소 도들에게 성령님의 모든 것을 알기 할 것이다.

구자원 저/신국판

78대 22의 법칙

인쇄일 ── 1998년 12월 20일
1판 2쇄 ── 1999년 4월 30일

지은이 ── 이현찬
펴낸이 ── 장사경

펴낸곳 ── Grace Publisher(은혜출판사)
제작처 ── 은혜기획
출판등록 ── 제 1-618호(1988. 1. 7)

주소 ── 서울 종로구 숭인1동 179 - 53
전화 ── 744-4029, 762-1485
FAX ── 744-6578, 080-023-6578

1998 Grace Publisher, Printed in Korea
ISBN 89 - 7917 - 202 - 8   03230

▶은혜기획 • 기획에서 편집(모든 도서)까지 저렴한 가격으로 출판대행
          • 모든 인쇄(포스터, 팜플렛, 광고문) 등을 저렴한 가격으로 제작대행
            (T) 744-4029, (F) 744-6578
          • 인터넷 주소:http://www.gracebook.co.kr.

▶은혜출판사가 21C를 대비하여
  Grace Publisher(은혜출판사)로 상호를 변경합니다.